대화와 협상의 마이더스
스토리텔링

아네트 시몬스 지음 | 김수현 옮김

한언

대화와 협상의 마이더스, 스토리텔링

펴   냄   2001년 11월 10일 1판 1쇄 펴냄 / 2015년 7월 10일 1판 10쇄 펴냄
지 은 이   아네트 시몬스
옮 긴 이   김수현
펴 낸 이   김철종
펴 낸 곳   (주)한언
              등록번호 제1-128호 / 등록일자 1983. 9. 30
주   소   서울시 종로구 삼일대로 453(경운동) KAFFE 빌딩 2층 (우 110-310)
              TEL. 02-723-3114(대) / FAX. 02-701-4449
홈페이지   www.haneon.com
e - m a i l   haneon@haneon.com

ISBN 978-89-5596-655-8   03320

대화와 협상의 마이더스

스토리텔링

사람의 마음을 움직이는 것은

화려한 언변도, 논리적인 설득도 아닙니다.

그것은 '이야기' 라는 옷을 입은 '진실' 입니다.

때론 어눌할지라도 당신만이 줄 수 있는 '이야기' 는

대화의 거리와 말(言)의 벽을 넘어

그 사람의 가슴으로 스며듭니다.

당신의 이야기를,
당신의 진실을,
당신의 마음을 전하세요.

To

From

무슨 특별한 일이 벌어질 것 같지는 않았다. 푸른 언덕 위에 세워진 야외 회의장에서 그 날도 나는 이야기를 하고 있었다. 따스한 기운이 스며들어, 마치 얇은 이불에 둘러싸여 있는 것 같은 느낌이 들게 하는 버지니아의 날씨는 내 몸에 들러붙어 있던 보스턴의 겨울 감기를 누그러뜨려 주고도 남을 만큼 온화했다.

"이야기가 지니고 있는 힘이 얼마나 강력한지, 여러분들 경험해 보셨나요?…"

순간, 나는 그 많은 청중들 속에서 유난히 환하게 빛나고 있는 얼굴 하나를 발견했다. 그 얼굴은 마치 거울 같았다. 내 이야기 속에 담긴 모든 힘을 한껏 빨아들이고, 나에게 다시 정확하게 반사시키는 마법의 거울.

바로 이런 순간, 나는 내 이야기가 청중들에게, 아니 그 빛나는 얼굴에게 만큼은 제대로 전달되었음을 알게 된다. 그리고, 나와 그와의 연결 고리가 형성되었음을 깨닫게 된다. 그때의 기쁨이라니!

강연이 끝난 뒤, 나는 그 환하게 빛나던 얼굴을 찾아 가까이 다가 갔다. 그녀를 본 순간, 나는 그녀가 아주 독특한 존재라는 사실을 눈 치챘다. 그녀, 아네트 시몬스는 무엇보다 이야기의 매력에 푹 빠져 있었다. 그녀는 간접적이지만 놀랍도록 강력한 영향력을 발휘하는 이 이야기 형태의 의사소통에 경이로움을 느꼈던 것이다. 그녀는 '이야기야말로 비즈니스 세계에 커다란 공헌을 할 수 있는 힘을 지 녔다'면서 그녀의 친구 셰릴과 함께 흥분하고 있었다. '비즈니스 세계?' 나는 곧 회의감에 빠져들었다. 경영자, 관리자, 영업 직원 들…. 실리 위주의 문화에 푹 빠져 있는 그들에게 이야기가 과연 흥 밋거리나 될 수 있을까?

나에게 '그렇다'는 확신을 심어준 사람이 바로 이 책의 저자 아네 트였다. 당시 그녀는 기업체 경영자들을 대상으로 회사 내에서 부닥 치게 되는 어려운 상황에 훌륭하게 대처하는 방법(가령, 골치 아픈 직 원들을 다루는 법)을 훈련시키는 일을 하고 있었다. 그녀에 의하면, 경 영자들은 골머리를 썩게 하는 직원들과 항상 부딪친다고 여기는 것 같았다. 어쨌든, 그녀는 그들이 협박 등과 같은 야만적이고 폭력적인 접근법을 버리고, 경영자와 직원들 모두에게 긍정적인 효과를 가져 다 줄 수 있는 의사전달 방법을 채택하도록 도움을 주고 있는 전문 가였다.

그녀는 전체 상황을 꿰뚫어 볼 수 있는 능력을 지니고 있었다. 그 녀의 이 능력은 이야기 속에 활력을 불어넣어 아주 사소하지만 소 중한 것들을 놓치지 않도록 하면서 동시에 이야기의 전체적인 중요성을 사람들에게 이해시킬 수 있었다.

　나는 곧 내 자신이 스승이자 제자임을 알아차렸고, 이야기에 관한 그녀의 타고난 재능을 다듬어 나갈 수 있도록 도와주기로 했다. 그리고 마침내 그녀는 책 한 권을 쓰기까지 이르렀다.

　아네트의 책은 이야기로 전개된다. 사람이 사람과 함께 살아가는데 있어 동기 부여, 설득, 적극적인 협력 등을 얻을 때 이야기가 중요한 역할을 한다는 사실을 이야기로서 전해주고 있다. 그녀는 이런 방법들을 이 책에서 아주 상세하게 묘사했다. 명쾌하고 열정적인 그녀의 글은 온갖 어려움 속에서 인생행로를 걷고 있는 사람들에게 길잡이가 될 것이다.

　당신이 이 책을 읽는 순간, 그녀의 통찰력이 뿜어내는 찬란함을 발견하게 될 것이다. 그런 순간이 오면, 정신을 바짝 차려라! 다른 이들에게 지속적인 영향을 줄 수 있는 수많은 비결들이 쏟아지게 될 테니….

　　　　　　　　　　　　　　　　　　　─ 더그 리프먼(Doug Lipman)

저자의 글

10월의 서늘한 산들바람을 만끽하며 나는 많은 사람들에게 둘러싸여 있었다. 도시에서 증권업에 종사하고 있는 사람, 아이들을 가르치는 선생님, 밀을 키우고 있는 시골 농부, 대학 교수, 청소부…. 마치 일부러 골라 놓은 것처럼 각계각층의 사람들이 이 자리에 모여 있었던 것이다. 내 옆에는 회색 턱수염을 기른 농부처럼 보이는 남자가 앉아 있었는데, 그가 쓴 야구모자에 NRA(미국산업부흥국) 배지가 온통 뒤덮여 있는 것으로 보아 아주 극단적인 보수주의자이자, 인종차별론자인 것 같았다.

나는 다음 사람이 이야기하길 기다리고 있었다. 그때 한 흑인 남자가 자리에서 벌떡 일어나 뭔가 말을 꺼내려고 하더니, 갑자기 그의 아내 쪽으로 상체를 굽혀 걱정스런 목소리로 무언가를 속삭였다. 너무 소리가 작아 잘 들리지는 않았지만, '흑인' 이라는 단어가 간간이 들려왔다.

한참을 뜸들인 후에 입을 연 그는, 1960년대 미시시피 주 한복판에서 보냈던 외롭고 고독했던 밤에 관해 이야기를 하기 시작했다.

그를 포함한 6명의 인권 운동가들은 다음 날 아침에 행할 거사(?)에 관해 걱정하고 있었다. '흑인과 백인은 동등한 인간이다. 동등한 인격체로서 존중해 달라!' 는 구호를 외치며 거리행진을 할 작정이었던 것이다. 그러나 당시의 시대상황으로 미루어 보아 아무리 비폭력 시위라 할지라도, KKK 단원들의 폭력을 피할 수는 없을 것 같았다. 따라서 내일은 그들의 생과 사를 결정하는, 아주 중요한 날이었던 것이다. 그러나 아무리 걱정을 해도 해결책이 나오지 않는 문제가 있는 법. 그들은 말없이 모닥불을 멍하게 바라보고 있었다.
  얼마간 침묵이 흘렀고, 하나 둘씩 별빛이 흐려졌다. 갑자기 그들 중 한 명이 찬송가를 부르기 시작했다. '고통과 시련이 다가올 지라도 주님께서 우리를 지켜주시고 영광을 베풀어주신다…'
  곧 하나 둘씩 노래를 따라 부르기 시작했다. 그렇게 노래를 함께 부르는 동안, 그들 마음 속에서 자라고 있던 두려움은 서서히 진정되기 시작했다.

그의 이야기가 아주 생생하고 감동적이었기 때문에, 나는 그 당시 그들이 맛본 두려움 그대로를 느낄 수 있었다. 그리고 미시시피 주 한복판의 그들 앞에서 조용히 타고 있던 모닥불이 그대로 옮겨와, 지금의 우리 앞에서 선명하게 타오르는 것 같았다. 그의 이야기가 주는 감동에 한동안 푹 빠져 있던 우리는, 그때의 누구처럼 노래를 부르자고 누군가가 제안했고, 하나 둘씩 목소리를 합쳐 노래를 부르기 시작했다. 400개의 파이프 오르간이 울려 퍼지듯, 찬송가가 우리의 목에서 울려 퍼졌던 것이다. 전형적인 극단적 보수주의자이자 인종차별론자처럼 보이던 회색 턱수염의 남자도 어느새 노래를 따라 부르고 있었다. 그리고…, 불그레해진 그의 거친 뺨 위로 한 줄기 눈물이 흘러내렸다. 이야기의 위력을 직접 목격한 순간이었다.

이야기가 사람들에게 끼치는 영향력은 위대하다. 바로 위의 이야기처럼, 이야기는 극단적 인종차별론자의 눈에 눈물을 흘리게 만들 수도 있다.

이 책은, 사람들을 설득하고 영향을 끼치는 이야기의 위력에 대해 지난 8년 동안 내가 배운 것들을 전부 모아 놓은 것이다. 이제 당신은 나의 개인적인 이야기와 함께 보다 많은 것을 배울 기회, 즉 이야기를 통해 타인에게 영향을 줄 수 있는 모든 방법을 터득하게 될 것이다.

그러나 그 전에, 버려야 할 것들이 있다. 전형적인 관습, 직선적인 인과관계, 그리고 조각조각 나뉘어진 단편적인 수법 등에의 집착을 떨쳐버려야 한다. 그리고, 당신 안에 잠재되어 있는 신비한 능력을 다시 끄집어내야 한다.

자, 당신의 지혜와 영향력은 당신이 자신들을 발견해 주기를 기다리고 있다. 서랍 속에 처박아 두고 잊어버린, '마법의 주머니'를….

이 책은 당신이 그 마법의 주머니를 되찾는 데 도움이 될 수 있도록 만들어졌다. 인간사에서 가장 오래된 영향력의 도구, 즉 이야기를 재발견할 수 있도록 말이다. 이야기란, 동화나 설화만을 의미하는 것이 아니다.

이야기를 한다는 것은, 당신이 TV에서 본 짧은 다큐멘터리를 당신의 목소리를 통해 이야기함으로써 그것을 다른 이들도 볼 수 있도록 하는 것과 같다.

이 책에 나오는 이야기들 중 대부분은, 사실 내 자신의 이야기를 예로 들었다. '나' 라는 단어를 최대한 덜 쓰려고 노력했지만, 이야기 자체가 개인적인 성격을 지니고 있기에 완전히 나를 배제할 수는 없었다. 그저 내 작은 바람이라면, 이 책을 읽는 당신이 내 이야기를 들으면서, 당신 스스로의 이야기를 생각하기 시작했으면 하는 것이다.

당신에게 일어났거나 앞으로 일어날 일들은 모두 가장 좋은 이야기 소재들이다. 만약 당신이 다른 사람들의 선택에 크든 작든 영향을 끼치고자 한다면, '모든 선택이 궁극적으로는 개인의 선택이며, 가장 강력한 영향력은 항상 개인적인 형태로 발현된다는 점' 을 알게 될 것이다.

당신은 당신의 논점이 개인적이 아니라는 것을 타인에게 입증하려 애쓸 필요가 없다. 타인에게 영향력을 행사하기 위해 당신 영혼의 일부를 잘라낼 필요도 없다.

사실, 가장 감동적인 이야기를 할 수 있는 건 바로 당신의 영혼뿐이다. 당신의 이야기를 하라. 왜냐하면 세상이 그것을 필요로 하고 있으니까.

CONTENTS

CONTENTS

EIGHT
말하는 이야기 속의
듣는 이야기

CONTENTS

이야기의
6가지 비밀

'사람이 된다' 는 것은 '할 이야기를 가진다' 는 것이다.

— 아이작 디네센(Isak Dinesen)

'어떻게 해야 저들을 내 편으로 만들지?

스킵은 못미더운 눈초리로 자신을 쳐다보는 주주들을 바라보았다. 그리고 '그들에게 어떤 확신을 심어줘야 리더로서 나를 받아들일 수 있을까'에 대해 심각하게 고민했다. 사실 그는 아주 불리한 입장에 놓여 있었다. 서른 다섯의 나이에도 불구하고 열세살 난 개구쟁이 소년처럼 어려 보이는 외모와, 재벌 3세라는 그의 신분은 주주들에게 신뢰를 주지 못할 것이 뻔했다.

주주들에게 비춰진 그는 부모를 잘 만난 덕에 어디서 나이 서른이 되도록 신나게 놀다가, 갑자기 낙하산(?)을 타고 내려와 아무런 수고도 없이 머리를 차지하겠다는 파렴치한이었던 것이다. 주주들은 스킵을 리더로 받아들이는 것보다 더 끔찍한 재난은 없을 거라고 생각했다. 스킵 자신도 주주들의 그런 생각을 짐작할 수 있었다. 이 난관을 헤쳐나가기 위해, 스킵은 자신이 겪었던 에피소드 하나를 말하기로 마음먹었다.

"저의 첫 번째 직업은 선박 건조 회사에서 전기 배선도를 설계하는 일이었습니다. 모든 일이 다 그렇지만, 배선도를 그리는 일은 특히 정확해야 하죠. 유리 섬유가 틀에 부어지기 전에 전선이 제 위치에 정확히 놓이지 않으면, 단 한 번의 실수로 몇 백만 달러의 손해를 볼 수도 있으니까요. 스물 다섯의 나이에 이미 학사 학위를 두 개나 딴 저는 늘 선박 속에서 살다시피 했습니다. 그러다 보니 솔직히 자만에 차, 배선도 설계에 약간 부주의해졌구요.

그러던 어느 날, 이른 새벽에 시간당 6달러짜리 일꾼이 저에게 전화를 걸어 "이 배선도 정확하게 그린 거 맞습니까?"라고 물었습니다. 저는 몹시 화가 났습니다. 학사 학위를 2개나 가진 제가 그린 배선도가 시간당 6달러짜리 일꾼에게 정확성을 의심받고 있었으니까요. "물론, 정확하고 말고! 걱정말고 유리 섬유나 제대로 붓기나 하시오!"

한 시간쯤 뒤에 그 일꾼의 감독이 제게 전화를 해서 다시 잠을 깨우더니 물었습니다. "이 배선도가 정말 맞습니까? 확실합니까? 혹시 다른 것과 바뀌진 않았습니까?" 저의 인내심은 바닥을 드러내고 있었습니다. "한 시간 전에도 정확하다고 말했고, 그 사실은 지금도 변함없소."

결국에는 사장이 전화를 걸어와, 저는 침대를 박차고 현장으로 곧장 달려갔습니다. 현장에 도착하자마자 저는 저에게 맨 처음 전화를 했던 그 일꾼을 만나야 했습니다. 제 배선도의 정확성에 대해 시비를 건 그 일꾼을 도저히 용서할 수가 없었기 때문이었죠. 그는 머리를 한 쪽으로 기울인 채 제가 그린 배선도를 보면서 앉아 있었습니다. 치밀어 오르는 화를 억누르면서 저는 그에게 배선도를 설명하기 시작했습니다. 하지만 몇 마디도 하기 전에, 목소리가 작아

지더니 제 머리도 한 쪽으로 기울어지기 시작했습니다. 그리고 제 얼굴은 벌겋게 달아오르기 시작했습니다. 배선도의 잘못된 부분을 마침내 발견한 것이죠. 그건 바로…, 왼손잡이인 제가 우현과 좌현을 바꿔 그렸던 겁니다! 그래서 거울에 비친 것처럼 선박이 정확히 대칭이었습니다. 고맙게도 그 시간당 6달러짜리 일꾼이 너무 늦기 전에 제 실수를 바로잡아 주었던 것입니다.

다음 날, 상자 하나가 제 책상 위에 놓여 있었습니다. 그 안에는 색깔이 다른 테니스화 한 켤레가 들어 있더군요. 그 일꾼이 다시는 이런 실수를 저지르지 말라고 제게 주었지 뭡니까…. 그 후, 배선도를 그릴 때면 저는 혼동이 일어나지 않도록 빨간 신발은 좌현에 놓고, 초록색 신발은 우현에 놓습니다. 그러나 이 테니스화가 우현과 좌현에 대한 혼동만을 바로잡아 준 건 아닙니다. 어떤 일이 일어나고 있는지 정확하게 파악하고 있다고 생각할 때조차, 다른 사람들의 말에 귀기울여야 한다는 사실을 잊지 않도록 해주었습니다.”

빨간색과 초록색 테니스화가 한 짝씩 들어 있는 신발상자를 스킵이 ‘번쩍’ 집어들자, 주주들의 얼굴에는 미소가 번졌다. ‘저 젊은 벼락 출세자가 교만에 관한 교훈을 배웠다면, 회사 운영에 대해서도 몇 가지 배웠겠지….’

사람들이 무조건 당신의 영향을 받지는 않는다. 그 전에 사람들은 항상 두 가지의 의문을 갖게 된다. ‘나에게 영향을 끼치려고 하는 이 사람은 도대체 누구인가? 그리고 왜 이곳에 있는가?’ 이 의문들이 완전히 풀리지 않는 이상, 당신이 사람들의 마음 속에 들어갈 수 있는 확률은 제로다.

주주들은 스킵의 말에 귀를 기울이기 전에 그가 어떤 사람인지 알고 싶어했다. 아니, 사실 주주들 대부분은 이미 마음 속으로 '그저 장난삼아 사업을 하는, 돈 많은 집 응석받이 정도' 라고 결론을 내린 상태였다. 그는 주주들의 마음 속에 이미 심어져 있는 자신에 대한 부정적인 이미지를 밀어내고, 믿음을 심어줄 만한 새로운 이야기로 교체해야 했다.

"맞습니다, 전 부자인 데다가 아주 젊죠. 게다가 얼마 전에는 당신들 회사의 경영을 장악할 만큼의 주식을 사들이기까지 했습니다. 하지만 걱정하지 마십시오. 저는 혼자 잘난 체하는 사람이 절대 아닙니다. 저를 믿어주세요."

물론 스킵이 이렇게 말할 수도 있었다. 의미만 따져 보자면, 그가 말했던 테니스화 이야기와 동일한 메시지를 전하고 있다. 하지만 테니스화 이야기에 담긴 호소력과 '믿어주세요' 라고 직접적으로 말할 때의 그것은 그야말로 '하늘과 땅 차이' 이다. 사람들은 자신의 판단에 누군가가 개입하는 걸 싫어한다. 스스로 결정을 내리고 싶어하는 것이다. '나는 좋은 (혹은 영리한, 도덕적인, 윤리적인, 사교적인, 박학한, 통찰력 있는, 성공한…) 사람이다. 그러므로 믿을 만하다' 라고 무조건 선언하면, 오히려 의혹을 불러일으키기 쉽다.

그렇다면, 평소에 함께 공유해 본 경험이 없는 사람에게 나에 대한 신뢰를 주기 위해서는 어떻게 해야 할까? 당신이 할 수 있는 최선은 바로, '나는 믿을 만한 사람입니다' 라는 것을 보여줄 만한 경험담을 사람들에게 이야기하는 것이다. 스킵처럼 말이다.

사람들이 당신의 이야기를 듣는다는 것은, 단순히 '귀로 말을 듣는 행위'가 아니다. 어둑어둑해져 가는 밤, 귀뚜라미가 조용히 울어대는 오솔길을 당신과 함께 단둘이서 걷는다는 것을 의미한다. 그리고 그렇게 길을 함께 걸으면, 늘 그렇듯 친밀감이 느껴지면서 결국에는 스스럼없이 가까워지게 마련이다. 이야기를 듣는다는 건 바로 이런 것이다.

'이야기'는 청자 스스로가 느낌과 의사를 결정하도록 결정권을 부여해 준다. 이야기가 가진 진정한 비밀 중의 하나가 바로 이것이다. 영향력을 미치기 위한 다른 방법들, 이를테면 설득이나 뇌물, 또는 카리스마적인 호소 등은 일종의 '밀어붙이기식' 전략들이다. 하지만 이야기는 다르다. 이야기는 상대방을 '끌어들이는' 전략이다. 당신의 이야기가 가치를 가지고 있다면, 사람들은 자유 의지로 '당신과 당신의 메시지가 믿을 만하다'는 결론에 스스로 이르게 될 것이다.

탁월한 이야기꾼의 힘

고개를 들어 창문 너머 희뿌연 안개 사이로 우뚝 솟아 있는 산을 바라보자. 그 산을 움직일 수 있는가? 혹시 생각도 안 해보고 '에이, 말도 안 돼. 어떻게 산을 움직여?'라고 단번에 선을 긋지는 않았는지? 상식적으로 생각해 보면, 제아무리 힘센 장사라 해도 산을 움직일 수 있는 사람은 없다. 그러나 불가능할 것 같던 그 일을 누군가가 해냈다면? 그 이야기를 당신에게 해주는 사람이 실제로 정말 그런 일이 일어난 것처럼 그럴듯하게 얘기했다면? 당신은 '에이, 설마…' 하면서도 결국엔 그 말을 믿게 될 것이다. 왜? 도대체 어떻게 그렇게 가당치도 않은 말을 당신이 믿게 될까?

산을 움직인다는 '사실' 때문이 아니라, 움직일 수 있다는 '믿음'이 움직이게 하기 때문이다. 믿음만 있으면, 우리는 어떤 장애든 극복할 수 있고 어떤 목표든 거뜬히 성취해 낼 수 있다. 하지만 믿음이 저절로 생기는 것은 아니다. 나의 믿음을 굳건히 해주고, 나의 생각이 현실로 이루어질 거라는 희망을 만들어 줄 의미심장한 무언가가 필요하다. 믿음을 뒷받침해 주고 구축해 줄 수 있는 최상의 방법, 바로 '이야기'가 필요하다.

의미 있는 이야기를 한다는 것은 당신의 말을 듣는 사람들이 당신이 내린 결론과 같은 결론에 이르도록 고무하고, 당신의 말을 믿고 당신이 바라는 대로 행동하도록 격려하는 것이다. 일반적으로 사람들은 자신이 내린 결론을 타인이 내린 결론보다 훨씬 더 소중하게 여긴다. 이런 속성을 가진 사람들에게 당신이 내린 결론을 받아들이도록 하려면 어떻게 해야 할까? 제발 내 이야기를 믿어달라고 떼를 쓸까? 아니면 협박을 할까?

가장 좋은 방법은 '진실된 이야기'를 하는 것이다. 사람들은 진실되게 다가오는 이야기를 신뢰한다. 그리고 일단 당신의 이야기를 자신의 이야기로 소화하기만 하면, 당신에 대한 믿음은 위력을 갖게 되고 강력해지게 된다. 그 다음부터는 당신이 일일이 에너지를 공급해 주지 않아도 그 이야기를 기억하고 스스로 알아서 다른 이들에게 되풀이함으로써 당신의 영향력을 확대시켜 나가게 되는 것이다.

이야기가 생활방식을 통해 표현되든 또는 말로 표현되든 간에, 당신의 이야기에 영향을 받기 전에 사람들이 가장 먼저 요구하는 기준은 '과연 당신을 믿을 수 있느냐' 이다. 앞에 나온 스킵의 이야기는 어떤 사람에게는 감동적일 수 있지만, 어떤 사람에게는 아무런 영향을 주지 못할 수도 있다. 영향력이라는 것이 단지 권력이나 돈으로 빚어낼 수 있는 작용이라면, 그 둘을 모두 쥐고 있는 스킵은 말 한 마디하지 않아도 영향력을 충분히 발휘할 수 있을 것이다. 하지만 진정한 영향력이란 그렇게 발휘되지 않는다. 그렇기 때문에 돈과 권력이 도리어 불리하게 작용하는 경우도 있다.

스킵이 말한 이야기에 거짓이라는 냄새가 풍기는가? 그럴 수도 있다. 하지만 스킵이 이야기를 진짜 꾸며냈다면, 그의 말이 끝나기도 전에 거짓임이 드러났을 것이다.

거짓말로 상대방을 설득하려고 한다면, 끝까지 일관된 거짓을 유지하기 위해서 끊임없이 에너지를 쏟아 부어야 할 뿐더러, 정신적으로도 무척 괴롭고 피곤하기 때문이다. 그리고 꾸며낸 이야기가 영향력을 발휘하도록 매순간 긴장을 유지하지 못하면 이야기의 힘은 금새 사라져 버린다. '조작' 은 영향을 끼치기 위한 방법 중에서 가장 열등한 방법이다.

자, 이제 타인에게 진정한 자신의 이야기를 보여줄 준비가 되었는가? 혹시, 겁을 먹고 있지는 않은지? 하지만 걱정하지 말라. 사람들에게 영향을 끼치려는 당신의 노력에 도움이 되도록 이야기의 6가지 비밀을 들려줄 테니….

상대를 이야기로 KO시키는 6가지 비밀

누군가 당신에게 영향력을 끼치려고 한다. 자, 그렇다면 당신은 무조건 그 영향력을 받아들일 것인가? 십중팔구 '이 사람이 누구길래 나에게 영향을 끼치려고 하는가' 라는 의문이 들 것이다. 그리고 만일 화자가 이 질문에 적당한 대답을 하지 못하면, 청자는 '이 사람은 이런 사람일 거야' 라고 스스로 임의의 답을 만들어 낼 것이다. 그것도 대체로 아주 부정적인 대답을 말이다. 왜냐하면 '이 사람이 나에게 영향력을 끼치려는 건 반드시 어떤 이득이 있기 때문이니까' 라고 생각하는 게 인간의 본성이기 때문이다. 그리고 사람들 대부분은 무의식적으로 타인이 얻는 것만큼 자신들의 몫이 줄어든다고 생각한다. 이것 또한 인간의 본성이다.

그래서 사람은 누구나 자신을 보호하기 위해 (또는 자신의 몫을 수호하기 위해) 본능적으로 의심의 장벽을 둘러친다. 따라서 당신은 당신이 믿을 만한 사람이라는 것을 입증할 만한 이야기를 들려주어 그 의심의 장벽을 걷어낼 필요가 있다. 이야기를 듣는 사람들과 관련 있으면서도 의미가 있고, 동시에 '나는 누구다' 라는 것을 보여주는 이야기는 그야말로 효과 만점이다.

당신에게 영향을 미치고자 했던 사람들(선생님, 사장, 동료, 판매원, 목사, 상담가 등)에 대한 당신의 경험을 떠올려 보자. 그 중에서 당신에게 성공적으로 영향을 미쳤던 사람과 그렇지 못했던 사람을 골라보자. 그 사람들 각각에게 어떤 느낌이 들었는가? 그 사람이 당신에게 영향을 끼쳤기 때문에 그와 당신 사이에 무언가 연결된 것 같은 느낌을 받았는가, 아니면 연결된 느낌을 받았기 때문에 그가 당신에게 영향력을 끼쳤는가? 어떤 사람에게는 믿음이 가고, 어떤 사람에게는 그렇지 않은 까닭이 무엇인가?

그들이 어떤 유형에 속하는 사람들이며, 당신이 협력을 함으로써 그들이 얻게 되는 이득이 무엇인가를 아는 게 아마 가장 중요한 변수였을 것이다. 당신이 잠재적으로 얻게 될 이득이 확실히 중요하긴 하지만, 상대에 대한 신뢰도를 판단하는 기준은, 상대가 얼마나 확신에 차서 당신에게 돌아올 이득을 보여주고 그 말을 당신이 '어느 정도 믿느냐'에 달려 있었을 것이다.

사람들이 제아무리 '당신을 위해서입니다'라고 수십 번 말해도, 우리는 타고난 이기주의와 사리분별과 논리적인 판단을 통해 그들의 말을 한마디 한마디 체로 걸러가며 듣는다. 나에게 영향력을 끼치고자 하는 그들이 과연 누구이며, 왜 이곳에 있는가에 대한 판단을 기초로 당신은 그들의 신뢰도를 평가하는 것이다.

뉴욕타임스와 CBS 뉴스가 공동으로 한 여론 조사(1999년 7월)에 따르면, 조사 대상의 63%가 '타인을 대할 때에는 아무리 조심해도 지나치지 않다'고 말했으며, 37%는 '대다수의 사람들이 기회만 있으면 타인을 이용하려 들 것이다'라고 믿고 있었다. 이 여론 조사 결과가 당신이 영향을 끼쳐야 하는 사람들의 속성을 그대로 보여주는 거라면, 어떻게 해야 그들을 확실히 설득시킬 수 있을까?

당신이 제일 먼저 해야 할 일은 '당신이 믿을 만한 존재'라는 것을 사람들에게 보여주는 것이다. 하지만, 어떻게 보여주란 말인가?

다행히도 이 여론 조사가 힌트를 주고 있는데, 85%의 응답자가 '개인적으로 아는 사람들은 공정할 것이다'라고 대답했다. 그렇다면, 아주 간단한 일 아닌가? 사람들에게 당신이 누구인지 보여줘라. 그들이 당신을 개인적으로 알고 있다는 인상을 심어 줘라. 그렇게 되면 지금보다 적어도 3배 정도는 당신에 대한 신뢰도가 뛰어오를 것이다.

우리가 일상 속에서 하는 말들을 곰곰이 생각해 보자. "그는 꽤 괜찮은 녀석이야, 나는 그를 알아." 혹은 "그를 믿지 못 하는 게 아니라…, 단지 잘 알지 못할 뿐이야."

나를 사람들에게 알리지 않았는데, 어떻게 사람들이 나를 믿어주기를, 또 나의 영향력이 행사되기를 기대할 수 있겠는가? 영향을 미치려는 시도를 하는 나와 개인적인 나를 분리해 버리는 행동은 사람들이 이야기에 귀를 기울일 것인지 말 것인지를 결정하는 중요한 기준을 무시하는 것과 같다.

흔히 사람들은 타인에게 영향을 끼치려고 할 때, 감정적인 두뇌는 무시한 채 이성적인 두뇌에만 호소한다. 감정적인 두뇌는 무시당하는 것에 대해 몹시 민감하다. 그리고 증거는 없지만, 감정적인 두뇌는 저질러 놓고 후회하기보다는 '신중함'을 선호한다. '어떤 사람이든, 어떤 사안이든 지속적으로 지켜봐야 한다'는 말이 그래서 나온 것이다.

그렇다면, 감정적인 두뇌를 움직여 상대를 KO시킬 수 있는 이야기의 비밀은 무엇일까?

당신의 이야기가 다음의 6가지 요소를 갖추고 있다면 이미 당신은 상대를 완전히 당신의 편으로 끌어들이는 탁월한 이야기꾼이다.

　첫째, '나는 누구인가' 를 보여주는 이야기
　둘째, '나는 왜 여기 있는가' 를 보여주는 이야기
　셋째, '나의 비전은 무엇인가' 를 보여주는 이야기
　넷째, '감동적인 교훈' 을 담은 이야기
　다섯째, '실천할 수 있는 가치' 를 담은 이야기
　여섯째, '당신의 마음을 읽고 있다' 라고 느끼게 해주는 이야기

첫째, '나는 누구인가' 를 보여주는 이야기

　최근에 나는《중역 EQ *Executive EQ*》의 저자인 로버트 쿠퍼의 강연을 들을 기회가 있었다. 그의 책을 읽어 본 나는 강연을 기다리는 동안 책에서 받은 감동을 강연장에서도 동일하게 받을 수 있으리라는 기대감에 사로잡혀 있었다. 아니, 사실 그 정도가 아니었다. 인쇄된 책에서는 좀처럼 얻을 수 없는 생생하게 살아 있는 감동, 난 그것을 원하고 있었다.

　그런데 막상 팔짱을 낀 채 냉소적인 표정으로 강연장 안으로 들어오는 그의 모습을 본 나는 적잖이 실망했다. 혹시 '그가 로버트 쿠퍼가 아니라 그저 곁다리로 따라온 다른 강연가가 아닐까? 하는 의구심마저 들었다. 그러나 강연이 시작된 지 10분 정도 지나자 나의 의심은 씻은 듯이 사라졌다. 그는 진짜 로버트 쿠퍼였던 것이다! 그가 10분 동안 들려준 이야기는 '그가 어떤 사람이며, 무엇을, 왜

믿는지'에 대해서 청중들의 마음 속 깊이 심어 주었다.

로버트는 강연에 앞서 그가 16살 때 심장마비로 돌아가신 할아버지에 관한 이야기를 하기 시작했다. 그의 할아버지는 총 다섯 번의 심장발작을 일으켰고, 다섯 번째 발작 때 끝내 돌아가셨다. 그 시절, 할아버지는 자신의 지혜를 손자에게 가르치는 데 온 신경을 집중했었다. 둘은 오랜 시간 동안 대화를 나누었고, 아주 친밀한 시간을 가졌다. 그는 어린 로버트가 되어 사랑이 담뿍 담긴 눈으로 할아버지를 바라보는 것처럼, 생생하고 진솔하게 이야기를 풀어나갔다. 할아버지에 대한 그의 사랑이 바로 우리 눈앞에 보이는 것 같은 감정을 넘어서, 우리 모두 할아버지 곁에 쪼그리고 앉아 있는 어린 아이가 되는 것 같았다.

"만일 어떤 사람의 눈빛에 존재하는 강렬함으로 그 사람의 지성을 측정할 수 있다면, 당신은 천재입니다."

그는 이야기 중간에 이렇게 말했다. 로버트는 그의 할아버지가 급속도로 쇠약해져 가는 모습을 묘사했다. 그리고 매번 심각한 심장발작이 일어나고, 죽을 고비를 넘기고 난 후에 그를 침대 옆으로 불러 죽음의 문턱에서 느꼈던 통찰력을 진지하게 일러주던 할아버지의 모습도 보여주었다. 청중들은 그의 할아버지가 그에게 했던 말을 행여 한 마디라도 놓칠세라, 전부 상체를 앞으로 기울인 채 그의 이야기에 집중하고 있었다.

"나는 인생에서 가장 소중한 것이 무엇인가에 대해 깊이 생각해 왔단다. 인생에서 가장 소중한 것은 '…'라는 결론에 이르게 되었지."

하지만 그는 가장 중요한 대목 '…'를 좀처럼 얘기해 주지 않았

다. 우리는 이 훌륭한 할아버지의 통찰력을 듣고 싶어 안달이 날 정
도였다. 그는 할아버지가 네 번이나 같은 이야기를 반복했었다는
것과, '마지막 심장발작 때에는 인생에서 가장 소중한 것이 무엇인
지에 관해 해주었던 이야기를 기억하고 있는지 할아버지에게 테스
트 받을지도 모른다고 걱정했었다' 고 말해 우리를 다시 한번 웃게
만들었다.

우리가 그렇게 계속 웃고 있을 때, 로버트는 마침내 그의 할아버
지가 마지막으로 남긴 말을 꺼내 놓았다.

"할아버지께서는 저에게 이렇게 말했습니다. 네가 가진 것 중에
서 최고라고 생각하는 것을 세상에 던져 주어라. 그러면 최상의 것
이 너에게 되돌아올 것이다. 나는 매일 내 자신에게 이렇게 묻곤 했
단다. '내가 절대 받아들이기 싫었던 어제가 내 생애 최고의 날이었
으면 어떡하지?' 하고 말이다. 난 그렇게 평생을 살았단다. 그렇게
하루하루를 반성하면서, 스스로를 채찍질하면서…. 그 결과, 아주
많은 것들이 나와 네 아버지 그리고 너에게 되돌아왔다. 하지만 세
상이 이제는 더 이상 나에게 무언가를 주지 않더구나. 왜냐구? 그건
내가 스스로에게 묻는 걸 그만두었기 때문이란다. 나는 다시 묻기
에는 너무 늦었지만, 너는 절대 조금도 늦지 않았다. 지금 당장 시작
하거라."

생의 마지막 순간에 토해내는 한 남자의 고요한 가르침의 힘에
사로잡혀, 나는 다른 청중들과 마찬가지로 숨을 죽였다. '나는 너무
늦었다….' 나도 언젠가 그의 할아버지처럼 죽을 것이다. 그곳에 모

인 청중들은 자신들도 언젠가는 그 할아버지처럼 삶을 후회하며 죽을 거라는 사실을 언뜻 깨달았다.

로버트는 더함도 덜함도 없이 솔직하게 이야기를 했고, 그의 이야기는 청중들에게 강한 신뢰감을 심어주었다. 그의 이야기가 신뢰를 심어줄 수 있었던 이유는 무엇일까? 그건 바로, 그의 이야기 안에서 퍼져 나오는 '정직함' 때문이었다.

객관적인 정보는 믿음을 불러일으킬 정도로 상대방의 가슴 속에 충분히 깊이 파고들지 못한다. 당신이 무슨 말을 하든, 사람들은 스스로의 주관적인 증거에 의지해 당신을 판단해 버리기 때문이다. 그렇다면, 포기해야 할까? 아니다. 우리의 호프, 이야기가 있다. 사적인 이야기만큼 '나는 이런 사람이다' 라고 정확하게 표현해 줄 수 있는 수단은 없다. 사적인 이야기는 타인의 눈에 거의 띄지 않는 당신의 모습까지 보여준다. 하지만 반드시 사적인 이야기여야만 하는 건 아니다. 이 책 전체에 걸쳐 많은 이야기(우화, 역사적인 이야기, 친구로부터 들은 이야기, 근래의 사건 이야기, 동화 등)가 나오는데, 그 중 어느 것이든 '나는 누구이다' 라고 보여줄 수 있는 이야기면 무엇이든 상관없다.

많은 리더들이 이야기를 통해 개인적인 결점을 아주 효과적으로 이용하는 모습을 그동안 나는 자주 접해 왔다. 심리학자들은 이것을 '자기 폭로' 라고 부른다. 이것이 왜 효과가 있는가는 '내 결점을 보여줄 만큼 내가 당신을 믿는다면, 나에게 당신의 결점을 보여줄 만큼 당신도 나를 믿을 수 있다' 라는 이론이 충분히 설명해 준다. 서로의 약점을 보여주고 그것을 헐뜯지 않을 수 있다면, 서로를 믿을 수 있다는 결론에 쉽게 다다르게 된다.

새로 부임해 온 중역인 당신은 직원들과 처음 만나는 자리에서 처음 관리직을 맡았을 때의 일화를 말할 수도 있다. 그것도 줄곧 직원들에게 할 일을 지시하면서 자신만의 관리 방식대로 그들을 꾸짖고 질책하여 마침내는 미칠(?) 지경으로 몰아갔던 때의 일을 말이다. 어쩌면, 그 이야기를 듣는 당신의 부하직원들은 충격을 받을지도 모른다. '나의 상사가 처음 보는 부하직원에게 자신의 결점을 이렇게 적나라하게 드러내다니!' 그러나 진정한 힘은 완벽함이 아니라, 자신의 한계를 이해하는 데 있다는 것을 우리는 간과해서는 안 된다.

'나는 누구이다'를 보여주는 이야기는 부정적인 선입견이 얼마나 좋지 않은 영향을 미치는지를 즉석에서 깨닫도록 해줄 수도 있다. 그리고 그 이야기는 자연스럽게 '왜 내가 여기에 있는가'라는, 이야기의 다음 비밀로 이어진다. '나에게 이야기를 하고 있는 이 사람은 믿을 만하다'라고 청중들이 결론을 내렸더라도, 그걸로 끝이 아니다. 그들은 여전히 자신들의 협력을 통해 당신이 얻게 되는 게 무엇인지를 궁금해한다. 그리고 스스로 만족할 만한 답을 얻을 때까지, 자신들보다 당신이 더 많은 것을 얻고 있다고 생각할 것이다.

당신이 영향력을 미치려고 애쓰는 이유는 무엇인가? 영향력을 미치기 위해 '진실'을 조작하는 방법이 있기는 하지만, 나는 당신에게 그 방법을 권하고 싶지는 않다. 사람들은 흔히 성공적으로 진실을 조작하는 방법들에 대해 말하지만, 그런 사람들 중에서 오래가는 사람을 나는 본 적이 없다. 우리들 대부분은 그런 자들을 한 1마일쯤 떼어놓는다.

둘째, '나는 왜 여기 있는가'를 보여주는 이야기

일단 '뭔가 이상하다'는 느낌을 받으면, 사람들은 더 이상 협력하려 들지 않는다. 분명히 숨겨진 의도가 있다고 의심을 하기 때문이다. 당신의 의도가 좋든 나쁘든 사람들에게 납득이 갈 만한 설명을 애초에 해두지 않으면, 사람들은 '미심쩍은' 이유들을 끊임없이 생각해 낼 것이다.

사람들은 본능적으로 '당신에게는 이런 이익이 있습니다'라는 말보다 '저의 이익은 이만큼입니다'라는 솔직한 말을 먼저 듣길 바란다. 그것은 당연한 일이다. 만약 당신이 나에게 어떤 제품을 팔고 있다거나, 돈을 기부하라고 한다거나, 혹은 당신의 충고에 내가 따르기를 원한다면, 내가 당신의 말을 들음으로써 당신이 얻게 되는 게 도대체 무엇인지 궁금할 것이다.

듣는 사람이 얻게 될 것에 초점을 맞춰 말하는 것은 당신의 이기적인 목적을 감추려고 애쓴다는 뜻이다. 그때부터 당신이 전하려고 하는 메시지는 일관되지 않고, 성의가 없거나, 나쁘게는 거짓말이 끼어들게 된다. 최악의 경우 자신들의 협력을 통해 당신이 얻게 되는 것을 감추고 있다고 생각하게 되면, 당신에 대한 신뢰도는 벼랑으로 떨어지게 된다.

당신의 이기적인 목표를 감출 필요가 전혀 없다. 사람들은 자신들이 이용당하지 않고 있다는 생각이 들면, 당신의 목표가 무엇이든 전혀 신경 쓰지 않는다. 설사 당신의 목표가 이기적일지라도, 솔직한 태도를 취하면 사람들은 오히려 진심으로 협력하려 들 것이다.

13살 때 고향 레바논에서 미국으로 건너가 자수성가한 사업가 톰. 그는 틈만 나면 부자가 되고 싶어했던 이유에 관한 이야기를 꺼내곤 했다.

단 한마디의 영어도 할 줄 모르고 단돈 1달러도 없었던 그는 레스토랑에서 웨이터 보조로 일을 처음 시작했다. 그는 매일 영어 몇 마디씩을 익혀가며 식사하러 오는 사람들을 구경하곤 했는데, 특히 아름다운 옷을 입고 큰 차를 타고 단란한 가정을 이루고 있는 사람들의 모습을 넋을 잃고 바라보곤 했다. 그는 그들을 바라보면서 '나도 열심히 일하면 언젠가는 그들처럼 될 수 있을 거야'라고 생각했다. 그리고 실제로 그는 자신이 가졌던 꿈 이상으로 성공을 거두었다.

그는 눈을 반짝이면서 지금은 과거보다 좀더 새롭고 원대한 꿈을 가지고 있노라고 말한다. 그의 이야기를 듣고 사업계획서를 읽어본 고객(또는 동업 예정자 등)은 긴장을 풀었다. 왜냐하면 그가 누구이며, 왜 이곳에 있는지 알고 있다고 느꼈기 때문이다. 그의 목표는 사실 너무나 이기적이다. 하지만 그것은 용인되는 범위 내에서의 이기적인 목표이다. 무엇보다 그는 아무 것도 숨기지 않았다. 그가 이익을 추구하는 사람이라는 것을 숨김 없이 드러냈던 것이다. 결국 이기적인 이유를 솔직하게 밝힌 것이 그를 믿을 만한 사람으로 만든 것이다.

타인에게 영향을 미치고자 하는 이유는, 권력, 돈, 명성에 대한 이기적 욕구와 조직, 사회, 혹은 특별 집단에 도움을 주고자 하는 비이기적인 욕구가 결합되어 있을 수도 있다. 만약 비이기적인 동기에 초점을 맞춰 이야기를 하고 싶다면, 적어도 개인적인 동기도 약간은 존재하고 있음을 알려야 한다. 그렇지 않으면 당신의 성실성을 의심받게 된다.

물론, 진짜 순수한 마음으로 다른 사람에게 공헌하고 싶을 때도 있다. 당신의 목표가 아주 순수하게 이타적인 경우 말이다. 하지만 주의해야 한다. 달라이 라마처럼 항상 순수함을 뿜어내는 사람이 아닌 이상, 당신이 진심으로 이타적인 목표를 추구하고 있다는 걸 사람들이 액면 그대로 믿을 거라고 기대해서는 안 된다. 당신이 이타적인 일을 하고 싶다면, 그것이 확실히 순수한 마음에서 우러나온 행동이라는 걸 입증해 줄 이야기를 들려주어야 한다.

대도시에서 성공한 사업가. 그는 에이즈 환자의 호스피스와 시립 발레 무용단의 자원 봉사자 일을 하는 데 많은 시간을 할애하고 있었다. 남을 돕는 일에 시간과 돈을 기부하라고 선동하기 위해 다른 사업가들을 방문할 때면, 그가 어김없이 꺼내는 이야기가 있다.

사업차 그가 이스라엘에 묵고 있을 때였다. 사업 파트너와 이런 저런 사담을 나누던 중, 파트너가 갑자기 '사해'와 생명이 살아 있는 '갈릴리 호'의 차이점을 아느냐고 그에게 물어왔다.

"글쎄요…."

당신은 알고 있는가? 그 둘의 차이점을? 사업 파트너는 그에게 다음과 같은 차이점을 얘기해 주었다. 사해는 물이 들어오는 입구가 있지만, 출구는 어디에도 존재하지 않는다. 사해는 물을 그저 받아들이기만 할 뿐이다. 그래서 소금이 쌓이고 또 쌓여서 그 어떤 생물도 살지 못하는 죽음의 호수가 되었다. 반면, 갈릴리 호에는 들어온 물이 다시 밖으로 빠져나갈 수 있는 출구가 있다. 물이 들어오면 다시금 흘러나가기 때문에 생명이 살 수 있는 호수가 된 것이다. 둘 다 동일한 발원지에서 물을 받아들이지만, 사해는 물을 움켜쥐고 내놓지 않았기 때문에 죽은 호수가 되었던 것이다.

이 이야기를 듣기 전까지 그도 사해처럼 움켜쥐는 일에만 신경을 썼지, 내보내는 것에는 전혀 관심을 두지 않았었다. 그러나 살아남아 번영하기 위해서는 남에게 베푸는 것이 필수적이라는 것을 '사해와 갈릴리 호' 이야기가 말해주고 있다.

그의 메시지는 사람들에게 단지 '왜 내가 이곳에 있는가'를 설명하는 것으로 끝나지 않는다. 타인에게 베풀면서 '부(富)를 흐르도록 할 때야말로 살아 있다는 느낌이 든다'는 그의 비전을 언뜻 보여주고 있는 것이다.

셋째, '나의 비전은 무엇인가'를 보여주는 이야기

세 명의 인부가 일하고 있는 건설 현장에 어떤 사람이 다가갔다.

그가 첫 번째 인부에게 물었다. "지금 무슨 일을 하고 계시죠?"

그 일꾼이 대답했다. "내가 지금 뭘 하는 걸로 보이오? 보면 모르오? 벽돌을 쌓고 있잖소!" 무안해진 그 사람은 두 번째 인부에게 물었다. "지금 무슨 일을 하고 계시죠?"

"아니, 이 사람이 날도 더워 죽겠는데 장난을 치나. 보면 몰라? 벽돌 쌓고 있잖아!"

그런데 세 번째 인부는 다른 사람들과 달라 보였다. 콧노래를 부르며 신나게 벽돌을 쌓고 있었다. 그는 마지막으로 세 번째 인부에게 다가가 물었다.

그러자, 그 일꾼이 허리를 곧게 펴고 일어나더니 미소를 지으며 대답했다.

"나는 성당을 짓고 있다오."

비전을 심어주는 이야기는 노고와 좌절이라는 조각들을 잘 끼워 맞춰서 하나의 의미 있는 그림으로 만든다. 아니, 비전 이야기는 무엇보다 무의미한 좌절이 안겨주는 독을 해독해 주는 역할을 한다. 이 세상에서 목적과 의미를 가지고 살아가기 위해서는, 우리의 고투에 의미를 부여해 줄 수 있는 비전 이야기를 끊임없이 들려주어야 한다.

타인에게 중요한 영향을 끼치고 싶은 당신. 그렇다면, 당신은 지금 그들이 하고 있는 일이 단순히 벽돌을 쌓는 작업이 아니라, 성당을 짓는 성스러운 일을 하고 있다는 비전을 들려주어야 한다.

'내가 누구인지, 왜 내가 여기에 있는지'에 관해 충분히 이야기했다면, 이제 청중들은 당신을 편안하게 느끼고 신뢰할 것이다! 그것은 청중들이 이미 당신의 생각이 자신들에게 도움이 된다는 것을 깨닫고, 당신의 말을 들을 준비가 되어 있다는 뜻이다.

그렇다면 이야기를 받아들이는 것이 그들에게도 이익이 된다는 점을 보여줄 차례이다! 이 점을 이해시키지 못한다면 당신은 절대 상대방에게 진정한 영향력을 발휘할 수가 없을 것이다.

너무나 많은 사람들이 이 '이익'에 관한 그림을 아주 엉망으로 그리고 있다. 말하는 사람이 자기의 관점에 너무 집중하여 도취된 나머지, 듣는 사람이 이해할 수 없는 용어로 말하거나 직설적인 사실 위주의 표현에 그쳐버린다. 예를 들어, 생선회를 먹을 때 식욕을 돋구기 위해서는 혀끝에 느껴지는 감각이 어떤 지를 구체적으로 말해줘야 함에도 불구하고, 단지 '차가운 생선이 맛이 좋다' 라는 식으로 표현할 때처럼 말이다.

최고경영자인 당신. 당신은 '5년 이내에 매출액 2조의 회사를 만들겠다' 고 비전을 세웠다. 당신은 그 비전을 성취하기 위해 포근한 잠자리를 포기하고 새벽에도 기꺼이 일어날 것이다. 그러나 여기서 잠깐! 당신의 그 비전이 당신 혼자 날고 뛰어서 이루어질 수 있다고 생각하는가? 착각도 유분수라는 말은 바로 이럴 때 튀어나오는 말이다.

당신은 그 비전이 가져다 줄 이익에 도취된 나머지, 당신에게는 보이는 것이 다른 사람들에게는 전혀 보이지 않는다는 사실을 깨닫지 못하고 있다. 당신이 최고경영자이기 때문에, 상황은 훨씬 더 위험하다. 왜냐하면 당신이 곁에 있으면 직원들은 이런 비전이 자신들의 눈에도 보이는 것처럼 거짓된 행동을 하기 때문이다.

나는 '우리에게는 비전이 없어요' 라고 말하는 직원들에게 불같이 화를 내는 최고경영자들을 많이 봐왔다. 직원들에게 경영자는 이렇게 꾸짖고 호통을 치곤 한다.

"당신에게 왜 비전이 없는가? 매출 2조의 회사! 그것 아닌가?"

사장님, 잠깐만! 직원들이 보지 못하는 비전은, 비전이 아니다. 직원들이 당신의 비전을 보지 못한다고 해서 그것을 책망하는 것은…. 나는 당신이 그런 몰지각한 사람이 아닐 거라고 굳게 믿는다.

당신은 직원들에게 비전을 전해줄 수 있는 이야기를 찾아내야 한다. 그것도 직원들이 정확하게 이해할 수 있는 그런 이야기를 말이다. 직원들에게 감동을 주는 이야기를 할 수 있는 비결을 당신에게만 살짝 가르쳐 줄까?

사람들에게 감동을 주는 이야기를 할 수 있는 비결은 실제 존재했던 일을 말하는 것이다. 비전을 전해주고, 사람들이 이해할 수 있는 그런 이야기 말이다.

'나에겐 꿈이 있습니다' 라고 쓰여진 글을 읽는 것과 마틴 루터 킹이 직접 "나에겐 꿈이 있습니다"라고 말하는 걸 듣는 것은 완전히 다른 경험이다. 마찬가지로 내가 비전 이야기의 본보기를 당신에게 보여주고 싶어도, 종이 위에 쓰여진 글이라는 1차원적인 한계에 의해 방해를 받게 된다. 그래서 여섯 가지 이야기들 중에서 이 비전 이야기가 가장 진부해 보일지도 모른다. 그러나 일단 그 이야기가 진심으로 타인에게 전달되기만 하면, 당신은 변치 않는 박수갈채를 받게 될 것이다.

비전을 일깨워주려는 이야기를 할 때는 쉽게 옆길로 새버릴 수도 있다. 비전 이야기는 어떤 사람의 생애를 담고 있다는 점 때문에 걸핏하면 맥락에서 벗어난다. 그래서 말하는 사람은 이야기가 자신을 어리석은 사람으로, 혹은 엉뚱한 이야기나 하는 사람으로 비추지는 않을까 하는 두려움을 갖게 마련이다. 그러나 비전을 말하는 자여, 용기를 가져라.

어떤 중소기업의 경영자가 자신의 비전을 사원들에게 전하기 위해 빈센트 반 고흐의 생애를 이용했다. 고흐가 비록 미치광이였을지는 모르지만, 그의 천재성과 미술 분야에 대한 공헌이 현재에는 수백만 달러의 가치가 있다는 이야기였다. 이러한 고흐의 이야기는 곧 직원들에게 '광기 서린 소프트웨어 예술가들' 이라는 자부심을 심어주었다. (사실, 경영자는 '수백만 달러' 가 직원들에게 좀더 깊은 인상을 심어주었으리라는 것을 잘 알고 있었다) 그는 또 고흐가 돈 한 푼 벌지 못하고 정신병원에 수용되어 있을 때 뒷바라지를 해준 고흐의 동생에 관해서도 이야기했다. 이 이야기의 이면에는 직원들의 희생, 사장의 헌신, 그리고 아직은 사람들에게 인정받지 못하고 있지만 결국은 큰 이익이 그들에게 돌아올 거라는 메시지가 깃들어 있었다.

물론, 그 경영자는 고흐의 작품이 널리 인정받게 되었을 때에는 이미 고흐가 죽고 없었다는 사실은 말하지 않았다. 하지만 그게 중요한 건 아니었다. 그의 이야기는 직원들에게 감명 깊은 비전을 전달했고, 효과가 있었다. 그 이야기는 눈에 보이지 않는 무언가를 제대로 보여주었던 것이다. 직원들은 곧 사무실 여기저기에 고흐의 그림을 걸어 놓았다. 그것도 대다수의 직원들이 특별히 좋아하는 걸로 말이다. 그 그림은 포기하고 싶어질 때 사람들을 격려하고 앞으로 나아가도록 해주었다. 참다운 비전 이야기는 사람들에게 오늘의 좌절을 내일의 희망의 빛으로 극복하도록 만드는 연상작용을 일으킨다.

넷째, '감동적인 교훈' 을 담은 이야기

사회경험에 관해서는 완전히 백지 상태인 당신의 후임자에게 전화응대법을 가르쳐 준 경험이 있는가? 물건을 세일즈하는 방법은?

소프트웨어를 설계하는 법도 좋다. 당신은 어떤 방법으로 당신이 지닌 기술을 그들에게 전수해 주는가? 혹시 가르치다가 '이것도 제대로 이해하지 못하냐!'고 길길이 날뛰며 화를 내지는 않았는지? 하지만 과연 그들이 정말 멍청하기 때문에 당신의 말을 제대로 알아듣지 못한 걸까? 혹시 당신의 설명이 부족하거나, 부적합했던 것은 아니었을까? 다시 한번 곰곰이 생각해 보자.

화를 주체하지 못해 머리를 벽에 찧는 대신에, 그들이 제대로 이해할 만한 방법을 찾아보는 게 어떨는지….

가르치는 게 목적인 이야기는 듣는 사람이 새로운 기술을 정확하게 이해할 수 있도록 도와준다. 이때 명심해야 할 것이 있다. '이유를 먼저 설명해 주지 않고 기술을 가르쳐 주지 말 것.' 내가 만약 당신에게 새로운 소프트웨어의 사용법을 가르쳐야 한다면, 나는 절대 '구획, 운용 방식, 8개의 선택 메뉴' 등에 관한 용어 설명부터 시작하지 않겠다.

나는 먼저 나의 첫 직장이었던 통신 회사에서 회로가 빽빽이 들어찬 제품의 가격을 결정하는 일에 관한 이야기를 해줄 것이다.

사실, 고객마다 제품에 대한 요청이 달랐기 때문에 각각의 요청을 모두 반영하여 제품 가격을 계산하는 데에는 많은 시간이 걸렸다. 게다가 거의 매번 실수를 했기 때문에 한 번에 한 개의 옵션만을 계산해야 했다. 그래서 어떤 고객이 입력선 사양을 8개에서 10개로 변경을 하거나 하면 거의 울고 싶은 지경이었다. 이럴 때면 계산을 처음부터 다시 해야 했기 때문에.

도저히 이런 상태를 참을 수가 없다고 느낀 나는 어느 날 오후 4시경, 원가산정 소프트웨어를 손으로 만지작거리기 시작했다. 쉬지 않고 8시간을 매달린 끝에 마침내, 나는 원가를 산정하는 나만의 비법을 찾아냈다. 나는 다음 날부터 그 프로그램을 쓰기 시작했고, 이틀 뒤에는 고객의 요청에 가장 빨리 응답하는 사람이 나라는 사실을 알아차린 사장이 그 프로그램을 보여달라고 했다. 나는 기꺼이 그것을 보여주었고, 그는 다른 판매원들에게 그 프로그램을 복사해주었다. 판매원들 모두가 그 프로그램을 칭찬했고, 나는 마치 영웅이 된 듯한 기분이었다.

위의 이야기에서 어떤 한 가지를 제대로 익히는 데 8시간이 걸렸다는 대목은 그다지 유쾌하지 않다. 하지만, 매번 원가계산을 할 때마다 3시간씩 절약하고 실수를 줄이며, 일을 제대로 해낼 수 있다는 맥락에서 보면, 8시간은 결코 헛되지 않았고 또 그럴 만한 가치가 있었다. 일단 이러한 이야기를 한 다음에는 구획이나 운용 방식과 같은 이야기로 자연스럽게 옮아갈 수 있다. 이제 당신은 그 일의 중요성을 이해할 수 있기 때문이다. 기술이 일단 이야기의 일부가 되면, 그 다음부터는 모든 것이 연결되고 기억력은 좀더 활발하게 작용한다.

당신이 전하고자 하는 메시지는 흔히 그들이 '무엇'을 하기를 바라느냐보다는 그것이 '어떻게' 이루어지기를 바라느냐에 더 가깝다. 이야기는 이 '무엇'과 '어떻게'를 융합시키는 데 안성맞춤이다. 게다가, 가르치는 데 필요한 시간을 절반으로 줄여준다.

새로운 회사 안내원에게 '대기, 연결, 확장 버튼이 접수대의 어느 쪽에 붙어 있다'고 가르치는 대신에 방글라데시 출신 안내원인 아디 부인이 '화내는 고객을 진정시키고, 회사 어딘가에 있는 사장을 즉각 찾아내며, 택배 직원을 따스한 미소로 맞이했던 이야기'를 해주면 어떨까?

이런 이야기는 당신이 그 안내원에게 바라는 바를 훨씬 더 정확하게 전달해 줄 것이다. 그리고 그녀가 복잡한 상황을 다룰 수 있을 정도로 충분히 능숙해진 다음, 뜻밖의 상황에 부딪쳤을 때 그녀는 '대기 버튼이 어디 있더라?'가 아니라 '이런 상황을 아디 부인은 어떻게 대처했을까?'로 사태에 대응할 것이다.

다섯째, '실천할 수 있는 가치'를 담은 이야기

실천할 수 있는 가치를 사람들에게 가르쳐줄 수 있는 최상의 방법은 '실례를 직접 보여주는 것'이다. 그것이 여의치 않을 때, 다음으로 좋은 방법은 '그 실례를 보여줄 만한 이야기'를 하는 것이다. 이야기는 사람들이 스스로 생각해서 깨닫게 하는 방법으로 가치를 알려준다. '우리는 성실을 가장 소중하게 여긴다'라는 식의 말은 의미가 없다. 그보다 자신의 실수를 오랫동안 숨겨오다가 회사에 막대한 피해를 입힌 어떤 직원에 관한 이야기나, 반대로 자신의 실수를 인정하여 고객에게 신뢰를 얻고 더 많은 주문을 받은 직원에 관한 이야기가 '성실'이 의미하는 바를 정확하면서도 효과적으로 알려줄 수 있다.

최근에 나는 게일 크리스토퍼 박사(하버드 대학 케네디 스쿨의 혁신 프로그램의 의장)로부터 한 이야기를 들었는데, 그것은 그동안 무수한 장기적인 계획들과 노력들을 저해해 왔던 '작은 조직, 큰 업적'이라는 슬로건을 극복한 이야기였다. 사실 '작은 조직, 큰 업적'이라는 생각에 기꺼이 동참하고, 도전하여 목표를 달성한 사람은 아무도 없었다. 그럼에도 불구하고 작은 조직으로는 작은 업적밖에 이룰 수 없다는 현실을 말하는 사람도 없었다.

모두가 이런 진실을 소리내어 말하는 것을 꺼려했기 때문에, 아무 문제가 없다고 판단한 상관들 앞에서 많은 조직의 우두머리들은 곧 내부 자원을 축소하기 시작했다. 그리고 곧 문제가 발생하기 시작했다. 하지만 누구도 선뜻 나서서 '자원의 축소로 큰 업적을 이룬다는 것은 너무 어려운 일이다'라는 점을 이야기하지 않았다. 그런 와중에 게일 박사는 다음 이야기를 이용하여 조직의 우두머리들을 이해시켰다.

그녀가 '정부 재구성을 위한 위원회'의 공동 의장으로 재직하고 있을 때, 어느 날 45세의 흑인 남자가 면접을 보기 위해 그곳에 와 있었다. 면접은 그녀의 사무실에서 몇 칸 떨어진 방에서 진행되고 있었다. 그 흑인 남자는 평생 동안 정부에서 성실하게 근무했던 사람이었다. 그는 오랜 시간을, 심지어 주말에도 일했다고 말했다. 그의 업적은 매우 인상적이었다. 그녀는 그와 함께 일하려고 생각하니, 너무 기뻤다. 그가 자신의 직업에 매우 헌신적이어서가 아니라, 흑인이기 때문에 그녀의 팀에 좀더 많은 다양성을 부여할 수 있으리라고 기대했기 때문이었다. 그런데 갑자기 그가 가슴을 움켜쥐면서 바닥에 쓰러졌다. 심장발작을 일으킨 것이다! 모두가 깜짝 놀랐고, 즉시 '911(우리나라의 119에 해당—옮긴이)' 에 전화를 걸었다. 그녀는 응급 구조대가 제 때에 맞춰 도착해 줄 것이라고 믿었지만, 그전에 그는 숨을 거두어 버렸다. 작은 조직에서 수많은 일을 하면서 인생의 반 이상을 허비해 온 그는 결국 그 일보다 훨씬 더 많은 스트레스를 줄 일자리의 면접을 보는 도중에 죽었던 것이다.

그녀의 이야기를 들은 청중들은 깜짝 놀랐다. 그녀의 이야기 안에는 여러 다양한 가치들이 담겨 있었다. 흑인 남자의 죽음에 담겨 있는 의미를 함께 심사숙고해 봄으로써 관리자가 조직을 구성할 때 어떤 점을 중요시해야 하는지를 극명하게 보여주었고, '작은 조직이 좋다' 는 말을 아무 때나 경솔하게 주장해서는 안 되겠다는 생각이 들게 한 것이었다.

그녀는 이 이야기를 통해 관리자가 작은 조직을 구성해 놓고 계속해서 직원들에게 큰 업적을 요구한다면, 그것은 말 그대로 직원을 죽이는 짓이라는 점을 청중들로 하여금 스스로 깨닫도록 해주었던 것이다. 이 이야기가 없었다면, 그녀의 메시지는 사람들의 가슴 속에 진실로 깊이 와 닿지 않았을 것이다. 이 이야기를 기억하고 그것을 다른 사람에게 전하는 사람이 분명 나 혼자만은 아닐 것이다. 이런 이야기는 그 자체가 생명력을 가지고 있다.

다시 말하지만, 글로 쓰는 방법은 이와 같은 이야기 안에 담겨 있는 힘과 진실성을 제대로 나타낼 수가 없다. 진실성이 전해지지 않으면, 이야기는 냉소나 빈정댐을 불러일으킬 뿐이다. 게일의 진지함은 이 이야기가 불러올지도 모르는 냉소적인 요소들을 배제한 채 사람들에게 정확하게 의미를 전달할 수 있었다.

식상한 단어들을 적은 카드를 만들어 벽에 붙이거나, 초등학교 4학년 남자아이가 국기에 대한 맹세를 암송하는 것처럼, 별 생각 없이 그냥 열거하는 식으로 '가치'를 표현하려는 경우가 우리 주변에는 흔하다. 성실, 존경, 협동과 같은 가치가 중요하지 않다는 의미가 아니다. 보비가 수지를 밀치고, 릭이 주머니에 있는 개구리로 장난을 치는 것과 같은 어수선한 상황에서는 진실한 가치가 눈에 보이지 않는다는 것이다. 우리는 이런 가치들을 믿는다고 말하지만, 사실 일상의 이야기 안으로 스며들기 전까지는 아무런 의미가 없다.

상대방에게 특정한 가치를 받아들이도록 하고 싶다면, 그의 마음에서 영원히 지워지지 않을 이야기를 해주어라. 《당신의 새로운 삶을 위하여 A Guide for Your Second Life》의 저자인 마티 스마이어는 말로는 세상 사람들이 다 아는 것 같지만, 실은 무시되고 있는 '일하는 즐거움'의 가치를 예증하는 훌륭한 이야기를 했다.

그녀는 이야기를 하기 전에, 자신의 아버지가 이따금 괴팍한 행동을 한다는 것과, 이에 반해 어머니는 '두 아이들에게 반드시 피아노를 가르치겠다'는 얼토당토 않은 신념을 가지고 있었다고 말했다. 그리고 이것을 제외하면 좀더 현실적이었다는 것을 청중들에게 먼저 충분히 이해시켰다.

피아노는 집 뒤의 처마 밑에 놓여 있었다. 대부분의 아이들이 그렇듯, 피아노 연습은 그녀와 그녀의 오빠에게 달갑지 않은 시간이었다. 그녀의 오빠는 심지어 무언의 항의 표시로 미식축구 헬멧을

머리에 뒤집어 쓴 채 피아노 의자에 털썩 주저앉기도 했다. 지겨운 피아노 연습이 몇 개월째 계속 되던 어느 날, 그녀와 어머니가 부엌에 있는데 오빠가 뛰어들어오면서 이렇게 외쳤다.

"엄마, 와보세요. 빨리요!"

뒤뜰로 뛰어간 그들의 눈에 하늘 높이 치솟고 있는 불꽃이 먼저 보였다. 그리고 그 다음에 불꽃의 근원지가 보였는데, 그건 바로… '피아노'였다. 그들이 놀란 표정으로 불에 타고 있는 피아노와 그 옆에 서 있는 아버지를 번갈아 쳐다보자, 아버지가 나지막한 목소리로 말했다.

"나는 '재미없으면 하지 마라'는 것을 너희에게 알려주고 싶었단다."

마티의 이야기는 우리들에게 불타는 피아노의 이미지를 심어주었다. 그것은 '재미없으면 하지 마라'는 말을 영원히 잊혀지지 않도록 해줄 것이다. 그녀의 이야기에는 사랑과 유머, 그리고 모험 등의 공통된 인간성이 들어 있었다. 그곳에 모인 800여 명의 청중들 중 그녀의 이야기에 귀를 기울이지 않은 사람은 단 한 명도 없었다. 어쩌면 피아노를 좋아하는 사람들은 약간 분노를 느꼈을 지도 모르겠지만, 어쨌든 모두가 그 이야기에 열중했다.

일상적인 삶과 연관되어 있지 않고, 개개인의 경우와도 맞물려 있지 않은 이야기는 가치가 없다. 그 중에서도 특히 개인적인 이야기는 사람들을 이야기 속으로 끌어들일 수 있는 최상의 방법이다. 마티의 이야기처럼 극단적인 이야기가 사람들의 흥미를 끌기도 하지만, 정겹고 듣는 사람에게 편안함을 줄 수 있는 이야기가 좀더 효과적인 경우도 있다. 당신 가족이 이야기의 소재라고 하자. 당신은 당신의 개인적인 경험을 통해 당신만의 이야기를 가지고 있으며, 그 이야기는 가치를 현실적인 것으로 인식시키는 데 좀더 쉽게 다가갈 수 있도록 해줄 것이다.

당신이 잘 알고 있다고 공언하는 가치들을 증명하기 위해, 얼마나 많은 이야기들을 꺼내 놓을 수 있는지 생각해 보자. 이것은 당신 스스로에게 아주 좋은 테스트가 될 것이며, 당신의 '가치 이야기'의 가장 중요한 원천이 될 것이다. 다른 사람의 가치에 영향력을 행사해 그들의 행동이나 생각을 바꾸고자 한다면, 당신의 공구 상자에 가능한 한 많은 이야기들이 담겨 있어야 한다.

여섯째, '나는 당신의 마음을 읽고 있다'라고 느끼게 해주는 이야기

'어, 내 마음을 읽고 있잖아!' 라는 기분이 들게 하는 이야기를 누군가 한다면? 아마도 당신은 흥미를 가지고 기꺼이 빠져들 것이다. 어떻게 해야 사람의 흥미를 유발할 만한 이야기를 할 수 있을까? 누구나 그런 이야기를 할 수 있는 건 아니지만, 사실 그리 어려운 일은 아니다.

비법을 한 가지 가르쳐 주면? 이야기를 하기 전에 당신이 영향을 끼치고자 하는 목표대상에 관해 미리 연구를 해두자. 그러면 당신의 메시지에 대한 그들의 잠재적인 반론을 감지하는 건 상대적으로 쉽다. 즉, 그들이 당신에게 제기할지도 모르는 반박들을 미리 예견하여 정리해두면, 그들을 무장해제시키는 건 그야말로 누워서 떡 먹기다.

최근에 합병이 이루어진 한 회사의 신임 CEO가 나를 고용했다. 그 신임 CEO는 사장단과의 회의를 주선해 달라는 내 의견에 동의하는 척했지만, 그의 행동은 말과 전혀 달랐다. (다행히도 나는 그의 말을 온전히 믿을 만큼 어리석지 않았다) 그는 나를 '노스캐롤라이나 출신의 아가씨(실리콘 밸리에서는 그다지 멋진 소개가 아니다)' 라고 소개하고 나에게 이렇게 물었다.

"자, 오늘은 어떤 심리학적인 싸구려 속임수를…. 오! 미안해요. 내 말은 '방안' 이란 뜻이에요. 우리를 위해 어떤 방안을 준비했습니까?'

그가 한 말의 저변에는 내 자문에 대한 불신과 반감이 깔려 있었다. 사실 그는 한번도 내 자문의 가치에 대해 드러내놓고 의문을 제기하지 않았고, 그래서 나 또한 솔직하게 대답할 기회가 없었다. 우리 주위에는 자신의 두려움과 의혹이 여과 없이 그대로 드러난다는 걸 인식하지 못하는 사람들이 아주 많다. 그 역시 마찬가지였다. 내 전략은 '그의 말을 멋지게 맞받아치기!' 였다.

나는 그가 앞서 쓴 용어, '싸구려 심리학적 속임수' 를 보여드리겠다고 말하며 자문 과정의 모든 단계와 그 단계들의 배경이 되는 심리적 근거를 설명했다. 그리고 대화에 참여해서 경험할 수 있는 감정들도 설명했다. 내 직업은 집단을 '조종' 하는 것이지만, 관련된 모든 이들의 지혜를 존중하고 가능한 한 투명한 방식으로 일을 해나갈 것이라고 설명했다. 더불어 자기 자신을 조종하는 새로운 방법에 대해서도 말했다. 즉, 관리자들 스스로 이런 '싸구려 심리학적 속임수' 들을 이용하고 싶어질 테지만, 그들이 무슨 일을 왜 하고 있는지에 대해서 항상 솔직하고 정직해야 된다고 말했다.

이제 '싸구려 심리학적 속임수'란 용어는 종전과는 다른, 새로운 의미로 다가오기 시작했고, 결국 우리는 그 용어를 쓰면서 서로 미소를 짓게 되었다. 그리고 결국 그 용어는 서로의 의도에 대한 성공적인 테스트로 쓰였을 뿐 아니라, 우리 사이의 신뢰감을 상징하게 되었다.

내 이야기를 듣는 집단 안의 누군가가 위의 CEO처럼 은연중에 나를 불신하고 있다는 의심이 들면, 나는 위의 이야기를 한다. 이 이야기를 하는 목적은 그를 전혀 비난하지 않으면서 동시에 '나는 지금 당신의 마음을 읽고 있다'는 것을 그에게 알리기 위해서이다. 그리고 이 이야기는, 그가 나를 즉시 해고하겠다고 마음먹기 전에(그와 비슷한 위기의 순간에) 그의 관심을 끌 수 있는 기회를 부여해준다.

이제 당신은 이야기로 상대방을 KO시키는 6가지 비밀을 모두 알게 되었을 것이다.

자, 당신에게 물어 보겠다. '당신은 이제 훌륭한 이야기꾼인가?' 만일 당신이 다섯 살 먹은 아이라면 확신에 가득 찬 목소리로 '예!'라고 대답하겠지만, 나이를 먹은 지금은 아마도 망설이고 있을 것이다.

하지만, 당신은 훌륭한 이야기꾼이 될 수 있는 무한한 가능성을 가지고 있다. 당신 스스로는 그렇지 않다고 생각할 지도 모르겠지만 말이다. 훌륭한 이야기꾼이 되는 것은 당신의 타고난 권리이다. 어떤 의미에서 보면 인생 자체가 하나의 이야기이며, 지금 이 순간에도 당신은 그 이야기를 완벽하게 풀어가고 있는 중이니까.

나는 이 책의 나머지 부분을 통해 당신이 이미 알고 있는 '이야기 기술'에 관해 증명하고, 혹시라도 놓치고 지나가는 것들이 없는지 살펴서 보충하려 한다. '이야기 기술'은 사람들에게 긍정적인 영향력을 행사할 수 있도록 도와주는 아주 소중한 도구이다.

당신도 짐작하겠지만, 이야기 기술은 로켓을 우주로 쏘아 올리는 그런 기술이 아니다. 이 기술은 로켓을 우주로 쏘아 올리는 것보다 훨씬 더 벅찬 감동을 당신에게 선사해 줄 것이다. 아울러 실천에 따른 보상도….

허공에 떠 있는 사실,
제자리에 앉은 이야기

" 이야기는 호흡이나 혈액 순환처럼 인간 본질의 한 부분이다.

— A. S. 바이어트(A. S. Byatt)

혹독한 추위와 굶주림에 떨면서 '진실'이라는 이름의 가녀린 소녀가 마을 안으로 들어섰다. 그러나 가혹하게도 마을 사람들은 소녀를 가차없이 문전박대 하는 것이었다. 마을 사람들은 벌거벗은 소녀의 모습에 놀랐던 것이다. 때마침 지나가던 '우화' 라는 이름의 소년이 버려진 소녀를 발견했을 때, 소녀는 주린 배를 움켜쥐고 추위에 떨면서 구석에 웅크리고 앉아 있었다. '진실' 이라는 소녀를 불쌍하게 여긴 '우화' 라는 소년은 그녀를 일으켜 세워 자신의 집으로 데리고 갔다. 소년은 방안을 따뜻하게 데워 소녀의 얼어붙은 몸을 녹여주었고, 따뜻한 식사를 마련해 주었다.

그런 다음, 소녀의 몸 위에 '이야기' 라는 황금빛 망토를 입혀 다시 마을로 돌려보냈다. '이야기' 라는 망토를 걸친 '진실' 은 다시 마을의 집 문을 두드리기 시작했다. 그런데 이게 웬일인가? 놀랍게도 이번에는 기꺼이 집안으로 초대되었다. 마을 사람들은 소녀에게 식사를 대접했고, 따뜻한 화롯불도 쬐어 주었다.

― 유대인 교훈

사실보다 이야기가 필요할 때

'이보다 더 정확하고 객관적일 수는 없다' 고 스스로 대견해 하며 '있는 그대로의 사실' 을 사람들에게 말해 본 적이 있는가? 그런데, 그토록 정성을 들여 말한 사실이 사람들에게 전혀 받아들여지지 않았던 경험이 있는가? 아마도 십중팔구, 직장 동료나 사장, 혹은 배우자에게서 그런 경험을 해봤을 것이다. 사실만을 전달해 달라고 간곡히 부탁하는 사람에게 그야말로 객관적인 사실을 말했을 때 그들은 어떤 표정을, 어떤 반응을 보였는가? 기억을 더듬어 보자.

예를 들어, 얼토당토 않은 아이디어들을 마구 쏟아내면서 직원들을 닦달하는 사장이 있다. 무수한 제안들을 던지며 사장은 당신에게 이렇게 조언을 구한다. "김 실장, 내 아이디어가 어떻소? 놀랍지 않소? 느낀 그대로 말해 보십시오."

자, 너무나 솔직하고 객관적인 당신, 이럴 때 어떻게 답할 것인가? "솔직히 말씀드려서, 사장님의 제안은 터무니없다고 생각됩니다. 투자비용에 대한 성과를 정확히 예측할 수 있어야 하지 않습니까?" 혹시, 이렇게 대답할 생각인가? 이런 식의 대답은 절대 좋은 대화로 이어질 수가 없다. '터무니없는 아이디어다' 라는 당신의 말에 사장은 분명히 이렇게 응대할 것이다. "경영은 내가 하는 것이니, 당신은 딴 걱정하지 말고 제발 시키는 일이나 똑바로 하시오!"

'말도 안 된다, 전혀 재고의 가치가 없다, 생각이 있긴 있는 거냐, 너와 나는 너무 달라서 조율을 할 수 없으니 이만 끝내자' 라는 의미를 담고 있는 말은, 설사 그 말이 정말 사실이라 할지라도 대화로서 아무런 영향력을 미치지 못한다.

바로 이 시점에서 '이야기'가 등장해야 한다. 이야기는 '당신의 아이디어는 쓰레기일 뿐이야'와 같은 벌거벗은 진실보다 덜 직설적이며, 좀더 정중하다. 그리고 무엇보다, 듣는 사람의 반감을 불러일으키지 않는다. 이야기는 혹한의 추위를 이겨낼 수 있는 두텁고 따스한 망토와 같은 역할을 한다. 이야기가 사실을 왜곡한다고? 천만에! 사실이 현실을 왜곡할 뿐이다.

완고한 경영자들이 엄숙하기 그지없는 표정으로 앉아 있는 회의실. 그런 회의실은 사실을 전달하기 좋아하는 발표자에게는(특히 재미있는 말투라고는 흉내조차 내지 못하는 사람에게는), 사형장(?)이 될 수도 있다.

컨설팅을 하고 있는 나는 이런 사형장과 같은(고개도 돌릴 수 없을 정도로 숙연하고 진지한) 회의실을 자주 만나는 편이다. 회의실의 분위기를 편안하게 이끄는 것이 무척 어려운 이유 중 하나는 상반된 의견을 서로에게 설득시켜야 한다는 압박감이 앉아 있는 모든 사람들을 억압하고 있기 때문이다. 예컨대, 기획팀은 예산위원회를 설득해야 하고 실무진은 경영진을 움직여야 하는 것이다.

서로의 상황과 목적을 전달하기 위해 숨 쉴 여유조차 주지 않고 쏟아지는 정보와 통계들, 수많은 차트와 조사 결과들…. 그래서 결국 최고경영진의 마음이, 예산위원회의 마음이 움직였을까? 설득되기는커녕, 두 시간이 넘도록 진행되는 프레젠테이션이 끝나고 나면 그들은 거의 질식 상태에 이른다.

불행하게도, 대부분의 경우 나는 이렇게 분위기가 초토화되었을 때 연단에 올라 어떤 선택이 현명한지, 어떤 방향이 조직에 도움이 되는지를 컨설팅 해야 한다. 그들의 자세는 '무슨 말이라도 다 들을 준비가 되어 있다' 는 듯이 견고하지만, 그들의 눈빛과 표정은 '아무리 그래봤자 내 생각은 변하지 않는다' 는 메시지를 담고 있다.

이럴 때면, 나는 고정된 분위기를 환기시키고 본질적인 자신의 문제를 다시 돌이켜보자는 의미에서 내가 키우는 강아지 '래리' 에 관한 짤막한 이야기를 소개한다.

"어느 날 어스름 저녁 무렵이었죠. 저는 제가 키우는 강아지 래리를 데리고 산책을 나갔어요. 그 날 나는 맑은 공기를 맘껏 쐬며 머릿속을 차분하게 정리할 요량이었죠. 나는 나대로 여러 고민들에 대한 해결책을 모색하며 고요히 걷고 있었고, 래리는 또 녀석대로 제 생각에 골똘히 빠져 있었던 모양이에요. 그렇게 한참을 어슬렁거리고 있었는데, 래리의 목에 걸었던 줄이 팽팽하게 당겨지면서 녀석의 모습이 보이지 않는 거예요. 긴 줄이 도대체 어떻게 엉켜들었는지 찾아가 보니, 글쎄…. 전신주를 가운데 두고 나와 래리가 등을 마주한 채 서로 반대 방향으로 걸어가려고 무던히 애를 쓰고 있는 게 아니겠어요! 내 생각을 녀석이 방해하는 게 조금 짜증스럽기도 하고, 주인이 줄을 끌면 딸려와야 하는데 마냥 그러고 있는 것이 화가 나기도 해서 저도 계속 제 방향을 고집했습니다. 이런 상황에 대해 한번도 배운 적이 없는 래리는 작은 얼굴을 들어 나를 처다보고 있더군요. '왜 우리가 앞으로 더 이상 나아가지 못하고 있죠? 라는 의문을 담은 표정을 지으면서 말이죠. 나는 래리에게 방향을 돌리라고 몇 번이나 말했지만, 녀석은 꿈쩍도 않은 채 계속 자기가 바라보는 방향으로만 가려 했습니다. 어쩔 수 없이 일단, 녀석을 가르쳐야겠다는 마음으로 제가 먼저 몸을 돌렸죠. 그러자 참 우스운 일이 벌어졌습니다. 제가 몸을 돌리자 래리도 천천히 저를 향해 몸을 돌리지 뭡니까! 정말 아무렇지도 않은 듯이 말이죠. 그때서야 우리는 서로 고개를 끄덕이며 타협을 하고 다시 편안한 마음으로 산책을 계속할 수 있었죠.”

이 이야기를 그들에게 들려주면, 사실 내가 나의 강아지 래리에 관한 이야기를 한 게 아니라는 걸 그들은 알아차린다. 내가 전하고자 하는 의미는 명확하다. 이야기 속에는 내가 그들에게 전하고 싶은 진실이 알맞게 녹아 있었다. 이야기라는 옷을 입고 있었기에, 그들은 경계심을 풀고 나의 메시지를 받아들였던 것이다. 그들은 내 면전에서 ‘뭐, 저런 인간이 다 있어?!’ 라고 말하면서 문을 ‘쾅’ 닫고 나가버리지 않는다. 그들은 내가 하는 이야기에 귀를 기울인다. 그리고 대개는 자신의 입장을 되돌아보며, 궁리 끝에 난국의 실타래를 풀고, 가던 길을 계속 간다.

이것이 바로 이야기가 지니고 있는 위력이다. 사람들에게 영향을 끼치고 싶을 때, 이야기보다 더 강력하고 유용한 도구는 없다. 모두가 알고 있듯, 예수와 모하메드는 이야기를 이용하여 사람들의 삶을 바로잡았다. 고대인들은 그들의 지위를 향상시키는 데 그림 이야기(벽화)를 이용했다. 아라비안나이트를 읽어보았는가? 아내의 부정에 크게 노하여 여자의 정절을 믿지 않게 된, 그래서 하룻밤을 같이 보낸 여자를 모두 죽이는 습관을 가진 왕에게 천 하룻밤 동안 재미있는 이야기를 하여 자신의 죽음을 유예시켜 나갔던, 그래서 마침내 목숨을 구한 세에라자드도 있다.

"사람들은 네가 얼마나 배려 깊은지 알기 전까지는, 네가 얼마나 많이 알고 있는지에 대해 관심을 두지 않는다." 나의 워크숍에 참석한 어떤 남성은 할아버지가 해줬던 이야기라며 우리에게 이와 같은 말을 들려준 적이 있었다.

이야기는 힘을 훔치는 게 아니라, 힘을 창조해 내는 도구이다. 그래서 일단 이야기의 위력을 알고 나면, 이후에 어떤 일을 하든지 더 이상 공식적인 지위를 빌릴 필요가 없어진다.

복잡하기 만한 이 세상을 '이야기'는 이해하기 쉽도록 단순하게 만들어 준다. 예를 들어, 기독교인이 예수의 이야기를 듣고 자비로운 일상을 영위해 간다거나, 어머니가 할머니에게 들은 지혜로운 이야기를 통해 아이들을 훈육시키는 그런 멋진 일들 말이다.

위에서도 언급했듯이 이야기는 아주 강력한 힘을 지니고 있기 때문에 우리 자신을 되돌아보게 하는 수단으로 아주 적합하다. 인간은 특성상 자신에게 해법을 제시해 주거나 사색의 기회를 제공해 줄 가능성이 있는 이야깃거리를 무척 좋아한다.

사람들에게 핼리 혜성은 단지 하나의 흥미로운 천체 현상에 불과하다. 하지만, 핼리 혜성이 나타나면 천국의 문이 열린다고 믿고 있는 '천국의 문' 숭배자들은 그 혜성이 나타날 때를 보라색 옷을 입고 음독 자살을 할 때라는 신호로 본다. 이 단순한 현상에 대해 이들이 부과한 이야기가 얼마나 큰 영향력을 지니는가?

이야기 안에는 혁명 이상의 힘이 잠재되어 있다. 간절한 희망을 담고 있는 이야기는 억압받는 사람들을 일깨워, 그들이 거리를 행진하도록, 그리고 그들의 권리를 주장하도록 에너지를 쏟아 부어준다. 만일 당신이 몸담고 있는 기업이 인간성의 상실 때문에 고통받고 있다면, 당신이 해주는 이야기가 기업 곳곳에 희망과 활력을 불어넣어 커다란 변화를 가져올 수 있다.

1차원의 사실, 다차원의 이야기

이야기는 기본적으로 사건(그것이 픽션이든, 논픽션이든)에 대한 설화적인 설명이다. 이야기와 '실례' 의 차이점은 이야기 안에는 정서적인 만족감과 감각적인 세부 사항들이 들어 있다는 것!

피카소의 작품 '게르니카' 를 살펴보자. 이것은 작품 자체가 하나의 이야기이다. 게르니카는 1937년에 일어난 에스파냐 내란 중 프랑코를 지원하는 독일의 무차별 폭격에 의해 폐허가 된 에스파냐 바스크 지역의 작은 도시이다. 마침 그 해에 열리기로 예정된 파리 만국박람회의 에스파냐관(館) 벽화제작을 의뢰 받은 피카소는 조국의 비보를 접하자, 한 달 반만에 대벽화를 완성, '게르니카' 라고 이름 붙였다. 이 작품에는 아주 복잡한 구성 가운데 전쟁의 무서움, 민중의 분노와 슬픔이 격정적으로 표현되어 있다. 작품 게르니카에 담긴 이야기는 작은 도시 게르니카의 상황을 알리는 데 사실적인 언론의 보도보다 훨씬 더 큰 역할을 했다.

'지나친 탐욕은 재앙을 불러일으킨다' 는 사실이지만, 자신이 만지는 것은 무엇이든 황금으로 변하게 해달라고 소원했던 미다스 왕의 불행한 결말은 이야기이다.

찰스 디킨스의 작품 《크리스마스 캐럴 *A Christmas Carol*》에서도 유령은 주인공인 구두쇠 스크루지에게 과거, 현재, 그리고 미래의 그의 모습을 단편적인 이야기로 보여줌으로써 스스로 삶을 되돌아보도록 만든다.

좋은 책에 관해 카프카가 했던 말, '좋은 책이란, 우리 내면의 얼어붙은 바다를 깨뜨리는 도끼여야 한다' 라는 말은 좋은 이야기의 의미에도 동일하게 적용된다.

당신이 가장 최근에 들었던 감동적인 이야기를 떠올려 보라. 머릿속에서 지워지지 않고 맴도는 영화, 새로운 시야를 열어주었던 소설, 자신의 정체성을 확인시켜 준 가족 이야기 등등 어떤 것이든 좋다. 하던 일을 잠시 멈추고 그런 것들을 기억해 두길. 당신이 감동을 받은 이야기라면, 그 이야기 안에는 분명 진실이 담겨 있다는 뜻이니까. 그리고 그 진실은 당신뿐만 아니라 언젠가 다른 사람에게도 전파되어 나갈 테니까.

진실을 보여주는 이야기는 소리굽쇠와 같은 작용을 한다. 청중들은 그 이야기에 담긴 진실에 공명하고, 이와 유사한 자신들의 체험을 기억해 내며, 당신과 당신이 전하려고 하는 메시지에 파장을 맞춘다.

진실이 담긴 이야기를 하라. 덩치 큰 망나니 폭주족이 감상적인 청년으로 바뀔 지도 모른다. 그리고 그 청년은 고아들에게 줄 담요를 모으기 위해 토요일 밤, 거리를 무법자처럼 질주하기보다는 기꺼이 봉사하려 들 것이다. 차갑고 냉소적인 동료의 도움을 끌어낼 수도 있고, 주책없는 골칫덩이 여직원을 우아한 공주로 바꿀 수 있을지도 모른다.

사실보다 이야기가 더 사실적인 이유는 다차원적이기 때문이다. 진실은 많은 층으로 이루어져 있다. 더구나 '정의'나 '성실'과 같은 사실들은 너무 관념적이고 복잡하기 때문에 법, 통계, 수치 등과 같은 것으로는 정확하게 표현할 수가 없다. 따라서 사실이 진정한 진실이 되기 위해서는 '언제, 어디서, 누가'라는 맥락이 필요하다.

이야기는 '언제'와 '누가'라는 요소를 먼저 짜 넣는다. 그럼으로써 몇 분 혹은 몇 세대에 걸쳐서 인물, 행위, 그리고 결과들로 이루어진 일련의 사건들이 만들어진다. 또 이야기는 '어디'라는 특정 장소에서 이루어진다. 이야기가 정확하게 그대로 사실이 아닐지라도, 그것은 진실이란 무엇인가를 보여주는 아주 좋은 본보기이다. 왜냐하면 이야기는 시간, 공간, 그리고 가치라는 연관된 사실들을 짜 넣을 수 있기 때문이다. 이야기는 갈등과 역설의 복잡성을 충분히 자기 안에 담을 수 있다.

틈만 나면 부하직원을 나무라는 상사가 있다고 하자. 만일 당신이 상사에게 "직원들 비난은 이제 그만하세요"라고 말했다면, "그렇다면, 여러분이 잘못된 행동을 하고 있다는 걸 내가 어떻게 알려주지?"라고 그는 반문할지 모른다. 사실을 사실대로 말하는 당신의 그 직설적인 말은 맥락이 갖추어지지 않은 엉성한 말이다. 눈에 보이는 사실에 관한 당신의 의견은 복잡한 진실을 제대로 전하지 못하는 것이다. '존경심을 가지고 사람을 대해야 하며, 긍정적인 피드백과 부정적인 피드백이 균형을 이루어야 한다'는 진실 말이다.

만약 당신이 그 상사에게 이렇게 말했다면? "제가 예전에 작은 건축 공사를 지휘하며 아르바이트생 젊은이들을 고용한 적이 있었지요. 요즘 젊은 사람들이 다 그렇듯, 그 친구들도 정말 대책 없이 일을 하더라구요. 그런데, 하루는 그 동네에 사시던 인디언 할머니가 저를 부르시더니 넌지시 이렇게 말씀하시더군요. '자기 말(馬)에 끊임없이 채찍을 휘두르는 사람은 곧 걷게 된다' 라구요."

이 짤막한 이야기로 당신은 상사의 주의를 정황 깊숙이 끌어들이게 된다. 왜냐하면, 이 이야기는 시간, 공간, 인물, 행위 그리고 결과라는 요소를 모두 갖추고 있기 때문이다. 게다가 우리 모두가 마주치는 복잡한 상황과 우리 모두가 알고 있는 진실을 아주 탁월한 방법으로 전하고 있다.

그리고 이 한 단락의 이야기는 '나는 누구인가' 와 '교훈' 과 '가치' 를 동시에 전하고 있다. 평범한 할머니의 말을 경청한다는 것은, 당신이 지위에 상관없이 남을 존중하고, 남의 충고에 귀를 기울이는 그런 유형의 사람이라는 것을 보여준다. 이야기는 간접적이다. 간접적인 효과를 줄 수 있다는 것은 직접적인 것보다 훨씬 더 큰 영향력을 발휘한다는 의미이다.

보상, 거래, 뇌물, 미사여구, 강압, 속임수…. 이와 같은 것들은 직접적인 목적이 너무 확연히 드러나기 때문에 상대에게 신뢰를 줄 수 없다. 또한 그런 단편적인 방법들은 그 당시에는 효과를 보일지 모르겠지만, 후에는 분명히 저항감을 불러일으킨다.

66

이야기만큼 사람에게 역동적으로 영향을 끼치는 것은 없다. 이야기는 듣는 사람에게 스스로 생각할 수 있는 시간적, 공간적인 여유를 준다. 그리고 듣는 사람의 마음 속에서 살아 숨쉬고 발전하며 성장한다. 좋은 이야기는 자생력을 가지고 있기 때문에 청중들의 마음 속에 살아 숨쉬게 하려고 일부러 애쓸 필요도 없다. 이야기 속에 들어 있는 주인공들, 조연들, 멋진 배경들은 청중들의 마음 속에서 저절로 살아 움직이기 때문이다.

진실은 멀고 이야기는 가깝다

'개미와 베짱이' 에 관한 우화는 '근면' 과 '노력' 을 '예지' 와 '지혜' 로 바꾸어 놓는다. 내 친구 중에 목사(갓난아이의 어머니이기도 하다)가 한 명 있는데, 그녀는 일상에서 심한 스트레스를 받을 때면, '마리아와 마르타' 의 이야기를 이용하곤 한다. 이 성서의 이야기는 맞벌이 부부들이 겪는 갈등들을 재미있게 해결할 수 있도록 지혜를 던져준다. 마리아와 마르타의 이야기는 다음과 같다.

예수님이 자신의 집을 방문하자, 마르타는 그릇을 씻고 요리를 하고 설거지를 하는 등, 귀한 손님을 접대하는 데 필요한 여러 가지를 마련하느라 예수님과 함께 소중한 시간을 보낼 수가 없었다. 마르타가 온 집안을 뛰어다니며 분주히 만남을 준비하는 동안, 마리아는 예수님의 발치에 고요히 앉아서 예수님과의 만남 그 자체를 즐기고 있었다. 마르타는 왜 예수님과 함께 하지 못했을까?

그녀는 이 이야기를 남편에게 해주었고, 결국에는 남편 스스로 집안 일을 돕게 만들었다. 이 이야기는 남편에게 날카로운 목소리로 '당신이 좀 해요!' 라고 소리치는 것보다 훨씬 더 효과가 있었다. "여보, 오늘 어쩐지 마르타와 같은 기분이 들어요"라는 간단한 말로 언성을 높이지 않고도 그녀는 자신의 스트레스와 느낌을 남편에게 충분히 전할 수 있었던 것이다.

복잡한 현실의 나라에서는 이야기가 왕이다. 이야기는 혼돈에 의미를 부여해 주고, 사람들에게 스토리를 알려준다. 이야기가 사람들에게 영향을 미치는 이유 중의 하나는 견디기 힘든 좌절이나 고통을 '의미 있고 가치 있는 것' 으로 재구성해 주기 때문이다. 이야기는 사람들에게 갑자기 들이닥친 좌절의 진정한 의미를 파악하도록 도와준다. 그리고 의미 있는 좌절은 확신하건대, 무의미한 좌절보다 훨씬 더 견디기 쉽다.

어떤 대형 공장에서 기존의 제품과는 전혀 다른 새로운 제품을 생산하기 위해 생산라인을 단계적으로 폐쇄하고 새로운 라인을 다시 갖추는 데 일년이 걸린다는 사실이 알려졌을 때, 공장 근로자들은 혼란에 빠졌다. 말이 일시 휴직이지, 사실은 그들 중 일부가 구조조정되어 직장을 잃게 될 거라는 것을 눈치챘던 것이다. 평생 동안 익힌 전문지식이 한 순간에 사라지고, 무언가를 처음부터 다시 배워야 할 세월들이 그들의 머릿속에 어렴풋이 떠올랐다. 즐거웠던 시절(?)을 마감하고, 지금보다 두 배나 더 열심히 일해야 한다는 현실이 도무지 실감나지 않았다.

그러던 중, 공장의 중간급 관리자 한 명이 근로자들이 느끼는 현실을 '좀더 좋은 이야기' 로 바꾸기로 마음먹었다. 현재 자신이 치르고 있는 고군분투를 좀더 가치 있게 느끼게 해주는 '비전 이야기' 로 말이다.

그는 회사가 몇 가지 제품 생산을 중단하기로 한 사실과, 다른 공장들도 문을 닫을 만큼 좋지 않은 상황에 처했다는 것을 어떻게 알게 되었는지로 말문을 열었다.

"다른 공장에 가본 적 있으세요? 문을 닫게 된 공장들 말입니다. 그곳의 근로자들은 우리보다 두 배나 더 열심히 일했습니다. 그럼에도 불구하고, 그들은 직장을 잃게 되었습니다. 우리가 그들처럼 직장을 잃게 되었습니까? 아닙니다. 물론, 지금의 우리의 상황이 그들보다 나은 게 뭐냐고 생각하는 분들도 계실 겁니다. 하지만, 우리 공장에는 적어도 새로 만들 제품과 새로운 미래에 대한 계획이 있습니다. 무슨 계획이냐구요? 우리에게 무슨 기회가 있냐구요? (그는 잠시 말을 멈추고 확신에 찬 눈빛으로 동료들 한 명, 한 명과 눈을 맞췄다)

페인트 부서가 늘 안고 있던 문제들을 해결하면 어떨까요? 어린 아이가 있는 엄마들이 마음놓고 일에 전념할 수 있도록 아이들을 위한 공간을 만들면 어떨까요? 지금의 생산라인에서는 불가능한 일을 할 수 있도록 제어 시스템을 보완하여 더 많은 제품을 생산하면 어떨까요? 이밖에도 우리가 생각하고 만들 수 있는 계획은 많습니다. 더불어 기회도요."

그의 이야기는 '끝' 이 아니라, '시작' 에 관한 이야기였다. 동일한 사실을 전혀 다른 맥락에서 이야기한 것이다.

그것으로 충분했다. 그의 이야기를 들은 사람들은 자신 앞에 쌓여 있는 산더미 같은 일들을 자각하기 시작했다. 일단 좌절의 원인을 파악하고 노력에 대한 필요성을 이해하게 되자, 그들은 스스로 좀더 열심히 일하려고 했다.

생각을 체계화하고 사물을 이해하려면 이야기가 반드시 필요하다. 누구나 자신만의 이야기를 가지고 있다. 어쩌면 자신이 스스로에게 들려주고 있는 이야기를 깨닫지 못하고 있는 사람들도 있을 것이고, 어떤 사람들은 자신이 강하다는 느낌을 주는 그런 이야기를 가지고 있다. 또 다른 사람들은 자신이 희생자라는 이야기를 간직하고 있다.

어떤 이야기이든지 상대방에게 자신을 좀더 잘 이해할 수 있는 그런 이야기를 해준다면 그들의 행동을 재구성할 수 있다. 절대로 상대방을 변화시키려는 의도로 이야기하지 말라. 단지, 상대에게 '신뢰와 자신감'을 심어주겠다는 의도로 이야기하라. 외부적인 강요는 긍정적인 자극이 될 가능성이 희박하다. 그보다는 '격려와 자신감'을 쏟아주는 것이 훨씬 좋은 변화를 유도해 준다. 일단, 그들 스스로 자신감과 신뢰를 갖게 된다면 현실 속에 있는 수많은 장애물들은 '좌절'이 아니라 이제 '도전'으로 느껴질 것이다.

상대의 성격, 정신상태, 본질적인 인간성을 변화시키려고 노력하지 말라. 그보다는 그들의 이야기를 새로운 이야기로 대체시켜 주어라. 새로운 이야기는 반드시 새로운 행동을 낳는다.

그밖에도 이야기는 현실 삶의 모순된 양면을 괴리 없이 일치시켜 주는 역할을 한다. 예를 들어 당신은 조직 속에서 날마다 맞닥뜨리는 불합리한 갈등의 양면을 이야기를 통해 말할 수 있다. 어느 회사나 안고 있는 흔한 갈등을 예로 들어보자.

대부분의 조직은 '고객은 왕이다' 와 '직원이 가장 큰 자산이다' 라는 두 가지 지침을 강조한다. 그러나 사실, 아이러니컬하게도 이 두 가지 지침은 정반대의 의미를 지니고 있다. 고객이 직원을 하찮게 여기는 순간, '직원이 가장 큰 자산이다' 라는 지침은 의미를 상실하게 되기 때문이다. 지침과 규정은 모순을 처리하지 못하지만, 이야기는 모순을 처리할 수 있다. 좋은 이야기는 직원에게 적극적으로 참여할 수 있도록 동기를 부여하고, 고객과의 골치 아픈 갈등을 해결할 수 있는 창조적인 대안을 찾아내게 한다. 또한, 여러 관점이 엉켜 있는 상황을 인식하게 해줌으로써, 완전히 새로운 시각으로 상황을 재해석할 수 있도록 도와준다.

나와 친분이 있는 항공사 직원 매튜 양의 이야기를 들어보자. 예약이 초과되었을 경우, 대부분의 항공사들은 좌석 배정을 할 때 '고객들의 마일리지 점수, 요금 종류, 목적지의 순서 등에 따라 우선권을 부여한다' 는 정해진 규정이 있다. 이런 정해진 규정들은 좌석을 얻지 못해 화가 난 고객들을 진정시킬 수 있는 창조적인 방법을 짜내라고 직원들에게 요구하지 않는다. 그저 직원들에게 다음과 같은 말을 암송하도록 요구할 뿐이다. "죄송합니다, 하지만 규정이 그러니 저로서는 어쩔 도리가 없습니다."

그러나 이런 형식적인 멘트는 고객들의 화를 오히려 부채질하기만 할 뿐이다. 그러나 나의 친구 매튜는 이런 상황에서 정해진 규정보다는 승객을 다루는 이야기에 초점을 맞추었다.

"당신, 내가 누군지 알아?"

화가 난 고객이 험상궂은 표정을 지으면서 직원에게 윽박질러대자, 티켓 발매 직원 매튜는 안내 방송 마이크를 켜고 이렇게 방송했다.

"자, 여기 자신이 누군지 모르는 고객이 한 분 와 계십니다. 이 고객의 신원을 확인해 주실 수 있는 분은 티켓 발매 창구로 신속히 와 주시기 바랍니다."

이 이야기는 자신의 자존심을 지키는 동시에, 곤란한 상황을 잘 처리할 수 있는 방법에 관해 생각하게 만든다. 결국, 매튜의 재치 있는 대응에 고객은 웃음을 터뜨리고 말았다. 정말 멋진 대응이었다.

이야기는 사람들을 좋은 방향으로 안내하고 이해를 돕는다. 그리고 무엇보다, 풀리지 않는 갈등의 어느 한 쪽을 억누르지 않고서도 스스로 해결해 낼 수 있도록 창조적인 해결책을 유도한다.

마음의 소프트웨어

이야기는 '마음의 소프트웨어' 와 같다. 당신의 이야기를 들은 사람은 상황에 맞는 세부 사항들을 그 이야기에 덧붙여 나중에 다시 작동시킬 수 있다.

내 친구 데이비드는 세일즈맨으로서 30여 년 동안 성공 가도를 달리고 있다. 그는 자신이 처음 세일즈를 시작할 때부터 새로운 직원들을 교육시키는 지금까지 늘 마음에 담고 있는 이야기를 하나 가지고 있다고 한다.

"아버지께서는 늘 저에게 이것저것 많은 이야기들을 해주셨는데, 그 중 가장 인상깊었던 이야기를 하나 해드리죠. 아주 오랜 세월이 지났는데도 생생하게 기억나는군요. 아버지는 항상 이 말로 이야기를 시작하셨습니다. '아들아, 의자에 편히 앉아라.' (잠시 침묵) 의자에 편히 앉아 기다리고 있으면, 항상 이전과는 다른, 무언가 새로운 이야기가 어김없이 시작되었습니다. 지금의 저처럼 아버지도 세일즈를 하는 분이셨죠. 집집마다 방문 판매를 다닐 때, 영업사원들이 어떻게 하는지 알고 계십니까? 직접 겪어보신 분들도 있겠지만, 영업사원들은 '문에다가 발을 들이미는' 판매 방식을 고집하곤 하죠. 하지만 아버지는 이 방식을 이해할 수 없었죠. 얼른 발을 들이미는 영업사원들과 문을 닫아버리려는 주부들 사이에 기묘한 싸움이 벌어지는 걸 아버지는 수도 없이 보셨던 거죠. 아버지는 이렇게 저에게 말씀하셨답니다. '문을 두드리고 안에서 사람이 나오면 절대로 가까이 가지 말아라. 상대가 문을 열 때 오히려 한 걸음 뒤로 물러나려무나.' 이 행동은 상대방에 대한 존중의 표시로 비춰졌으며, 주부의 의심을 덜어주었습니다. 그리고 궁극적으로 좋은 결과로 나타났습니다. 그 주부가 아버지를 집안으로 들여보내 주었던 거죠. 일단 집안으로 들어가게 되면, 보다 우호적인 분위기가 형성되고 결국 판매로 이어지기 쉬웠습니다. 아버지는 진짜 세일즈맨이었습니다. 당신이 개발한 방문 판매 기법을 이용해 연 매출 50억 기업체의 사장이 되었으니까요. 아버지는 결코 억지로 밀어붙이지 않았고, 절망하여 포기하지도 않았습니다. 영향을 끼치고 싶은 사람들의 사무실에 발을 들이밀기 전에, 항상 그들이 자신을 초대하도록 만들었으니까요."

이렇듯 이야기는 듣는 사람에게 무엇을 하라고 직접적으로 말하지는 않지만, 그들이 선택을 할 때 무엇을 생각해야 하는지에 대해 현명하게 알려준다.

대부분의 정책성 발언들은 사람들을 지치게 한다. 강압적인 규정은 사람들에게 오히려 무관심한(또는 피상적인) 복종이나, 불참을 불러일으키기 쉽다. 그리고 사태를 더욱 악화시킬 수도 있다.

1980년대, 화가인 잉그리드는 나와 같은 광고 대행사에 근무했다. 그녀는 가슴이 덜컥 내려앉을 정도로 야하게 입고 다녔는데, 몸매가 좀더 호리호리하고 원래 금발이라는 것만 빼면 마릴린 먼로의 80년대 버전 같아 보였다. 그녀는 대화를 할 때면 속사포처럼 주절거리면서 혀로 입술을 핥는 버릇이 있었다. 게다가 브래지어를 착용하지 않아서, 테이블 너머로 몸을 숙이기라도 하면 가슴이 훤히 들여다보일 지경이었다.

바로 이러한 그녀의 모습 때문에, 클라이언트와의 상담은 종종 본궤도를 벗어나곤 했다. 물론, 상담시 고객의 눈을 현란하게 해서는 안 된다는 복장 규정은 없었다. 설사 그런 규정이 있더라도, 그녀는 무시했을 것이다.

규정과 정책은 잉그리드와 같은 사람들에게는 효과가 없다. 명확한 금지 규정은 개성을 표현하고자 하는 그들의 욕구를 더욱 확고하게 할 뿐이다. 규정보다는 이야기가 효과적이다. 내가 잉그리드

74

에게 했던 이야기는 여기서 되풀이하지 않기로 한다. 어쨌든, 그 이야기는 효과가 있었다. 그 이후로 그녀는 비록 점잖은 복장은 아니더라도 적어도 중요한(?) 부위는 가려주는 옷을 입고 상담에 임했다. 잉그리드에게 어떤 생각을 하라고 말할 수는 없었지만(설령 했다 하더라도 그녀는 말을 듣지 않았을 것이다), 의미가 있는 이야기는 해줄 수 있었다.

당신이 건네는 이야기가 듣는 사람에게 완벽하게 효과적으로 작용하리라는 보장은 없지만, '이것이 가야할 길이다' 라고 말하는 것보다는 훨씬 효과가 있다. 당신이 건네는 이야기는 듣는 사람의 마음에 장착해 놓은 컴퓨터 프로그램이다. 훌륭한 이야기가 마음 속에 들어와 여러 번 반복해서 작용하면, 당신의 목표에 적합한 결과들을 산출해 내고, 자신의 새로운 선택에 만족하게 된다.

무의식적인 선택과 자유로운 이야기

'아기 돼지 삼형제 이야기' 가 돼지 삼형제의 입장이 아니라 늑대의 입장에서 쓰여졌다면, 이야기는 어떻게 전개됐을까? 이야기는 이야기를 하는 사람의 특정한 견해나 관점을 통해 걸러져 나오는 산물이다. 그러므로 이야기를 듣는다는 것은 이야기를 하는 그 사람의 관점을 함께 경험하는 것이다. 똑같은 이야기라도 하는 사람의 관점에 따라 전혀 다른 의미로 이야기가 변화할 수 있다.

사람들은 대부분 '무의식적'으로 선택한다. 그래서 선택을 한 이유는 고사하고, 선택을 했다는 사실조차 깨닫지 못하고 있다. 어떤 사람에게 왜 그 일을, 왜 그 관점을 선택했냐고 물으면 아주 그럴듯한 이유(이성적으로 들리는 훌륭한 이유)를 대겠지만, 사실 그건 진짜 이유와는 전혀 상관이 없다. '그것이 당연해 보이기 때문에, 항상 그런 식으로 해왔기 때문에, 그렇게 하는 거라고 누군가가 오래 전에 말했었기 때문에' 라는 것이 사람들의 진심이다.

습관이 일단 자리를 잡게 되면, 재고되는 경우는 거의 없다. 이야기는 사람들 깊숙이 자리잡고 있는 습관을 꺼내어 재검토하도록 사람들을 부추긴다. 대부분의 경우, 그저 의식을 일깨우기만 하면 변화는 일어난다. 좋은 이야기는 말하는 사람의 관점을 듣는 사람의 머릿속에 전달한다. 그리고 그것은 다시 성찰을 불러일으킨다.

듣는 사람의 내면에 아주 새로운 시야를 열어주는 이야기는 스스로 내린 선택이 과연 옳은 것인지 숙고해 보도록 해준다. 선택이 무의식적으로 이루어지는 경우에도, 이야기는 더 의식적이고 더 객관적인 관점을 제공해 준다.

자각은 흔히 행동을 변화시킨다. 예를 들어, 당신에게 배우자가 말실수를 할 때마다 지적하는 습관이 있다고 하자. 이 습관은 어쩌면 국어학과 교수인 당신의 아버지가 당신의 실수를 지적할 때부터 생긴 무의식적인 습관일지 모른다. 그래서 당신이 그렇게 어법을 정확하게 사용하기를 강요하는 건지도 모른다. 그러나 만약 당신 배우자의 초등학교 3학년 때의 담임 선생님이 수업 중에 어법이 틀렸다고 그녀에게(혹은 그에게) 창피를 준 적이 있었다고 하자. 그래서 스스로가 바보 같다는 느낌을 받았다는 이야기를 배우자가 당신에게 하면, 그때부터 당신은 어법을 지적하는 습관을 바꾸게 될지도 모른다. 그녀가 단지 '흠좀 그만 잡아요!' 라고 당신에게 말했다면, 당신의 관점이 바뀔 수 있었을까? 이야기는 듣는 사람에게 새로운 관점을 열어준다. '아내를 사랑한다' 는 이야기가 '정확한 문법' 이라는 현실을 이긴 것이다.

어떻게 분위기를
주도할까?

> 사실이란 자루와 같아서 속이 비어 있으면 바로 서지 못한다. 그
> 것을 세우기 위해서는, 먼저 온갖 느낌과 이유들을 그 속에 가득
> 채워 넣어야 한다.
>
> — 루이지 피란델로(Luigi Pirandello)

현명하기로 소문이 났지만, 가끔 별난 행동을 하기도 하는 나스루딘. 어느 날 그는 한 주에 한 번씩, 3주 동안 마을 사원에서 설교해달라는 요청을 받았다. 자신의 머릿속에는 현명한 생각들이 가득 들어 있어, 필요할 때마다 그냥 뽑아내 쓰기만 하면 될 거라고 자만에 차 있던 그는 설교준비를 전혀 하지 않았다.

설교 첫째 날. 막상 사원 문 앞에 서자 그는 막막했다. 하지만 이미 엎질러진 물. 그는 즉흥적으로 설교를 해내기로 마음먹고, 심호흡을 크게 했다. 그가 사원에 들어서자, 마을 사람들 전부가 존경의 눈빛으로 그를 쳐다보았다. 그는 사람들을 바라보며 엉뚱한 질문을 던졌다. "친애하는 여러분, 여러분 중에 제가 오늘 무슨 말을 하려는지 아시는 분 계십니까?"

그러자 그곳에 모인 모든 사람들이 전부 눈을 내리깔면서 작은 목소리로 대답했다.

"우리같이 비천하고 생각이 짧은 사람들이야, 알 턱이 없지요."

그 순간, 나스루딘의 머릿속에 '번쩍!' 하고 어떤 생각이 스쳐 나갔다. '그래, 바로 이거야!' 그는 헐렁한 옷자락을 왼쪽 어깨 위로 걷어올리더니 이렇게 말했다.

"그렇다면 제가 이곳에 있을 필요가 없겠군요." 그리고는 곧장 밖으로 나가버렸다. 그가 그렇게 나가버리자, 사람들 모두 나스루딘의 행동에 호기심을 느끼고 술렁거렸다.

한 주가 지나 나스루딘이 또 설교할 날이 되었다. 지난 주 나스루딘의 별난 행동에 대한 소문을 듣고 온 사람들이 있어서인지 사원은 거의 꽉 들어찼다. 하지만 그는 이번에도 설교준비를 해오지 않았다. 그는 단상을 향해 성큼성큼 걸어가 사람들을 향해 돌아서며 물었다. "친애하는 여러분, 제가 오늘 무슨 말을 하려는지 아시는 분 계십니까?"

모른다고 대답하면 지난 주처럼 그냥 나가버릴까 봐 걱정이 된 마을 사람들은 모두가 벌떡 일어나서, "네, 알고 말고요! 우리는 당신이 무슨 말을 하려는지 알고 있습니다!"라고 소리쳤다.

노련한(?) 나스루딘은 이번에도 기회를 놓치지 않았다. 옷자락을 또 어깨 위로 휙 치켜올리더니 말했다. "그렇다면, 제가 여기 있을 필요가 없군요." 그리고는 또 곧장 문밖으로 걸어나가 버렸다.

마지막 설교를 하는 날 아침에도, 그는 여전히 준비를 하지 않고 집에서 나왔다. 그는 아무런 거리낌없이 당당하게 단상을 걸어나와 사람들을 향해 서더니, 이전과 똑같은 질문을 사람들에게 던졌다. (사실 이번만큼은 마을 사람들이 사전에 모여서 계획을 세워두었다는 것을 나스루딘은 모르고 있었다)

"친애하는 여러분, 제가 무슨 말을 하려는지 아시는 분 계십니까?"

그러자 마을 사람의 절반은 "우리는 비천하고 생각이 짧은 사람들이라, 당신이 무슨 말을 하려는지 모릅니다"라고 대답했고, 나머지는 벌떡 일어나서 "알고 있습니다! 당신이 무슨 말을 하려고 하는지 알고 있다구요!" 라고 소리쳤다.

나스루딘은 마을 사람들의 대답을 듣고 잠시 생각하더니, 빙그레 웃으며 말했다.

"그렇다면, 알고 있는 사람이 모르는 사람에게 가르쳐 주면 되니까, 제가 여기 있을 필요가 없군요."

그는 옷자락을 휙 치켜올리더니 사원을 나와버렸다.

— 수피(이슬람교의 신비주의자) 교훈

'바른' 결정보다는 '현명한' 결정을 내릴 수 있도록 사람들에게 영향을 끼치려고 할 때, 당신이 옳다는 것을 상대방에게 확신시키려 하기보다는 상대방의 내면에 잠들어 있는 지혜를 흔들어 깨워줘라. 이야기를 하는 당신과 당신의 이야기를 듣는 상대방, 둘 다 훨씬 더 좋은 경험을 하게 될 것이다.

지혜를 먼 데서 찾지 말라. 지혜는 당신이 머물러 있는 바로 그 방안에 있다. 당신은 그저 그 지혜를 풀어놓아 방안을 자유롭게 날아다니도록 하면 된다.

이야기를 할 때, 영향을 주고자 하는 대상(개인이든, 단체이든 간에)이 당신보다 훨씬 더 많은 지혜와 사실을 알고 있다고 가정하는 게 안전하다. 그런 가정은 그들에게 더 이상의 사실(정보)이 필요하지 않으며, 단지 자신의 지혜를 발견하는 데 도움이 되는 것들만이 필요하다는 결론을 이끌어주기 때문이다.

사람들이 일반적으로 믿고 있는 것과는 달리, 정보를 많이 가지고 있지 않다고 해서 잘못된 결정을 내리게 되는 경우는 거의 없다. 그들에게 더 많은 사실을 알려주는 것은 잘못된 파일을 덧붙이는 데 불과할 지도 모른다. 사실을 무시하고, 사실을 이해하지 못하고, 사실을 중요하다고 여기지 않았기 때문에 그릇된 결정을 내리게 된다.

근심, 탐욕, 분노, 냉담, 두려움과 같은 인간의 기본 감정들이 두뇌를 혼란시켜 쉬운 길, 저항이 적은 길, 안전한 길로 사람들을 유도한다. 이렇게 한쪽으로 치우쳐진 사람들이 균형을 회복하는 데 도움이 되는 것은 좀더 많은 사실적인 정보가 아니라, 재미있고 진실한 이야기다. 이야기는 사람들이 모든 진실의 의미를 파악하는 데 도움을 준다. 사실 속에서 이야기를 풀어낼 수 있는 것처럼, 이야기는 지혜로 다가갈 수 있다.

이야기의 마력

인생이란 자체가 너무 힘들고 고달파서 좋은 사람이 된다는 것은 도저히 불가능하다고 스스로에게 이야기하는 사람이 있었다. 바로 내 친구의 아버지였는데, 어느 해 부활절 날 나는 그 친구의 저녁식사에 초대를 받아, 우리 모두 식탁에 둘러앉게 되었다.

나는 내가 평소에 좋아하던 이야기꾼 에드 스티벤더에게서 들었던 '천국은 파티장이다' 라는 이야기를 꺼냈다. 천국에 들어가기 위해 줄을 서서 기다리는 사람들은 자기 차례가 되면 '나는 파티의 흥을 깨는 사람이 아닙니다' 라는 것을 증명하기 위해 베드로에게 증거를 제시한다. 그 사이, 초대형 화면에는 그 사람의 일생이 적나라하게 비춰진다…. 즉, 파티의 흥을 깨는 사람은 천국에 들어가지 못하고, 신은 자신의 선물을 즐길 줄 아는, 인간사의 고통에만 너무 초점을 맞추지 않는 그런 사람을 원한다는, 뭐 대충 이런 이야기였다.

그런데 내 이야기를 듣던 친구 아버지의 얼굴이 갑자기 백지장처럼 하얗게 변했다. 아무래도 충격을 받은 것 같았다. 그는 숨을 크게 들이마시더니 강한 어조로 말했다.

"천국은 파티장이 아니야! 난…, 난 천국이 그런 곳이 아니기를 바랄 뿐이다!"

그의 반응에 놀란 나는 "그럼 천국이 어떤 곳이길 바라세요?"라고 물었다. 그가 무어라고 빠르게 중얼거렸지만, 나는 도저히 알아들을 수가 없었다. 그러자 친구가 눈을 내리깔더니 나에게 커피 타는 것을 도와달라고 말했다. 친구는 자신의 아버지가 너무 당황스러워 하는 것 같아 일부러 그 자리를 피하고자 했던 것이다.

내가 한 이야기는 생각보다 훨씬 더 강력한 힘을 발휘했던 것 같다. 그의 가슴 속 깊이 간직하고 있던, 진실과도 같은 이야기들 중의 하나를 깨뜨렸던 것이다. 만일 '나는 행복하게 잘살고 있는 많은 사람들을 알고 있어요'와 같이 '사실'을 그냥 덤덤하게 말했다면, 친구 아버지는 내가 너무 어리고 고생을 겪어보지 않았기 때문에 현실적이지 못하다고 무시해버렸을 수도 있다. '사실'은 이야기처럼 커다란 충격을 던져 주지 못한다.

내가 아무렇지도 않게 꺼낸 이야기는 그의 지각 속에 파고들어 자신의 고정관념에 의문을 품게 만들었다. 바로 이것이 그가 화를 낸 이유다.

마음 깊숙이 간직하고 있는 이야기에 반박하는 말을 들을 때마다 사람들은 화를 낸다. 사람들은 자신의 영역을 지키기 위해 싸우려는 본능이 있기 때문에 이건 아주 당연한 방어 작용이다. 게다가 새롭게 들은 이야기가 자신의 고정관념을 지키기 위해 추가적인 노력을 요구하거나 과거에 선택했던 것들의 효력을 잃게 한다면, 더욱더 방어적인 태도를 취하게 된다. 그 순간, 드러내놓고 상대에게 강력한 말의 힘을 발휘하려고 하면 당신은 상대의 분노에 노출 당하는 것이다. 설득력 있는 이야기를 하려면 먼저 그런 상대의 분노를 이해하는 것이 중요하다.

청중들은 자신의 경험을 해석하는 데 이용할 만한 이야기들을 이미 많이 가지고 있다. 따라서 당신이 전하고자 하는 메시지가 무엇이든지 간에, 청중들은 자신에게 적합한 이야기를 찾으려고 자신의 기억 은행을 뒤진다. 따라서 청중들은 당신이 공들여 말해 준 새로운 사실을 귀 뒤로 모조리 흘려버릴지도 모른다. 그런 청중들에게 당신의 이야기가 도움이 된다고, 백날 말해봤자 아무 소용없다. 그럼, 어떻게?

이야기는 문맥을 통해 전달되는 속성이 있기 때문에, 당신이 말하고자 하는 메시지가 사람들의 두뇌 속에 들어가 기억되도록 하려면, 새로운 이야기를 꺼내야 한다. 그것도 기존의 이야기를 뒤집어엎고, 충격을 던져 줄 만한 이야기를 말이다.

만일 당신이 새로운 이야기를 해주지 않고 '사실' 만을 말한다면, 사람들은 당신의 말을 격하하거나 기존의 이야기에 억지로 갖다 붙일 것이다. 당신이 원하는 것을 사람들에게 고함치며 설교할 수는 있지만, 새로운 이야기를 해주기 전까지 당신의 노력은 그들에게 도달하지 못한다.

'인생은 힘들다'고 생각하는 사람은 다른 사람의 행복을 환상, 거짓, 혹은 정당치 못한 것이라고 해석한다. 빈틈없는 속임수만이 성공의 유일한 길이라고 생각하는 고참 세일즈맨은 최상의 정책은 정직이라고 믿는 젊은 세일즈맨의 성공을 한낱 애송이의 행운쯤으로 치부해 버릴지도 모른다.

'사실'은 사람이 이미 간직하고 있는 고정관념을 바꿀 만한 힘이 없다. 그들이 간직하고 있는 그들만의 이야기는 그들에게는 불변의 진리와도 같은 것이다. 따라서 그 진리를 바꾸려면, 당신은 사실을 접목시킨 전혀 새로운 이야기를 그들에게 소개해야 한다.

말하는 사람이 사실에 자신의 의도를 덧붙일 때까지, '사실'은 중립적이다. 사람들은 사실 자체가 아니라 사실이 자신들에게 의미하는 바에 기초해서 결정을 내린다. 그들이 사실에 덧붙이는 의미는 그들의 현재 이야기에 달려 있다. 사람들은 그들의 이야기가 사실과 부합하지 않을 때조차 그 이야기에 매달린다. 그들은 이야기에 끼워 맞추기 위해 사실을 해석하거나 왜곡한다. 사실이 다른 이들에게 영향을 미치는 데 그다지 쓸모가 없는 것은 바로 이런 이유들 때문이다. 사람들은 새로운 사실을 필요로 하지 않는다. 그들은 새로운 이야기를 원할 뿐!

영향을 끼치려는 대상에게 사실만을 말하는 건 시간 낭비다. 먼저 이야기를 말하고 난 다음에 사실을 덧붙이면, 영향을 끼칠 수 있는 확률이 배는 높아진다. 그러면 그들은 당신의 마음을 공유하게 되고, 당신의 이야기가 의미 있다는 것을 사심 없이 이해할 것이다. 사실을 먼저 말한다? 오, 당신은 모험을 하는 것이다. 그들은 자신의 관점을 고수하기 위해 당신의 말을 왜곡할 것이며, 무시하거나 불신하여 결국에는 영향을 끼치는 도구로서의 기능을 영원히 발휘할 수 없게 만들지도 모른다. 여기에서는 전후 관계가 상당히 중요하다. 이야기의 마력을 먼저 발휘하면, 사실은 그보다 훨씬 더 강한 힘을 지니게 된다. 절대로, 사실을 먼저 말하지 말라.

사실보다 훨씬 더 객관적인 이야기

'사람들은 이성적이지 않다!' 사실을 옹호하는 사람들은 이 말을 가장 싫어한다. 사실은 어디까지나 사실이라고 믿고 싶어하기 때문이다. 예외 없는 법칙이 없는 것처럼, 그들은 이성적이지 못한 사람을 '예외' 라고 부른다.

그러나 이야기꾼은 '사람은 이성적이지 않다' 는 사실을 일단 기본 전제로 한다. 우리가 늘상 하고 있는 선택이 '이성적인 판단' 에 의해서가 아니라, 대부분 '감정' 에 좌우된다는 것을 잘 알기 때문이다.

두뇌 작용에 대한 최근 연구 결과에 따르면, 우리의 생각을 인도하고 지배하는 것은 감정이며, 심지어 이성적인 해석까지도 좌지우지한다고 한다. 그래서 이야기꾼은 사람들의 감정에 영향을 줄 수 있는 이야기를 찾아낸다.

자신을 이성적이고 객관적이며 공정한 사람이라고 생각하는 사람조차 자신이 그러하다는 사실에 좀더 접근하기 위해 '나는 이성적'이라는 메시지를 담은 이야기를 이용한다. 그들은 감정이나 느낌과 같은 무형의 정보를 비이성적이며 부적절하다고 무시하면서, 사람의 감정에 비참한 결과를 초래하는 완전히 이성적인(?) 결론을 내린다. "모든 사람이 나처럼 이성적이고 객관적이며 공정했다면, 훨씬 더 일이 잘 풀렸을 거야." 그들은 이렇게 부정적인 결과를 이용해 자신의 '이야기'를 한층 더 증명하려 든다. 사람은 이성적이지 않으며, 아무리 애를 써도 결코 이성적이 될 수 없다는 사실조차 그들이 만들어낸 이야기의 벽에 부딪쳐 튕겨 나올 뿐이다.

예술에 관해 문외한인 사람도, 자신이 좋아하는 사람이 예술을 좋아한다는 이유만으로 예술의 세계에 빠져든다. 한번도 만나본 적이 없는 어떤 사람도 믿을 만하다고 생각한다, 그 사람의 사진을 자주 보아서 친숙하다는 이유만으로….

이렇게 감정을 판단의 기준으로 하여 의사결정을 내린 사람조차, 남에게 자신이 이성적인 사람으로 보이도록 믿게 하려고 수많은 이유를 둘러댄다. 그래서 사람들은 스스로가 이성적이라고 비이성적으로 믿는 것이다.

일본을 곧 방문할 예정인 미국 협력 회사 여직원에게 한 일본인 직원이 메모를 보냈다. 그는 그녀에게 '사실'을 전달했다.

몸에 꼭 끼는 빨간색 옷은 입지 마시오. 깊게 파여 가슴이 훤히 들여다보이는 블라우스도 입지 마시오. 무늬가 있거나 밝은 색의 속옷은 입지 마시오. 향수를 뿌리거나 화장을 진하게 하지 마시오. 달랑거리는 귀걸이나 굽이 5cm 이상 되는 하이힐은 신지 마시오!

메모를 본 그녀는 발끈했다. 미국인인 그녀의 측면에서 보자면, 이런 류의 편지는 아주 무례한 것이었다.

그러나 만약 일본 회사를 방문했던 어떤 미국 여성에 관한 이야기를 다음과 같이 먼저 했더라면? 아마도 상황은 훨씬 더 나아졌을 것이다.

일전에 한 미국여성이 저희 회사를 방문했던 적이 있었습니다. 그녀는 지나가는 남자들이 자신을 이상한 눈빛으로 쳐다보거나, 툭툭 건드리자 몹시 당황했죠. 내가 혹시 이상한 행동을 한 것은 아닐까? 내가 뭘 잘못했을까? 그녀는 하루종일 마음이 편치 않았습니다. 그녀는 미국에서는 지극히 정상적인 옷차림에 속하는 빨간 드레스를 입고, 기다란 귀걸이를 하고 있었습니다. 사실 일본에서는 그런 차림새가 '헤픈 여자' 라는, 전혀 다른 의미였다는 것을 몰랐던 것입니다.

이런 편지를 그 여직원이 받았다면? 그녀는 메모의 무례함에 분노를 느끼기보다는, 사려 깊은 친절과 편안함에 대한 배려를 느꼈을 것이다. 이처럼 이야기는 똑같은 사실에 대한 해석을 완전히 뒤바뀌 놓을 수 있다. 먼저 사람들의 마음을 움직여 원하는 방향으로 이끌어주는 이야기를 하지 않으면, 당신의 의도는 오해를 받는다.

뜻이 전혀 전달되지 않거나, 사실만을 그대로 말해버려 결국 의사 전달이 충분히 되지 못한 10가지 사례를 다음에 소개하려고 한다. 당신은 아래의 사례들을 통해 이야기가 사실보다 훨씬 더 객관적으로 상대에게 다가간다는 사실을 금새 깨달을 수 있으리라.

이야기의 강력한 힘을 보여주는 10가지 사례

당신은 날마다 만나는 모든 사람들(가족, 친구, 고객, 동료, 상사 등)에게 이야기를 이용할 수 있다. 워크숍을 여러 번 진행해 본 결과, 대부분의 사람들이 너무 바쁘기 때문에 이야기를 할 시간이 없다고 생각한다는 사실을 알게 되었다. 그러나 반드시 이야기가 길어야 할 필요는 없다. 여기, 단 한 문장만으로 완성된 이야기들을 소개하고자 한다. 이야기는 아주 다양한 상황 속에서 영향력을 발휘하지만, 상황은 천차만별이기 때문에 '이 상황에서는 이런 이야기를 이용하십시오' 라고 모두 꼬집어 줄 수는 없다. 하지만, 다음의 기본적인 예들은 장차 당신이 맞닥뜨리게 될지도 모르는 상황에 적절한 이야기를 찾을 수 있도록 도와줄 것이다.

자신을 친숙한 이미지로 표현하고자 할 때

어쩌면 당신은 영향을 끼치고자 하는 대상들을 1차원적으로 대하고 있는 지도 모른다. 혹은, 그들이 당신을 속속들이 알고 있을 거라는 착각 속에 빠져 있는 지도 모른다. 그러나 청중들은 점쟁이가 아니다. 그들은 당신이 누구인지 모른다. 그런 청중들을 1차원적으로 대하거나, 거꾸로 당신이 청중에게 1차원적으로 보일 때, 당신은 절대 흥미를 끌지 못한다. 1차원은 너무 지루하고, 평범하고, 단순하기 때문이다.

과학자는 흔히 객관적인 증거들을 검증을 통해 사실화하는 사람이라고 알려져 있다. 그러나 나는 그런 1차원적인 모습을 깨버린 과학자 한 명을 만난 적이 있다. 그는 자신을 1차원적인 과학자에서 공상가이며, 따뜻한 마음씨를 지닌 다차원적인 사람으로 변화시켜 청중들의 호기심을 사로잡아 버렸다. '과학자이기 때문에 그가 하는 말은 전부 하품만 찍찍 나오는 지루한 것들일 거야'라고 사람들이 지레짐작하고 있다는 것을 그는 잘 알고 있었다. 사실, 머리만 커다란(?) 과학자의 말이 지루할 거라고 생각하는 것은 어찌보면 당연한 것이었다. 그러나 사람들의 고정관념과는 전혀 색다르게 그는 사람들의 호기심을 유발하기 위해, 그리고 활력을 불어넣기 위해, 다음과 같은 이야기를 꺼냈다.

"수많은 식물 중에 왜 하필이면 잡초를 연구하는 과학자가 되었는지, 절친한 친구 한 명이 제게 묻더군요. 허허허…. 저는 어렸을 때부터 잡초를 연구하고 싶었다고 대답했습니다.

전 시골 농장에서 자랐습니다. 아버지는 이른 새벽이면 언제나 저와 누이를 깨워 한두 시간씩 잡초 뽑는 일을 시켰습니다. 저는 그 일이 정말 싫었습니다. 그래서 온갖 핑계를 만들어내 일을 하지 않으려고 했죠. 제가 흔히 써먹던 수법 중의 하나는 '목이 마르다'는 것이었습니다. 그래서 최대한 꾸물대면서 집으로 갔다가, 물 한 컵 마시고, 다시 최대한 느리게 꾸물대면서 들로 나가곤 했죠.

그 날도 목이 마르다는 핑계를 대고 어슬렁거리며 집으로 돌아왔습니다. 그런데 물을 먹고 나니, 죽어도 다시 나가기가 싫은 것이었습니다. 아마 그때 제 나이가 예닐곱 정도였던 것 같군요.

하여튼, 저는 고양이처럼 조용히 침대 밑으로 기어 들어가 숨어, 가만히 누워 있었습니다. 한참을 그렇게 있었더니, 들에서 헐레벌떡 뛰어오신 아버지가 제 이름을 크게 외쳐대는 게 아닙니까! 어머니도 동참을 하시더니, 그 다음에는 마을 사람들까지 전부 저를 찾아 다녔습니다. 그들이 부엌에서 근심 어린 목소리로 말하는 소릴 들었지만, 저는 생각 외로 사건이 커졌다고 걱정하며 어찌할 바를 몰라 손가락 하나 까딱하지 않고 침대 밑에서 가만히 누워 있었습니다. 정오쯤 되자, 사람들이 저를 찾아 밖으로 나가는 소리가 들렸고, 곧 집안은 조용해졌습니다. 아침도 못 먹은 저는 배가 몹시 고팠습니다. 그래서 사과라도 한 쪽 먹으려고 살금살금 부엌으로 내려갔습니다. 그런데 이게 웬일입니까! 부엌에 들어서는데, 이웃 아저씨 한 명이 식탁에 앉아서 제가 들어오는 모습을 보고 있는 게 아닙니까! 저는 놀라서 숨이 멎을 지경이었습니다. 목격자가 있으니 어디로 내뺄 수도 없고 아주 난감했습니다.

"애야, 어디에 있었니?" 아저씨가 저에게 묻더군요.

저는 사실대로 말하기로 마음먹었습니다. "침대 밑예요…."

"허, 허, 허!" 혼날 줄 알았던 저는 아저씨의 호탕한 웃음소리에 마침내 숨을 내쉴 수가 있었습니다.

아저씨는 저를 찾으러 나갔던 사람들을 다시 불러들였습니다. 사람들이 돌아오기 시작하자, 아저씨는 현관 앞에 앉아서 저를 무릎 위에 앉혔습니다. 아버지가 헐레벌떡 뛰어 오면서 저를 때리려고 하시더군요. 그러나 아저씨는 아무도 저에게 손찌검을 못하도록 했습니다.

아저씨의 무릎 위에 앉아 있던 그 순간을, 그때의 고마움과 따스함을 지금도 저는 생생하게 기억합니다. 아저씨는 저에게 용돈까지 쥐어줬어요. 그 사건 이후로, 저는 잡초를 제거하는 방법을 연구하게 되었답니다."

단 몇 분만에, 그는 '자신이 단지 머리만 크고 가슴은 없는 과학자가 아니다'는 그림을 사람들에게 정확하게 그려주었다. 그리하여 그는 사람들에게 다차원적인, 한 쪽으로 기울어지지 않은, 완전히 균형 잡힌 성숙한 인간으로서, 많은 관심을 끌게 되었다. 그리고 그에게 호감을 갖게 된 사람들은 그의 나머지 이야기를 기대하게 되었다.

교묘한 질문으로 함정에 빠뜨리고자 하는 상대를 만났을 때

바리새인들이 예수에게 '안식일에 병을 고치는 것도 율법에 어긋난 게 아니냐'고 물었다. 그러자 예수가 한 순간의 망설임도 없이 대답했다.

"백 마리의 양을 이끌고 있는 목동이 있습니다. 자신의 양 한 마리가 구덩이에 빠져 있는 것을 발견한 그 순간, 목동이 어떻게 했을까요? 어린 목동은 두 번 생각할 필요도 없이 즉석에서 그 양을 구하기 위해 구덩이로 뛰어들었답니다."

당신이 영향을 미치고자 하는 사람들은 모두 각기 고유한 '자아' 를 가지고 있다. 그렇기 때문에 당신이 상대방의 마음 속에 이미 굳 게 형성되어 있는 '자아'를 건드리는 이야기를 한다면, 상대방은 바로 공격적인 연속질문을 퍼부어 당신을 논리적인 오류에 빠뜨리 려고 들 것이다.

예를 들어, 당신이 회사의 팀장으로서 팀원에게 이런 말을 했다 고 하자.

"데이비드, 자네는 지금 일을 처음 배우고 있는 시기이기 때문에 열정적으로 한 가지에 매달려 노력을 기울일 필요가 있을 것 같군."

하지만, 신입직원 데이비드는 그 충고를 질타로 받아들여 당신에 게 교묘한 함정 질문을 던질 수도 있다.

"팀장님께서 며칠 전에는 한 가지 일에 맹목적으로 매달리는 것 이 좋지 않다고 하시지 않으셨나요? 한 가지 일에 파고들기보다 다 양한 가능성을 열어두라 하셨잖아요?"

창과 방패! 상대방이 말꼬리를 물고 늘어져 모순되는 사항을 끄 집어내 당신을 당황스럽게 만들 수 있는 순간은 셀 수 없이 허다하 다. 위의 예에서 보듯, 함정 질문은 흔히 조잡하게 느껴지고 지나치 게 단순화된 답변을 요구한다. 그것은 당신을 나쁜 사람으로 만드 는 쟁점의 어느 한 측면만을 부각시키도록 고안되어 있다. 따라서 처음의 주장을 조금이라도 변화시켜 말할 때마다 당신은 교묘한 함 정 질문을 받게 될 것이다.

예를 들어, '진실을 말하기'가 집단의 성과를 향상시킬 거라고 추천하면, '그렇다면, 우리가 언제나 진실만을 말해야 한다는 의미입니까?' 라는 함정 질문이 나온다. 상대가 기대하는 대답은 '예' 혹은 '아니오' 라는 지나치게 단순화된 답변일 것이다. 하지만, '예' 라고 하든, '아니오' 라고 하든 둘 다 당신을 바보로 만들어버린다는 것을 잊지 말라.

이럴 때는 예수의 예처럼 간단명료한 이야기를 들려줘야 한다. 이야기는 이런 어리석은 '예/아니오' 의 도식에서 전혀 새로운 대안을 보여주기에 충분하다.

내가 광고 대행사에서 근무할 때의 이야기를 예로 들어 볼까? 우리는 끊임없이 프레젠테이션을 만들었는데, 그것들 모두 너무 많은 비용이 드는 것이었다. 마침 새로 온 회계 책임자 앤드류가 처음으로 중요한 프레젠테이션을 발표하기로 되었는데, 그는 그다지 우수한 재능을 지닌 사람은 아니었다. 그리고 언뜻 보기에 준비도 제대로 하지 못한 것 같았다.

그런데 회의가 열리던 날 회의실로 들어가기 직전에, 그가 나에게 돌아서더니 갑자기 결연한 표정으로 질문을 던지는 것이 아닌가!

"당신은 이전에 나에게 회의준비에 대해 진지하게 충고를 한 적이 있지요? 내가 오늘 발표를 잘 해낼 수 있을 것 같소?"

만약 진실만을 말해야 한다면, 나는 '아니오' 라고 말했을 것이다. 나는 정말 그가 잘해낼 거라고 생각하지 않았다. 하지만, 그렇게 말해버린다면 내가 그에게 했던 충고들과 진심어린 애정들은 모두 허공으로 날아갈 것이 틀림없었다. 진실을 말하기에는 때와 장소가 적절치 않았던 것이다. 나는 애써 어색한 표정을 거두고 자연스런 미소를 떠올리려 노력하며 대답해 주었다. "그럼요, 잘하실 거예요.

나스루딘의 이야기를 아시죠? 만약, 곤란한 순간에 부딪친다면 나
스루딘처럼 재치있게 넘어가실 수 있을 거예요."

이야기는 특히 복잡한 감정을 다룰 때 안성맞춤이다. '예/아니
오' 둘 다의 의견을 가지고 있을 때, 이야기는 당신을 흐리멍덩하게
보이지 않게 하면서도, '예/아니오' 둘 다를 말할 수 있도록 도와주
는 것이다.

교묘하게 함정 질문을 퍼붓는 사람은 사실 당신에게 어떤 구체적
인 대답을 기대하는 것도 아니다. 그런 사람의 목적은 단지, '겉으
로는 훌륭하게 보이는 당신의 가면을 폭로해 버리리라'에 초점이
맞춰져 있을 뿐이다.

'내가 함정 질문에 빠져 있구나'라는 것을 발견하는 순간, 당신
은 가능한 짧고 명쾌한 이야기를 떠올려야 한다. 그런 이야기는 당
신을 그 함정에서 탈출하도록 해줄 뿐 아니라, 공격을 하려는 질문
자의 존경을 얻어 원래 의도했던 대로 대화의 방향을 이끌어나갈
수 있도록 도와줄 것이다.

목표를 분명히 전달하고자 할 때

사진작가를 아버지로 둔 내 친구 버크 박스터는 이렇게 말했다.
"예술 사진작가는 사진을 액자에 넣는 방식에 따라 작품을 평가받는
다!" 사진작가의 목표는 사람들이 전에는 보지 못했던 무언가를 볼
수 있도록, 또는 예전과 다른 방식으로 사진을 보도록 돕는 것이다.

누군가에게 나무 대신에 숲을 보라고 하고 싶다면, 한계 그 이상

의 것을 보도록 돕고 싶다면, 그림틀 안에 있는 그림만이 아니라 더 무한한 세상을 보도록 하고 싶다면, 당신은 예술 사진작가처럼 그 사람의 생각의 틀을 바꿔줘야 한다. 훌륭한 사진을 찍는 것이 예술 작가의 몫이라고 한다면, 그 훌륭한 사진을 될 수 있으면 풍부하게 느낄 수 있도록 사람들에게 전달하는 일도 작가의 몫이라고 할 수 있다. '어떤 것을 전달하고자 하는가?' 는 목표에 관한 문제라고 볼 수 있다.

나의 절친한 한 친구는 사진작가였는데, 그는 자신의 목표에 관해 이렇게 말했다.

"사진을 찍을 때의 내 목표는 '극단적인 현실' 을 표현하는 것이다. 눈이 아파서 핏발이 설 정도로 사람들의 주의를 강력하게 끌어당기는, 그런 현실을 표현하고 싶다."

이렇듯 분명한 목표는 사람들에게 자신의 작품을 어떻게 전달해야 하는가에 대한 방법을 모색하도록 하는 근본적인 근거와 이유가 된다. 이것이 바로 목표의 중요성이다.

전달하고자 하는 목표와 이야기의 관계를 예로 들어볼까?

제조업자는 영업 현실을 제대로 보려고 하지 않는다, 제조업체의 임원은 환경 운동가의 관점을 이해하려 하지 않는다, 10대 자녀는 부모의 길조심 하라는 말을 잔소리로 치부해 버린다. 모두들 보고 싶은 것만 본다. 이러니, 아무리 '…이다' 라고 떠들어봤자 사람들의 마음 속을 뚫고 들어갈 수가 없다. 그들의 자각을 터널 밖으로, 그리고 지평선 너머로 확장시켜 줄, 그런 이야기가 필요하다. 그리고 그러기 위해서는 무엇보다 '감성적인 수준' 에서 접촉을 해야만 한다.

'길조심 해라' 라는 말 대신, 자동차 사고로 평생을 휠체어에 의지해서 살아야 하는 15세의 소녀나, 고교 시절에 짝사랑했던 소년이 사고로 죽었다는 이야기를 자녀에게 해줄 수 있다. 환경 운동가는 제조업체 임원의 자녀와 동갑인 어린이가 물려받게 될 파괴된 환경에 대해서 이야기해, 그 임원의 가슴에 환경에 대한 우려를 불러일으킬 수도 있다.

어떤 이야기든, 청중이 당신의 논점을 정확하게 이해할 수 있도록 하기 위해서는 이야기를 실감나게 해낼 필요가 있다. '사실' 은 실감나게 해낼 수 없지만, '이야기' 는 가능하다.

내 친구 한 명은 그녀의 두 아들에게 자신의 어린 시절에 관한 이야기를 종종 해주곤 한다. 그것도 교육상 그다지 좋지 않은 이야기를 말이다. 그 중 하나는 아버지 차에 매혹된 짧은 이야기였는데, 9살의 그녀가 차를 운전해 보기로 마음을 먹고 시도했지만, 결국 헛간을 들이받고 그녀의 모험은 끝났다. 그녀가 말하는 이야기 안에는 흥분과 웃음과 어리석음이 가득 담겨 있었다.

재미와 그 결과를 생각하게 만드는 이 이야기는 그녀의 아이들에게 드넓은 현실을 펼쳐 보여주고 있다. 그녀는 머릿속에서 쉽게 지워지는 규칙으로 아이들의 안전을 지키려고 하지 않았다. 대신 이야기를 이용해, 재미와 선택의 결과라는 견지에서 아이들이 스스로 생각하도록 만들었다.

당장 현실 밖에 있는 사실을 어떤 사람에게 보여주고 싶다면, 이야기를 이용해라. 이야기는 넓은 세계로 그를 인도하고, 그것이 현실이 될 때까지 충분히 흥분을 느낄 수 있도록 도와준다.

직접적으로 말하는 것이 어려울 때

뭔가 말은 하고 싶은데, 직접 말하지 않는 게 현명하다는 생각이 들 때가 있다. 어떤 행동은 허용되고, 어떤 행동은 그렇지 않은지 알아보기 위해 시험해 보고 싶은 경우도 종종 있다. 또 어떤 중요한 정보를 우연히 알게 되어 그것을 알려줘야겠다는 의무감을 느끼지만, 친밀감 때문에 직접적으로 말하기 꺼려지는 경우도 있다.

이럴 때, 너무 걱정하지 말라. 우리의 해결책 '이야기'가 있다. 이야기는 그런 것들을 직접 말하지 않고도 간접적인 맥락을 통해 뜻을 전달할 수 있도록 해준다.

다국적 통신 회사의 어떤 관리자는 미국 모(母)기업의 규정이 아시아 시장에서의 자신의 능력 발휘를 아주 심각하게 제한하고 있다는 사실을 깨달았다. 사장은 그를 충분히 이해했지만, 어쨌든 회사의 규정을 준수해야만 했다. 그 중에서도 특히 문제가 되는 규정은 아시아 고객들의 접대를 어렵게 만드는 '경비 지출에 대한 제한'이었다. 아시아인들에게 접대는 사실, 비즈니스에 있어서 필수였다.

그래서 그 관리자는 사장에게 직접 '아시아인들과 비즈니스를 하려면 접대비가 반드시 필요합니다'라고 말하는 대신, '어떤 회사의 관리자는 출장을 가기 전에 주문을 먼저 받은 다음, 경비내역서를 제출함으로써 이 문제를 해결하고 있다'는 이야기를 했다. 그러자 사장은 그 친구가 '아주 똑똑한 것 같다'고 말했다. 사장은 그가 규정을 무시하더라도 주문만 성사시키면 책임을 묻지 않을 거라는 뜻을 간접적으로 전했던 것이다.

98

또 다른 관리자는 동료 중 한 명이 은밀한 사내 교제 때문에 해고될 위험에 처해 있다는 내부 정보를 알게 되었다. 그는 이 사실을 그 동료에게 직접 말해 사장의 신뢰를 배신하는 대신, 자신의 친구에 관한 실제 이야기를 해주었다. 다른 회사에 근무하고 있는 그 친구는 동료와의 은밀한 관계를 끝냈는데도 회사 내에서의 그의 인식을 원상 복귀시키지 못했다는 이야기였다. 다른 사람들이 다 알고 있는 일을 그가 완강히 부인했을 때, 동료들의 불신감이 얼마나 더 커져갔는지 그 친구는 깨닫지 못했다는 말도 덧붙였다. 이 이야기는 불행한 결말로 끝났고, 그 관리자는 이런 결론을 내렸다. 그 친구가 이 문제에 대해서 좀더 빨리 그리고 정직하게 대처했더라면 상황이 훨씬 나아졌을 거라고, 적어도 시간을 벌 수는 있었을 거라는 결론을 말이다.

이 이야기들 속의 인물들 중 그 누구도 어떤 행동에 대해 직접적으로 나무란 사람은 없다. 그들은 직접적으로 말하는 것이 어렵고 부담스러울 때를 위해 이야기를 이용했던 것이다. 실제 삶에서는 흑백 논리로 명쾌하게 답할 수 있는 그런 질문은 거의 없다. 도덕적 딜레마라는 회색 지대에 빠지는 순간, 이야기는 당신의 든든한 탈출 도구가 될 수 있다.

스스로 문제를 해결하도록 도와주고자 할 때

당신이 지금 리더의 위치에 있다면, 아마 적어도 한 번쯤은 경험해 봤을 것이다. 당신의 충고에 지나치게 의지하려 드는 부하직원

들을···. 스스로 생각해서 충분히 해결할 수 있는 문제도 당신에게
가져오는 그들을 당신은 어떻게 해야 할까? 죽을 때까지 이건 이렇
게, 저건 저렇게 하라고 해결책을 제시해 줄 것인가? 만약 그들에게
그렇게 일일이 모범답안을 제시해 주면, 당신은 그들의 의존 경향
을 영원히 영속화하는 것이다. 그렇다고 '당신들이 알아서 해결
해!'라고 딱 잘라 거절하면, 최악의 경우 그들이 그릇된 결정을 내
릴 수도 있다.

바로 이 상황이 이야기를 이용할 수 있는 절호의 기회이다. 당신
이 직접 해결책을 제시하지는 않지만, 당신이 바라는 방향으로 그
들 스스로가 생각하도록 영향을 줄 수 있는 그런 기회 말이다.

문제를 해결해 달라고 사무실 문턱이 닳도록 들락거리는 직원들
때문에 지친 한 CEO가 있었다. 그는 '스스로 문제를 해결하라'고
입이 닳도록 말해 왔었다. 문제에 대한 해결책을 스스로 준비한 다
음에 자신에게 오라고 말했던 것이다. 하지만, 직원들은 끊임없이
그에게 달려왔다. 부서간의 문제를 조율해 달라고 요청했고, 그의
최종 결정이 없이는 아무것도 진행할 수가 없다고 고집을 피워댔
다. 한동안은 그저 대답만 해주는 것이 방법을 가르쳐주는 것보다
더 쉬워 보였다. 하지만, 그는 곧 자신의 그러한 태도가 직원들의 의
존 경향을 영속화한다는 사실을 깨닫게 되었다.

그러던 어느 날, 생산부 책임자와 영업부 책임자가 함께 화가 난
표정으로 그에게 면담을 요청해 왔다. 그는 '서비스 부서를 누가 관
리하느냐'를 놓고 그 둘이 지금껏 다퉈왔다는 사실을 이미 알고
있었다. 기존 고객들에게 서비스를 제공하는 과정에서 얻게 되는

정보가 영업부와 생산부서의 의사 결정에 중요한 영향을 미친다는 것을 알게 되면서부터, 서비스 부서의 관리권을 놓고 그 둘은 전부터 자주 티격태격했던 것이다. 이참에 그는 화재가 난 건물 이야기를 그들에게 이야기해 주기로 마음먹었다.

화재가 난 건물 내부에 갇혀 있는 사람들은 생명을 보존하기 위해 안간힘을 쓰고 있었다. 일부는 거리에 접해 있어 소방차가 들어오기 쉬운 건물 앞쪽으로 피해 있었고, 일부는 접근조차 하기 어려운 건물 뒤쪽에 몰려 있었다.

화재신고를 받고 현장에 도착한 소방관들은 건물 뒤편으로 피신한 사람들을 구할 수 없다는 것을 깨달았다. 화염이 강해 그쪽으로는 도저히 접근할 수가 없기 때문이었다. 건물 앞쪽에 있는 사람들은 소방관들이 위험을 무릅써가며 자신들을 구하기 위해 노력하는 모습을 볼 수 있었다. 그러나 건물 뒤쪽에 있는 사람들이 볼 수 있는 거라곤 소방관 한두 명이 모퉁이에서 왔다갔다하면서 뭐라고 외치는 듯하더니, 다시 건물 앞쪽으로 돌아가는 모습이 고작이었다.

결국 다행히도, 사상자 없이 전부 무사히 구조되었다. 불길이 다 잡히고, 자신들의 목숨을 구해준 소방관들의 공적을 논의하기 위해 사람들이 한 자리에 모였다. 건물 뒤쪽에 있던 사람들은 '소방관들 전부가 쓸모 없었기 때문에 모두 해고되어야 한다'고 말했다. 그러자 건물 앞쪽에 있던 사람들이 깜짝 놀라며 이렇게 소리쳤다.

"지금 제 정신들입니까? 그들은 우리를 구하려고 목숨을 걸고 불과 싸웠어요! 그들은 영웅이에요, 영웅!"

여기까지 이야기를 한 CEO가 두 책임자에게 물었다. "누가 진실을 말하고 있는가? 건물 앞쪽에 있던 사람들인가? 건물 뒤쪽에 있던 사람들인가?"

두 책임자가 대답했다. "양쪽 다 맞습니다."

그러자 CEO가 흐뭇한 미소를 지으며 말했다.

"그렇지, 양쪽 다 맞네. 자네 둘도 그들처럼 진실을 말하고 있어. 하지만, 자네들도 그들처럼 그림의 절반밖에 보지 못하고 있네. 자네들의 다툼에 내가 어느 누구의 손을 들어주든, 자네들 중 한 명은 '졌다' 고 생각할 거고, 나머지는 '이겼다' 고 생각하겠지. 날 의존하지 않고 자네들 스스로 결정하길 바라는 이유가 뭔지 아나? 그건 바로 훌륭한 결정을 내리기 위해서는 자네들이 서로 대화를 해야 하기 때문이야. 바로 그 대화가 자네들 각자의 '다른 건물 쪽' 을 이해시켜 줄 거야.

자네들은 어떤 문제를 해결해 달라고 나에게 올 때마다, 새로운 어떤 것을 볼 수 있는 기회를 조금씩 놓치고 있는 걸세. 문제를 들고 내게 달려오는 게 확실히 쉬운 해결방법이겠지. 하지만, 명심하게. 나 없이 결정을 내릴 때마다, 새로운 것을 배우는 동시에 회사에서 없어서는 안 될 존재들이 되어 간다는 것을. 겉으로 봤을 때 배타적인 사실들을 의논하는 그런 어려움을 헤쳐나간다면, 자네들 둘 다 옳은 길을 찾게 될 걸세."

그 CEO의 이야기는 두 책임자에게 해결책을 제시한 것이 아니라, 길잡이 역할을 해주었다.

해결책을 제시해 달라고 당신에게 필사적으로 매달리는 사람을 떼어놓는 것은, 영향력을 행사하는 데 있어 불가피하다. 당신이 영향력 있는 사람이 되어갈수록 좀더 많은 힘을 지닌 단계로 올라가기 때문에, 당신이 남기고 떠나온 사람들은 당신이 설정한 그 방향으로 계속 가는 방법을 배워둬야 한다. 그들이 그 길에서 벗어나지 않게 하는 가장 확실한 방법은, 당신이 들려준 이야기를 그들이 기억하도록 하는 것이다.

이야기를 해주지 않으면, 당신을 따르던 사람들은 우왕좌왕하며, 결국 그들 자신만의 길을 찾기 위해 길잡이도 없이 떠날 것이다. 하지만, 길잡이가 되고 용기가 솟구치게 하는 이야기를 해주면, 사람들은 더 이상 당신에게 묻지 않을 것이며, 스스로 생각하여 해결하려 들 것이다. 답변은 그들에게 한 마리의 물고기를 던져 주는 것에 불과하지만, 이야기는 그들에게 고기 잡는 법을 가르쳐주는 것과 같다.

실제보다 더 확실하게 보여주고자 할 때

제품을 실제로 보여주면 제품을 판매할 수 있는 확률이 높아진다. 직접 보여주는 것보다 더 효과적인 판매 방법은 없기 때문이다. 그래서 진공 청소기 세일즈맨이나 통신 장비 세일즈맨 모두 제품 홍보용으로 고안된 장비들을 들고 다닌다.

그러나 때때로 손으로 만질 수 없는 제품이나 아이디어를 팔아야 할 때도 있다. 이럴 경우, 어떻게 해야 할까? 이야기! 이야기는 종종 실제로 보여주는 것만큼의 효과가 있다.

헬스클럽의 트레이너인 제인. 그녀는 아주 팔기 어려운 제품을 팔고 있다. 이것은 만질 수도 없고 눈에 보이지도 않는다. 게다가 대부분의 사람들은 이것을 아주 힘들다고 생각하고 있다. 그것이 뭐냐고? 눈치가 빠른 분들은 벌써 '아, 그거…!' 라고 말할지도 모르겠다. 맞다. 바로 그거, '운동' 이다.

대부분의 사람들은 그러나 운동을 즐겁다고 생각하지 않기 때문에, '운동을 하면 몸이 건강하고 날씬해집니다' 라는 사실은 더 이상 먹혀들지 않는다. 제인은 어떻게 이러한 역경(?)을 이겨내고 사람들이 기꺼이 운동을 하도록 만들었을까?

제인은 심장발작을 일으켰다가 회복된 '톰' 이란 환자에 대한 이야기를 이용했다. 4명의 자녀를 둔 톰은 생산직에서 종사하다가 은퇴하고, 아내 멜리와 함께 조용한 노년생활을 즐기고 있었다. 그런데 갑자기 심장발작이 일어났다. 다행히 목숨은 건졌지만, 그의 오른쪽 몸이 마비되었고, 실어증으로 말을 할 수가 없게 되었다. 제인의 임무는 그의 몸이 빨리 회복되도록 운동을 시키는 일이었다. 솔직히 운동을 시키는 일은 그다지 어렵지 않았지만, 실어증으로 인한 그의 좌절 때문에 그를 다루기가 몹시 까다로웠다. 그래서 그녀는 그에게 더욱 강도 높은 운동을 시키면서 지시 사항을 엄수하도록 했다.

그러나 톰의 생각은 달랐다. 그는 장난을 치기 시작했다. 한 번은 그가 체육관 맞은 편까지 걸으라는 제인의 지시를 따르지 않고 원을 그리듯 둥글게 걷기 시작했다. 그의 뒤를 계속 따르던 그녀는 그가 이를 드러내고 웃는 얼굴을 보고서 자신에게 장난치고 있다는 것을 깨달았다. 또 어떤 때에는 손으로 꼭 쥐도록 만들어진 공을 자꾸 바닥에 떨어뜨렸다. 그녀가 그 공을 주우려고 상체를 굽히면, 톰은 그녀 너머에 있는 다른 사람들에게 미소를 보내곤 했다.

이 사실을 안 제인은 처음에 무척 화가 났다. 하지만 점차 톰이 운동을 하러 오는 화요일과 목요일이 기다려지게 되었다. 그리고 무엇보다 중요한 건, 톰이 다른 재활 치료 환자들보다 두 배나 빠른 속도로 회복되어간다는 것이었다!

이 이야기의 핵심은 한 가지로 끝나지 않는다. 바로 이것이 이야기의 매력 중 하나다. 이야기를 듣는 당신 스스로 자신에게 맞는 핵심을 결정할 수 있는 것이다. 나에게는, 얼마나 즐겁게 운동을 할 수 있는가가 핵심으로 보여진다. 즐겁게 하는 운동이 마지못해 하는 운동보다 훨씬 더 효과가 있다는 것을 증명하고 있는 것이다.

곰곰이 생각해 보면, 잡지에서 체중 감량에 대한 광고를 게재할 때, 살빼기 전과 후의 사진을 보여주는 것도 이런 이야기에 속한다. 살뺀 후의 날씬한 몸매와 그런 자신의 몸매가 자랑스러워 어쩔 줄 모르는 미소를 띤 사진은, 무심코 끌려 들어갈 수밖에 없는 이야기이다. 그리고 그런 사진은 우리의 상상력을 자극해, 사진에 빠져 있는 부분을 보충하게 한다.

훨씬 더 솔직한 이야기도 있다. 만약 당신이 소프트웨어를 파는 세일즈맨이라면, 그것을 사용해 본 다른 고객의 경험담을 이야기하라. 세부적인 날짜와 일화를 덧붙임으로써, 당신의 제품이 다른 사람들의 문제를 어떻게 해결해 주었는지를 알려주고, 아울러 그 고객의 문제도 해결해 줄 거라는 전망을 심어주도록 하라. '이 제품은 업무 기간을 5개월까지 단축시켜 줄 것입니다' 따위의 '사실'은 구체적인 이름과 장소가 나오는 '이야기'만큼 사람들에게 감동을 주지 못한다. 당신이 우수한 제품을 판매하고 있다면, 써먹을 만한 이야기들은 무궁무진하다. 당신은 그저 그런 이야기들을 찾아내기만 하면 된다.

'당신은 틀렸어요!', 상사에게 잘못을 지적해 주고자 할 때

당신 상사가 보지 못하고 넘어간 문제가 당신의 눈에 띄는 경우가 있다. 그것도 그냥 넘어가기에는 회사에 아주 치명적인 것이라면…? 그럼 상사에게 어떻게 가르쳐 줘야 뒤탈 없이 해결이 될까?

사실, 부정적인 말을 진심으로 환영하는 사람은 거의 없다. 그렇기에 듣기 안 좋은 말을 직설적으로 하는 것은 칼에 목을 들이대는 것처럼 지극히 위험한 일이다. 이때 당신의 직언을 자기 권위에 대한 도전으로 여기는 상사들에게 '이야기'는 효력이 좋은 '부분 마취제'와 같은 구실을 한다.

어떤 공장의 기술 관리자는 부사장 때문에 좌절을 겪고 있었다. 그 부사장은 모든 결정을 내릴 때, 그것을 뒷받침할 만한 월별 도표, 그래프, 계량 가능한 결산 보고서 등을 끊임없이 요구했던 것이다. 그는 너무 사소한 것들까지 침해받고 있다고 느꼈다. 게다가 계량이나 분석이 명확히 될 수 없는 것들도 존재한다는 점을 부사장은 납득하지 못하는 것 같았다.

관리자는 모든 결정을 할 때 수치화된 자료를 제출해야 한다는 지속적인 압력이 직원들의 업적 달성에 방해가 된다는 사실을 깨닫고 있었다. 이제 직원들은 확실하지 않은 결정을 내리길 꺼려했고, 모험을 하려들지 않았다. 그러나, 기계 조립공인 찰스는 예외였다.

그는 사사건건 반발했다. 관리자는 찰스를 보호하려 했지만, 찰스는 몇 번이나 부사장을 화나게 만들었다. 이제 찰스는 업무능력이 뛰어났음에도 불구하고, 해고될 처지에 놓였다. 하지만 기술 관리자는 찰스란 인물이 해고해 버리기에는 너무나 아까운 직원이라는 것과, 부사장의 숫자에 대한 지나친 집착이 오히려 업무에 문제를 일으키고 있다는 것을 부사장에게 말할 기회를 노리고 있었다. 그는 대화를 하는 중에 자연스럽게 이야기를 살짝 끼워 넣을 수 있는 기회를 기다렸다. 마침, 그 기회가 왔다.

임원 식당에서 점심식사를 마친 후, 부사장은 그에게 최근에 참석했던 가족 결혼식에 대한 말을 꺼냈다. 그러자 관리자는 자신이 16살 때 가봤던 결혼식이 기억난다고 말했다. 그의 아버지에게는 형제가 둘 있었는데, 그 결혼식이 두 삼촌을 동시에 본 마지막이었다.

"헨리 삼촌은 아주 유명한 변호사여서 식구들의 관심과 애정을 받고 있었지만, 제가 특히 좋아했던 삼촌 호레이스는 거의 미친 사람으로 취급을 받고 있었죠. 호레이스 삼촌은 항상 보라색 바지를 입었고, 가끔씩 아주 충격적인 말을 사람들에게 던지곤 했었어요. 가령, 먼 친척이었던 헬렌에 대해서도 이렇게 말하곤 했죠. '헬렌은 음탕한 계집이다!' 물론 그게 사실이라는 건 모두가 알고 있었지만, 아무도 그렇게 직접적으로 말하지는 않았거든요. 그런데 그만은 유독 아무도 하지 않는 그런 이야기를 하고 싶은 대로 해버리곤 했습니다. 그리고 그 누구도, 어느 것도 두려워하지 않는 것처럼 보였습니다. 하고 싶은 대로 모든 걸 다 하고, 하고 싶은 모든 말을 다 뱉어버리고 살아서 오히려 그는 정상적인 사람들보다 훨씬 더 오래 살 것처럼 보일 정도였죠.

호레이스 삼촌이 어렸을 때부터 그랬던 것은 아니라고 어른들이 그러시더군요. 젊었을 때에는 두 삼촌이 모두 총명했다고요. 특히 호레이스 삼촌은 겨우 18살에 하버드에서 심리학 학위까지 받았을 정도였다고 합니다. 그런데…, 그의 너무 특출난 총명함 때문인지 몰라도, 삼촌은 불행하게도 마흔 살 무렵 '뇌척수막염' 이라는 진단을 받았습니다. 뇌척수막염에 대한 당시의 치료법은 전두엽을 절개하는 것이었고, 어쩔 수 없이 삼촌은 수술을 받았지요. 수술 후, 그의 명석함은 사라져 버렸답니다."

여기까지 이야기한 기술 관리자가 부사장에게 말했다. "수술이 꼭 우리 인간사 같지 않습니까? 우리는 어떤 것을 정확히 이해하지도 못하면서 그것을 떼어내려고 애씁니다. 그리고 무의식적인 그런 과정에서 아주 중요한 것들이 파괴되어 버리고 말죠. 저는 제 부하 직원 중에 어떤 이가 호레이스 삼촌의 보라색 바지를 입고 있다고 생각합니다. 예를 들어, 기계 조립공 찰스가 그런 사람이죠. 그는 제가 데리고 있는 직원 중에서 최고입니다. 그가 어떤 방법으로 그렇게 좋은 성과를 내는지 저는 알지 못합니다. 그리고 저도 더 이상 알려고도 하지 않구요. 그의 명석함이 무엇일까 규명하려고 애쓰다가 망치길 원하지 않기 때문이죠. 저는 그저 그가 제 팀에 있다는 사실에 감사할 따름입니다. 그가 보라색 바지를 입고 싶어하든 말든, 그게 뭐 그리 대수이겠습니까?"

관리자가 의도한 메시지는 부사장에게 제대로 전달되었다. 관리자가 이 이야기를 일부러 꺼냈다는 것을 부사장이 눈치챘을 수도 있고, 아닐 수도 있다. 그건 중요한 문제가 아니다. 이 이야기는 서로의 얼굴이 붉어지지 않고도 제대로, 아주 공손하게 관리자의 뜻을 부사장에게 전해주었다.

찰스는 해고되지 않았다. 그리고 부사장은 찰스가 엄격한 수치적 결과가 요구되지 않는 프로젝트에서 자주 두각을 나타내는 것을 깨닫게 되었다.

'무엇을 할까요?', 묻지 않고 문제를 해결하고자 할 때

어려운 상황에 처했을 때, 당신이 할 수 있는 최악의 대응은 명령을 내리는 것이다. 그러나 명령은 맹목적인 복종을 불러온다. 참여 의식이 결여된 채 명령에 따라 수행하는 로봇처럼 말이다. 실제로 많은 사람들이 실패가 불 보듯 뻔한 명령에도 아무 생각 없이 순종하고 있다.

당신이 리더의 위치에 있더라도, '무엇을 하라!'고 확실히 못박게 되면, 피동적 혹은 공격적인 반응을 불러일으킬 수가 있다. '이야기'는 요구하기보다는 요청하는 좀더 점잖은 방식으로 당신의 바람을 상대방에게 전달한다. '힘 겨루기'를 피할 수 있는 것이다.

지금과 같은 기술 만능주의 세상에서는 어느 기업이든지 간에 설계 기술자와 영업 담당자 사이에 갈등이 일어나는 경우가 흔하다. 갈등이 왜 일어날까? 그건 바로 입장의 차이 때문이다. 설계 기술자는 그야말로 최신의 기술을 선보이고 싶어한다. 그래서 되도록이면 많은 시간과 돈을 대담하게 신기술에 투자하여 적용시켜 보고 싶어한다. 그러나 현실은 그렇지 않다. 적어도 그 기술 분야의 초기에는 기술이 불안정할 뿐더러, 시장성과 이익도 아주 적다. 한마디로, 수지가 맞지 않는다.

제품이 너무 빨리 바뀌는 것을 달갑게 여기기 않는, 그래서 산지 2년도 채 되지 않은 우리집 컴퓨터가 구식으로 전락되는 것을 반기지 않는 소비자들과 영업 담당자는 얼굴을 맞대고 있다. 이런 영업 담당자에게 신기술로 인한 신제품은 사치(?)일 뿐이다. 그가 설계 기술자에게 바라는 건, 판매한 제품에 대한 기술 지원과 회사 매출을 당장 끌어올려 줄 수 있는 제품들 뿐, 그 이상도 그 이하도 바라지 않는다.

너무나 많은 시간과 돈, 그리고 정력을 신기술 개발에만 쏟아 붓고 있는 자기 회사 설계 기술자들에게 사장이 이야기를 꺼냈다. 그런데 이 이야기는 그들에게 무엇을 어떻게 하라고 지시하지 않은 듯하면서도 나아가야 할 방향을 제시해 주었다.

"〈일찍 일어나는 새가 먹이를 잡아 먹는다〉라는 말이 있습니다. 하지만 이것이 절대적인 진리라고 생각하지는 마십시오. 여기, 사람들이 자주 인용하는 말은 아니지만, 다른 진리를 말하는 〈치즈를 먹을 수 있는 쥐는 정작 두 번째로 달려온 쥐다!〉라는 속담이 있습니다. 어떻습니까? 이 말이 무엇을 의미하는지 아시겠습니까? 쥐덫 안에 있는 치즈를 먹기 위해 무작정 달려온 첫 번째 쥐는 쥐덫에 걸려 머리가 으깨집니다. 치즈를 차지할 수 있는 쥐는 그 다음으로 달려온 두 번째 쥐입니다. 저는 힘만 쓰다 머리가 으깨져 죽는 첫 번째 쥐가 되고 싶지 않습니다. 두 번째 쥐가 되고 싶습니다. 최첨단 기술의 선두주자들은 첫 번째 쥐와 마찬가지로, 앞서가는 기술로 인해 많은 손해를 보고 있습니다. 저는 우리 회사가 자원을 현명하게 투입하기를 바랍니다. 첫째는 다른 사람이 되도록 그냥 비워둡시다! 돈은 둘째가 법니다!"

이 이야기는 어느 누구에게도 무엇을 하라고 말하지 않았지만, 생각을 새롭게 하도록은 만들었다. 어느 누가 자기 머리가 깨져 죽길 바라겠는가? 이야기를 들은 다수의 설계 기술자들은 일에 대한 태도를 바꾸기로 결심했다.

'절대로 안 돼!', 통제하지 않고 이유를 주고자 할 때

"아니오, 절대 안 됩니다!"
지금까지 살아오면서 적게는 서너 번, 많게는 수도 없이 거절을 해야만 하는 입장에 처한 적이 있었을 것이다. 오밤중에 애인을 만나러 가야겠다고 차를 몰고 나가려는 자녀에게, 책으로 내기에는 부족함이 많은 원고를 쓴 작가에게 당신은 'No'라는 말을 어떻게 꺼내겠는가? 그것도 그들이 전혀 반발하지 않고 수긍할 수 있도록 말이다.

미국 남부 지역에는 아주 멋지고 고풍스런 대저택의 사용용도를 변경하여 관광지로 개발한 곳이 많다. 최근에 나는 달력사진으로 나올 만큼 아름다운 저택으로 여행을 간 적이 있었다. 그곳에는 관광객들을 끌 만한 매혹적인 장소, 바로 스테인드 글라스로 장식된 성탑이 하나 있었다. 이 성탑은 여러 해 동안 이 저택 최고의 구경

거리였다. 이 성탑으로 올라가려면 3층까지 이어진 좁은 원형 계단을 이용해야 했는데, 올해 처음으로 보험회사가 그 계단을 올라가는 방문객들을 위한 보험 가입신청 접수를 거부했다. 너무 낡아서 위험하다는 것이 이유였다.

집주인은 계단을 올라가서 성탑의 아름다움을 직접 눈으로 보고 싶어하는 관광객들을 보자, 한숨이 절로 나왔다. 그들은 잔뜩 기대에 부풀어 있었고, 계단을 오르기 위해 이미 상당히 많은 돈을 선불했다. 그럼에도 불구하고, 집주인은 그들에게 'No'라고 말해야만 했다.

그렇게 불가능할 것 같던 일을 집주인이 해냈다! 과연 그는 어떤 방법을 이용했을까? 계단을 올라가지 못하도록 입구를 폐쇄했을까? 아니면, 손님들을 무력으로 내쫓았을까? 둘 다 아니다. 집주인은 방문객들 스스로 포기하게 만들었다.

사실, 오랫동안 여행객들을 안내해 온 덕분에 그 집주인은 이야기를 하는 데 도사였다. 그는 'No'라는 대답을 꺼내는 데 도움이 될 만한 이야기를 사람들에게 아주 능숙하게 말했는데, 그 이야기는 효과가 넘쳐, 성탑에 올라가지 못한 실망감조차 싹 가시게 할 정도였다.

관광객들이 서로 뜻을 모아 불만의 목소리를 높이기 전에, 엉뚱한 이야기를 꺼내어 그들의 정신을 빼앗고, 불만을 잊도록 했던 것이다. 그는 약간 과장기가 섞인 기분 좋은 남부 액센트로 이야기를 이용하면 'No'라는 대답이 전혀 다르게(부정적이지 않게) 들린다는 것에 대한 멋진 예를 보여주었다.

"며칠 전에, 적어도 100세는 족히 넘어 보이는 할머니가 저희 집을 구경하기 위해 오셨습니다. 마침 제가 비번이어서, 다른 안내원이 그 분을 안내해 드렸습니다. 그런데 나이가 너무 많으셔서 성탑에 올라가실 수 없다고 하자, 그때부터 고집을 부리기 시작했습니다.

"나는 꼭 올라갈 거야."

"죄송하지만, 할머니는 올라가실 수 없습니다. 너무 위험하고 힘들어요."

그런데 난처한(?) 상황이 벌어졌습니다. 한참을 떼쓰시던 그 분이 아, 글쎄, 갑자기 가방을 여시더니 손을 집어넣는 게 아닙니까? 순간, 그곳에 있던 모두 겁에 질려 뒷걸음쳤습니다. 화가 난 그 분이 가방 안에서 무슨 흉기를 꺼낼지 아무도 몰랐으니까요. 모두들 숨을 죽이고 할머니의 가방을 주시하고 있었습니다. 그런데 뭐가 나왔는지 아십니까? (그리고 그는 우리를 빙 둘러보았다. 이러한 그의 행동은 우리의 호기심을 한껏 부추기는 작용을 했다) 바로, 입장권이었습니다! 할머니는 그것을 꺼내어 우리 불쌍한 안내원의 코밑에 들이대고 마구 흔들어댔습니다. 이렇게 말씀하시면서요, "나는 돈을 냈으니까 꼭 저기에 올라갈 거야!"

문제를 해결하지 못한 안내원은 쉬고 있던 저에게 달려왔죠. 그 상황에서 제가 할 수 있는 것이라고는 "올라가게 해드려"라는 말뿐이었습니다. 그 다음에는 무슨 일이 벌어졌는지 짐작이 가시죠. (그가 말을 멈추고 잠시 기다리자 이야기를 듣던 사람들이 알만하다는 듯, 동정

어린 의성어를 내면서 고개를 가로 저었다) 저는 결국 여행객 중 한 남자분의 협력을 얻어야 했습니다. 그는 할머니의 어깨를 잡고, 저는 발목을 잡고 그렇게 힘겹게 3층까지 계단을 오르내려야 했습니다. 맙소사, 할머니는 무겁기까지 했다니까요.

한번은 고집을 부려 3층까지 올라간 여성이 무서워서 도저히 한 발짝도 내려갈 수 없다고 한바탕 난리를 피워서 911을 불렀던 적도 있습니다. 이런 일들이 수없이 일어나고, 보험회사와 말씨름하는데 진저리가 난 저는 이제 성탑관광을 포기하기로 했습니다. 이것이 계단을 못 오르게 된 이유입니다. 한번은 또 이런 일도 있었는데⋯."

그는 위험한 상황이 연출될 뻔했던 이야기를 서너 개 더 했는데, 그의 말을 듣고 있던 여행객들 모두 그 무시무시한(?) 계단을 올라가지 않아도 된다는 사실에 감사하는 것 같았다.

'보험이 안 돼서 이제는 더 이상 계단을 올라갈 수 없습니다'라고 단순히 사실만을 말해서는 절대로 청중들을 당신의 의도대로 끌어들일 수 없다. 그러나 방법을 바꿔 이야기를 통해 거절하는 이유를 알려주면, 그들은 실망감을 느끼기보다는 '왜 안 되는가'라는 맥락 속에서 당신의 대답을 이해하게 된다. 특히, '할머니가 가방에 손을 집어넣자, 모두들 겁에 질려 뒷걸음쳤다'라는 식의 세부사항은 재미를 더할 뿐만 아니라, 이야기 안에 은밀하게 감정(위의 이야기 경우에는, '우려')을 실어준다. 당신이 청중에게서 끌어내려 애쓰는 그런 감정을 말이다.

'Yes'를 듣길 원하는 누군가에게 'No'라고 말해야 할 때는, 먼저 이야기를 꺼내라. 비록 원하는 대답을 못 들을지라도 상대방은 당신의 대답을 전혀 새로운 각도에서 듣게 될 것이다. 당신이 들려주는 이야기가 진짜 '좋은 이야기'라면, 그들은 그들이 듣길 원했던 'Yes'라는 대답보다 당신의 'No'라는 대답이 훨씬 더 적절하다고 인정할 수 있다.

침체된 분위기를 살려내고자 할 때

침체된 분위기. 그것은 주변의 신선한 공기까지도 오염시키는 악취와도 같다. 무시할래도 결코 무시할 수 없는, 그래서 결국에는 집단의 노력까지도 해칠 수 있는…. 사실, 그 누구도 당신의 침체된 분위기를 바꾸지 못한다. 복권에 당첨되었다면 잠깐 기분전환이 될지 모를까? 하지만, 당신도 아시다시피 그런 일은 거의 발생하지 않는다. 침체된 분위기를 완전히 뒤바꿔줄 어떤 사실을 가지고 있지 않다고 걱정하지 말라. 최후의 보루, 이야기가 있다.

그래서 우리는 기분이 우울할 때, 영화를 보거나, 유머사이트를 클릭하는 것이다. 나와 친분이 있는 어떤 회사의 중역은 다른 사람에게 영향을 미칠 정도로 자신의 기분이 지나치게 침체되면, 근무 중에라도 자리를 비우고 재미있는 영화를 보러간다고 한다.

물론, 아무도 모르게 비밀리에 말이다. 영화를 보고와도 당면한 상황이 달라지는 않지만, 그녀의 시각과 태도는 크게 변화되어 돌아오는 것이다. 약 두 시간에 걸친 기분전환은, 하루종일 사무실에서 부하직원들에게 툴툴거리거나 으르렁거릴 때보다 훨씬 더 많은 일을 능률적으로 해낼 수 있다고 한다.

어느 집단이나 갑자기 들이닥친 사건들 때문에 낙담하고, 현재의 불우한 상황 때문에 좌절하며, 지원부족 때문에 넌더리를 내게 되는 경우가 흔하다. 모두가 우울하고 침체된 분위기에 젖어 있는 그런 회의에 참석하고 있다면? 절호의 찬스다. 그들의 기분을 바꿔주고, 지금보다 밝은 시야를 제공해줄 찬스 말이다. 1장의 고흐 이야기 정도라면? 특A급이다. 결코 피할 수 없는 문제에 직면했을 때, 관리자는 직원들의 태도를 바꾸기 위해 이야기를 이용했다. 그리고 일단 문제에 대한 태도를 바꾸자, 문제를 훨씬 더 처리하기 쉬웠다. 바로 이런 상황에서, 당신은 아주 엉뚱하게 여겨지는 이야기들을 이용할 수도 있다. 다음과 같이 말이다.

심각한 문제와 씨름하고 있던 학교 교사들은 시간이 갈수록 분위기가 점점 더 무겁게 가라앉고 있다는 것을 깨달았다. "나는 당당하게 주장할 거예요. 하지만, 'A-word' 라고 낙인찍히는 건 바라지 않아요." 장애아들을 가르치는 한 여교사가 뜬금 없이 이렇게 말했다. 그러자 그 자리에 모여 있던 교사들의 호기심이 일었다. '이게 대체 무슨 말이지?' 그들은 궁금하다는 듯이 눈동자를 좌우로 굴리며 눈살을 찌푸렸다. 'A-word' 라고?

그 여교사는 다른 사람들의 반응을 보고 웃으면서 그 단어에 관해 설명해 주었다.

"어느 날, 여섯 살짜리 여자 아이가 저에게 달려오더니 이렇게 소리를 지르는 것이었어요. '빌이 나를 A-word라고 놀렸어요! 빌이

나를 A-word라고 놀렸어요!' 그 아이는 잔뜩 겁에 질려 있었죠. 저는 놀라서 그녀에게 마구마구 물었습니다. '에이미, 왜 그러니? A-word가 뭐지?' 그러자 에이미는 눈을 동그랗게 뜨더니 이렇게 말했어요. '안 돼요, 선생님 말할 수 없어요. 그건…, 아주아주 나쁜 말이란 말이에요.', '자, 그럼 나에게 귓속말로 해주겠니? 그 말이 무슨 뜻인지 알아야 선생님이 해결해 줄 수 있단다.' 그러자 에이미가 마지못해 고개를 끄덕이고는 조용히 속삭였어요. '멍청이.'"

그 이야기를 듣던 교사들은 눈물이 나오도록 웃어댔다. 당신이 만약 그 자리에 동참하고 있었더라면, 당연히 훨씬 더 실감났으리라. '그들에게 웃음이 필요했던 상황과, 그녀가 이야기를 하는 모습과, 이 이야기가 그들을 천진난만함 속으로 끌어들였다.' 이 모든 것들이 결합되어 그들이 웃음을 터뜨리도록 만들었던 것이다. 분위기가 이렇게 쇄신되자, 활기찬 태도로 문제에 관해 계속 토의할 수 있었고 결과적으로 그들은 좀더 많은 일들을 해낼 수 있었다.

여담이지만, 그 여교사가 호기심을 자극하기 위해 아주 엉뚱한 말을 툭 던진 것은 그러한 분위기에서 이야기를 할 수 있도록 승인을 받는 아주 멋진 기법이다. 늘 이런 방법이 먹히는 건 아니지만, 나름대로 재미있는 방법이다. 실제로 그녀는 무의미하고 분위기와는 완전히 매치가 안 되는 단어를 말함으로써 다른 교사들에게서 이야기를 해보라는 요청을 받았던 것이다.

지금 하고 있는 생각의 방향을 돌릴 수 있는 건 감정뿐이다. 사람들은 기분에 따라 동일한 사실에도 전혀 다른 반응을 보인다. 이야기는 사람의 기분을 바꿀 수 있는 힘이 있다. 화난 상대방을 웃게 만들거나 비탄에 젖어 있는 사람을 위로할 수 있는 당신이라면, 언제든지 'No'를 'Yes'로 바꿀 수 있다. 또, 갑자기 진지한 심사숙고가 필요할 때 당신은 지나치게 들뜬 분위기를 진정시키고 싶을 것이다. 이럴 때에도 이야기는 효과가 있다. '조용히 하시오!'라고 직접적으로 말하는 것보다, 자연스럽게 진지한 상황을 유도하는 그런 이야기를 들려주는 게 더 효과적이다.

지혜를 걷어올리는 이야기의 전파력

앞에서 예를 든 열 가지 상황은 우리에게 '이야기가 체험을 대신한다'는 명제를 증명해 주었다. 그것도 사람들의 믿음을 바꾸어 주는 그런 체험을 말이다. 영향력은 일반적으로 사람들이 현재 믿지 않는 것을 믿도록 설득하는 것을 말한다.

그런데 사람들은 당신과 협력해야만 하는 필요성과 자신의 행동을 바꿔야만 하는 필요성을 스스로 깨달을 때까지는, 절대로 당신의 목표에 동참해야겠다고 생각하지 않는다. 그럼에도 불구하고, 사람들이 당신을 믿도록 만드는 유일한 길은, 개인적인 체험이나 이야기를 통해 가상 체험을 하게 하는 것이다.

만약 당신이 영향을 끼치고 싶어하는 대상들이 그저 과거에 본 것만을 보려 하고 믿으려 한다면, 이야기를 이용하여 그들의 눈을 뜨게 하고 귀가 뚫리게 하라. 이야기를 이용하여 그들의 삶 속으로 당신의 '사실'을 들여보내라. 이때, 사실이라는 구슬들이 흩어져 버리지 않도록 '줄거리'라는 실로 꿰어 놓아라.

과거 어떤 통계학자가 사람들의 연령과 재정 상태에 관한 통계를 내놓았다. 그리고 그 통계에 맞는 사람들에게 '여피(yuppies)'라는 딱지를 붙이고, '1940년대 말에서 1950년대 전반에 태어난 세대로 대도시의 화이트칼라와 젊은 엘리트층을 일컫는다. 오직 자신의 직업과 돈벌이와 호사스런 생활에만 관심을 두는 것처럼 보이는 젊은 이들을 가리키기도 한다'는 이야기를 부여했다. 이와 같은 '여피 이야기'는 곧 많은 사람들에게 전파되었다. 그리고 통계상의 예측보다 훨씬 더 오래 사람들에게 머물러 있었다.

이것은 이야기가 스스로 생명을 유지해 간다는 사실에 대한 좋은 예이다. 여피족은 오늘날 더 이상 젊지도 않고 출세 지향적이지도 않다. '여피 이야기'는 사실이 변화된 뒤에도 존속되었다. 이야기가 사실을 이긴다는 또 다른 예이다. 이야기는 생명을 가지고 있지만, 사실은 생명이 없다. 사실은 그냥 타성적이다. 이야기 없이, 사실만으로는 아무런 의미가 없다.

이 책을 읽고 있는 당신이 만약 '사실'을 중시하는 사람이라면, 머릿속에는 벌써 이런 의문들이 떠올랐을 지도 모른다. '여섯 가지 이야기가 있다고 했는데, 앞에서 말한 열 가지 상황은 각각 어떤 이야기에 해당되는 거지?' 또는, '어, 이거 아홉 가지 상황밖에 없지 않나? 이거 사기친 거 아니야?…'라고 말이다.

카테고리와 직선적인 분석에 집착하다가는 이야기의 핵심을 놓쳐버린다. 카테고리와 정의는 단지 피상적인 수준에서만 도움을 줄 뿐이다. 그것들은 이야기를 무의미한 덩어리나, 극히 작은 조각으로 쪼개 놓는다. 이런 세분화는 보기에 좋을지는 모르지만, 당신을 훌륭한 이야기꾼으로 만들어 주지는 않는다. 새끼 고양이의 어느 부위가 고양이를 귀엽게 만드는 지 알아보기 위해서 고양이를 마취시키고, 해부해 봐야 할까?

이야기를 분류하는 건, 사람을 분류하는 것만큼이나 어설픈 환상이다. 우리 중 어느 누구도 문자 그대로 A타입(급하고 경쟁적인 성격—옮긴이) 혹은 B타입(차분하고 느긋한 성격—옮긴이)으로 규정해 놓은 성격을 완전히 지니고 있는 사람은 없다.

사실을 뒤쫓다가 진실을 놓치는 불행(?)이 닥칠 수도 있다. 만일 유추와 이야기를 학문적으로 구별해야 한다면, 나는 나스루딘 이야기가 유추라기보다는 이야기라고 철석같이 믿고 있다. 하지만 당신이 더 설득력 있는 이야기꾼이 되는 데 그런 믿음이 과연 도움이 되는가? 아마 그렇지 않을 것이다. 분류는 하나의 앨범에 끼어 있는 스냅 사진과 같다. 각각 이야기의 일부를 말하는 것이다. 어떤 것들은 서로 어울리지 않다고 느낄 수도 있다. 하지만, 아기 때의 사진과 십 대에 찍은 사진들에 지나지 않는다. 사진 속의 그 아기는 지금 9개월짜리도 아니고, 13살도 아니다. 과거에 9개월 난 아기였고 13살 소녀였을 뿐이지, 현재에도 그 나이이지는 않은 것이다. 그녀는 이제 35살이다. 하나의 사진에 너무 집착하지 말고 분류에도 너무 의존하지 마라.

최고의 이야기꾼은 이야기를 통달하려고 애쓰지 않는다. 오히려 이야기라는 강물을 손에 담아 마시면서 다른 사람들에게도 마시기를 권한다. 당신은 강 어디든, 원하는 방법대로 갈 수 있다. 강줄기를 멀리 돌아서 갈 수도 있고, 물방울을 튀기며 강물 한복판으로 뛰어들 수도 있으며, 급류를 따라 래프팅을 하면서 내려갈 수도 있다.

이야기는 커다란 강물처럼 위력적이다. 우리는 강물을 타고 헤엄을 칠 수도 있고, 그 힘을 이용할 수도 있으며, 심지어 그 흐름의 방향을 바꿀 수도 있다. 하지만 강물은 여전히 흐른다. 그리하여, 우리가 이야기의 강물에 부과한 카테고리는 결국 강물에 씻겨 내려가게 된다. 우리가 추구하고 있는 지혜는 분류할 수도 없고 설명하기도 아주 애매모호한 것이다. 그런 지혜는 당신이 말한 내용 속에 존재한다기보다는, 말하는 방식 속에 존재하기 쉽다.

다음 장에서는 이야기를 전달하는 방식(억양, 제스처, 자세 등)에 관련된 '방법'을 살펴보기로 하자.

탁월한 이야기꾼이 되는 비결

" 대답은 항상, 일부가 아니라 '전체 이야기' 속에 들어 있다.

— 짐 해리슨(Jim Harrison)

자타가 공인하는 궁술의 달인에게 어느 날, 의문이 생겼다. '과연 내가 진짜 궁술의 달인일까?' 방안에서 며칠을 뒤척거리면서 고심한 끝에, '그렇지 않다'는 결론이 났다.

'이런, 제길…'

그는 자신을 최고로 만들어 줄 스승을 만나기 위해 길을 떠났다. 그렇게 몇 달을 헤맨 그는 지칠 대로 지쳐 있었다.

'힘들어 죽겠는데, 그냥 집으로 돌아가 버릴까.'

나무 그루터기에 걸터앉아 땀을 식히던 그에게 그때, 이상한 나무 한 그루가 눈에 띄었다. '저게 뭐지?'

가까이 다가가 보니, 과녁이 나무에 그려져 있고, 그 과녁 정중앙에 화살이 정확하게 꽂혀 있지 않은가!

'이런, 집에 돌아가려고 하니까 눈에 띄네.'

그는 곧 나무 주위를 둘러보기 시작했다. 그리고 다른 나무들에 그려져 있는 과녁에도 화살이 한복판에 정확하게 꽂혀 있는 것을 발견하게 되었다. '도대체 누가 이런 짓을 했지?'

나무들을 따라 오던 그는 곧 숲을 벗어나게 되었고, 마침내 정중

앙이 꿰뚫린 과녁들이 줄지어 붙어 있는 헛간 하나를 발견하게 되었다.

'저렇게 너저분한 곳에 나의 스승이!'

그러나 스승은 그곳에 없었다. 마침 지나가는 사람들에게 물어본 끝에 드디어 스승을 찾을 수가 있었다.

"스승님, 어떻게 해야 궁술의 대가가 될 수 있습니까?"

그러자, 스승은 한심스럽다는 듯이 그를 쳐다보고는 이렇게 대답했다. "나무에 화살을 쏴. 그리고 물감을 가지고 가서 화살을 중심으로 과녁을 그려."

— 유대 교훈이야기

"어떻게 하면 사람들이 제 말을 들을까요?"

타인에게 영향을 끼치는 법을 알고 싶어하는 사람들은 항상 이런 질문을 한다. 내가 하는 이야기로 내가 원하는 대로 상대방에게 영향을 끼친다! 너무나 멋진 일이다.

그러나 과연 가능할까? 솔직하게 말하면, 이 방법은 절대로 배울 수가 없다. 물론 당신이 말하는 이야기에 귀기울이도록 상대방을 꼬드기고, 부추기고, 자극할 수는 있지만, 당신의 의도대로 행동하도록 억지로 만들 수는 없다. 왜냐하면 사람들이 당신에게 배우고 싶다고 생각하는 것과 당신이 사람들에게 전달하는 이야기가 반드시 일치하지는 않기 때문이다.

그래서 내가 의도한 대로 상대방에게 영향을 끼칠 수 있게 이야기하는 방법을 배운다는 건 어쩌면 위의 유대 교훈이야기처럼 실망스럽게 느껴질 수도 있겠다. 그럼에도 불구하고 타인에게 영향을 끼치고 싶다면? 어느 정도는 가능하다. 이런 사실을 미리 받아들이고, 이제 우리가 할 수 있는 일에 초점을 맞춰보자.

우리는 이야기를 하기 전에 먼저 상대방의 호기심을 불러일으키려고 한다. 그래서 'A-word'처럼 사람들의 호기심을 발동시킬 만한 단어를 사용하여 그들의 관심과 주의를 붙잡아 두려 한다. '영향을 미친다'는 것은 이렇게 다른 이의 주의를 사로잡아 그들이 이미 중요하다고 느끼고 있는 것을 연상시키도록 하여, 그 느낌을 행동으로 옮기도록 연결을 시키는 것이다.

우선 이야기를 꺼내자. 그 다음 청중들의 반응에서 보고들은 것을 이용해 이야기를 의미로 감싸자. 영향을 미친다는 것은 현장에서 즉석으로 이루어지는 활동이다.

용기에 관한 이야기를 겁먹은 목소리로 말하면 청중들은 혼란스러운 메시지를 전달받게 된다. 최고급 양복을 입고, 기사 딸린 차를 타고 와, 거드름피는 태도로 겸손에 관한 이야기를 하는 사장은 거짓말쟁이처럼 보인다.

감동적인 이야기는 모든 측면에서 사실처럼 들린다. 혼란한 느낌을 주는 이야기는 듣는 이에게 확신을 주지 못한다. 당신의 메시지가 조화를 이루기 위해서는, 당신이 하는 모든 의사전달 통로들이 동일한 주파수에 맞춰져야 한다. 그것도 이야기를 시작한 다음보다는 하기 전에 말이다.

그런데 이야기를 하면서 그것에 조화되도록 신체의 모든 부분을 의식적으로 조절한다는 건 사실 불가능하다. 아마 두뇌가 과부하로 인해 폭발해 버릴지도 모른다. 이야기를 하기 전에 익혀둔 동작이 무엇이든, 상관하지 마라. 필요할 때 자연스럽게 작동할 것이다. 그건 초보 골퍼인 당신이 프로 선수와 함께 스윙 연습을 하는 것과 유사하다. 배우는 동안에는 프로 선수의 충고를 받아 들여 서 있는 자세, 발과 팔의 위치, 스윙 자세가 어떠해야 한다는 데에 집중한다. 그렇게 많은 지시 사항들은 어쩌면 당신이 선천적으로 타고난 재능을 마비시킬 수도 있다. 배우는 과정이 어색하고 거북하게 느껴질 수도 있다. 마치 남의 옷을 빌려 입은 것처럼…. 그러나 연습을 계속하면 할수록, 그런 어색함은 사라지고 몸은 훌륭한 스윙을 했을 때의 느낌을 기억하게 될 것이다. 그리고 그 순간부터는 여러 지시 사항에 대해 일일이 주의를 기울이지 않아도 자연스럽게 골프를 할 수 있게 된다.

이야기가 가진 여러 측면에 대해 너무 많이 신경 쓰지 말자. 당신의 행동을 어색하게 만들 수 있기 때문이다. 하지만 좀더 훌륭한 이야기꾼이 되고자 한다면? 몇 가지만 이해하자. 혼자하기 어렵다고? 굳이 조언을 원한다면? 한 번에 한 두 가지씩 연구하고 실천하라. 완전히 숙달되었다는 느낌이 들 정도로 한 가지에 오랫동안 집중하라. 이야기를 할 때에는 그것에 대해 의식적으로 생각하지 말고 이야기 자체와 청중에만 초점을 맞춰 집중하라. 그렇게 한다면, 당신의 이야기 능력은 날로 향상될 것이다.

몸으로 이야기하라

청중들은 당신이 말하는 단어의 단지 15%만을 듣는다. 나머지 85%는 당신의 얼굴, 눈의 움직임, 손동작, 자세, 옷, 타이밍, 억양, 헤어스타일, 그리고 아주 엉뚱하다고 생각할 수도 있는 요소인 당신이 쓰는 필기구의 종류 등에서 당신에 관한 정보를 얻는다.

사실 그러한 것들을 근거로 하여 사람에 대한 판단이 이루어져서는 안 되지만, 사람은 본능적으로 뇌 속에 들어오는 모든 자극을 기초로 하여 판단을 내린다. 청중들은 당신이라는 존재의 모든 측면에서 발산되는 메시지를 근거로, '당신이 누구이며, 당신의 메시지가 나에게 어떤 의미가 있는지'에 대한 결론을 내리게 된다. 내용이 아닌 표지만 보고 책을 판단하지 않으려고 노력하지만, 실제로는 그렇게 하고 있는 것과 마찬가지인 셈이다.

어떤 의미에서는, 당신 자체가 이야기이다. '당신 이야기 좀 들어봅시다?'라는 말은, '사람은 살아가면서 자신의 역할을 적절하게 설명해 줄 수 있는 이야기를 하나 정도는 가지고 있어야 한다'는 필요성을 보여주는 말이다. 당신이 의식적으로 당신에 관한 이야기를 할 때조차, 듣는 사람들은 그들이 전에(혹은 지금) 보고 들었던 것들에 관한 해석이라는 체를 통해 당신의 이야기를 걸러 듣는다. 당신이 입은 옷에서, 당신에 관한 사소한 소문에서, 당신의 눈에서, 당신에 관한 직관적인 느낌에서 사람들은 나름대로 당신에 대한 결론을 끌어낼 것이다. 심지어 전화나 이메일만으로 접촉한다 할지라도, 당신이 전화통화를 할 때나 메일을 쓸 때 선택하여 사용한 단어 이외에도 많은 요소들이 영향을 미친다.

불행하게도, 사람들이 당신에 대한 이야기를 정의 내릴 때 참조하는 요소들을 당신이 미리 선택할 수는 없다. 하지만, 당신이 전달하고자 하는 메시지들을 갈고 닦을 수는 있다. 4장은 두뇌보다는 신체에 좀더 중점을 두고 쓰여졌다. 사실, 직접 이러한 생각들을 실천해 보고 그 효력을 확인해 보기 전까지 당신은 이 글들이 갖는 중요한 의미를 인정하지 않으려고 할지도 모르겠다. 말하기 전에 손짓, 몸짓부터 시작해 보자. 그것들은 실제로 말하는 것보다 아주 많은 것을 상대방에게 전할 수 있다.

'몸짓' 이 보여주는 이야기

몸짓은 아주 미묘하지만 상대방을 설득하는 힘을 지니고 있어서 남을 설득할 때 효과가 매우 크다. 흔히 몸짓은 이야기에 의미를 덧붙이고, 전하고자 하는 메시지를 강조하며, 이야기가 진행되는 무대를 창조한다. 그리고 손짓은 소품을 만들어 내고, 감정을 끌어올리며, 약간의 재미를 덧붙이는 데 이용된다. 몸짓은 아주 자연스럽게 보여야 한다. 그렇지 않으면 청중들의 시선과 주의를 잃어버리게 된다. 또한 이야기를 미리 이해하고 있어야 몸동작이 자연스럽게 나올 수 있다.

손동작을 어떻게 해야 이야기를 하는 데 도움이 되는 지에 관해 연습해 볼 수 있는 걸 하나 소개한다. 누군가에게 다이아몬드 반지를 주는 것처럼 손바닥을 편 채 손을 앞으로 내밀어라. 당신의 손바닥 위에 놓여 있는 상상의 반지를 보라. 어쩌면 벨벳으로 만들어진

케이스에 들어 있을 지도 모르겠다. (손바닥에 진짜 놓여 있는 것처럼 당신이 그 반지를 생생하게 볼 수 있으면, 다른 사람들도 그 반지를 볼 수 있다) 이제 다른 사람에게 건네 주려는 것처럼 다른 손으로 반지를 집어 들어라. 그리고 나서 두 손을 흔들어 털어 보자.

그 다음, 손바닥을 다시 내밀어 보자. 이번에는 진흙투성이의 끈적끈적한 개구리가 손바닥에 올려져 있다고 상상을 하라. 그리고 몇 초 동안 몹시 역겨운 개구리의 이미지를 떠올려라. 이제 다시 그 개구리를 다이아몬드 반지로 바꿔서 상상하라. 그리고 그 차이를 느껴보자.

상상을 통해 손바닥의 느낌을 아주 생생하게 체험했다면, 당신의 손가락과 손바닥은 의식적으로는 절대 만들어낼 수 없는 미세한 손동작의 차이를 기억하게 될 것이다. 그리고 손짓으로 상상의 이미지를 전달하는 당신은 청중들의 마음에 영상을 심어줄 것이며, 그들의 잠재의식에 당신의 이야기를 뚜렷하게 각인시켜 줄 것이다.

'얼굴표정'이 보여주는 이야기

연구에 따르면, 그 어떤 문화적 규범보다 훨씬 더 깊고 폭넓은 수준의 감정을 전달할 수 있는 건 바로 얼굴 표정이라고 한다. 태어난 지 얼마 되지 않은 아기는 말을 배우기 훨씬 전부터 분노, 두려움, 사랑과 같은 감정을 얼굴 표정으로 말한다. 그리고 사람들은 아기의 표정을 보고 모든 것을 알아차린다. 이것은 언어나 문화적인 장벽을 뛰어넘는 의사소통 도구가 바로 당신의 얼굴이라는 것을 의미한다.

"그녀가 보고서를 끝마친 것을 본 순간, 나는 기뻤다"라고 일부러 모든 걸 다 말로 표현할 필요는 없다. 그저 '만면에 미소를 지으면서', "그녀가 드디어 끝냈어"라고만 하면 충분하다. 그것으로 모든 감정이 전달되는 것이다. 이처럼, 당신은 아주 짧은 시간 안에 감정적인 만족감을 상대방에게 전달할 수 있다.

그러나 모든 것이 다 그렇듯, 얼굴 표정에도 장점과 단점이 있다. 얼굴 표정의 문제점은 숨기고 싶은 감정이 있을지라도, 예를 들어 당신이 화가 나 있다는 것을 다른 이에게 알리고 싶지 않아도 숨기는 건 도저히 불가능하다는 것이다. 그런 감정을 느끼면, 어김없이 당신의 표정에 나타난다. 당신이 누군가를 존경하지 않는다면, 아무리 미소를 띄워도 존경하는 마음이 없다는 게 여지없이 드러난다.

절망에 빠져 낙담하고 좌절해 있는 상태에서 다른 이들을 열정적으로 격려하려고 안간힘을 쓰는 건 무모한 짓이다. 당신의 이야기가 아무리 훌륭해도, 당신의 절망감은 결국 드러나게 마련이고 따라서 당신이 전달하려는 메시지도 왜곡된다.

여러 해 동안 영향력에 관해 가르치다 보니, 대다수의 사람들이 남을 설득하는 이야기를 하는 데 있어 부딪치는 장애(좌절감 혹은 절망감)의 원인을 알게 되었다. 바로 그들 이야기 안에 들어 있는 생생하고 감정적인 내용을 살려주지 못하고 밋밋하게 만들기 때문이었다. 지금, 목표 달성에 대해 당신 스스로가 낙담하고 있다면, 당신 스스로가 희망과 열정을 느낄 수 있는 이야기를 개발하기 전까지는 절대 다른 이들에게 들려줄 이야기를 생각해 내려고 애쓰지 마라. 시간 낭비이다! 자신을 먼저 설득할 수 없다면, 다른 이들을 설득하는 건 절대 불가능하다.

배우가 기쁜 표정을 지을 때 어떤 근육이 움직이는지 알기 위해 해부학을 공부하는 경우는 없다. 그들은 기쁨을 느낄 때 어떤 표정을 짓게 되는지 알고 있기 때문에, 연기를 할 때 자신의 몸과 마음에 기쁨을 떠올리는 방법을 연구한다. 마찬가지다. 당신이 상대방에게 희망을 전해주는 이야기를 하고자 할 때, 당신 스스로가 진심으로 희망을 느껴야 한다. 좌절감을 느끼는 상태에서 말하는 희망 이야기는 희망보다는 좌절을 전달한다. 이렇게 영향을 끼치려는 시도가 당신의 감정상태에 따라 정반대의 결과를 가져다 주게 됨을 명심해야 한다.

일단 당신의 이야기 속에 들어 있는 내용을 충분히 이해하고 전달하고자 하는 감정을 스스로도 느낀다면, 얼굴 표정은 아주 재미있고 유용한 도구가 된다. 눈썹을 치켜올리면서 눈동자를 굴리는 행동은, "나는 그가 그런 말을 한다는 것 자체를 믿을 수 없었다. 틀림없이 그의 정신이 이상해졌다고 생각했지만 본인에게 그런 말을 할 수는 없었다" 라는 말을 대신 해주는 것이다.

입을 딱 벌린 채 놀란 표정을 지으며 양손바닥을 펴는 행동은 "할말이 없어. 도대체 이 상황에서 내가 무엇을 할 수 있니? 너 도대체 무슨 짓을 해놓은 거야?" 라는 말을 대신 표현해 준다. 이렇게 얼굴 표정은 많은 것을 전달할 수 있다. 하나의 얼굴 표정으로 서너 문장 정도는 거뜬히 대신할 수 있을 뿐더러 이야기의 진행 속도도 빠르게 해준다.

코미디언 조지 칼린은 얼굴과 신체를 이용하여 이야기를 하는 데 달인이다. 한번은 그가 '생방송 토요일밤 *Saturday Night Live*' 이라는 프로에 초대 손님으로 출현했는데, 거기서 그는 자신의 재능을 확실하게 보여주었다.

그 프로는 처음에 5~10분 정도 초대 손님이 혼자 이런저런 이야기를 하도록 짜여져 있었다. 보통 다른 초대 손님들이 하듯, 그도 무대 위로 걸어왔다. 그리고 혼자 이야기를 하도록 짜여진 시간 내내 말 한 마디 없이 가만히 있었다. 그는 정말 단 한 마디도 하지 않았다. 그리고 시간이 지나자 청중의 박수에 답례를 하고 청중들에게 웃어 보였다. 그리고 나서 의자에 앉더니 입을 또 꾹 다물었다. 그는 오직 보디 랭귀지와 얼굴 표정만으로 청중을 사로잡았던 것이다. 청중들은 오히려 그것을 마음에 들어 했다. 우선, 그는 입을 꾹 다문 채 한숨을 쉬고 의자에 털썩 주저앉음으로써 "자, 제가 왔습니다"라는 뜻을 전달했다. 그리고 나서 청중들이 폭소를 터뜨리는데도 아무렇지도 않은 듯, 가만히 있었다. 일단 청중들이 그의 익살을 이해하자, 아무리 작은 몸짓이라도 폭소를 불러왔다. 셔츠 단추를 내려다보는 지겨운 듯한 눈초리나 청중들을 향한 기대에 찬 응시만으로도 그는 청중들을 포복절도하게 만들 수 있었다. 얼굴 표정에 관해 배우고 싶다면, 칼린을 연구하라. 그는 아주 훌륭한 연구대상이다.

당신이 이야기하는 모습을 캠코더로 찍어 보자. 그리고 소리를 죽여 놓은 채로, 당신이 이야기하는 모습을 모니터 해보자. 당신의 얼굴 표정이 어떤 뜻을 전달하는지 이해하게 될 것이다. 감정과 얼굴 표정을 의식적으로 발전시켜 나가면, 당신은 훌륭한 이야기꾼이 될 수 있다. 주의를 기울이든 아니든 당신의 얼굴 표정이 이야기의 감정적인 측면을 전달하기 때문이다.

'보디 랭귀지' 속에 숨겨진 가치

요즘같이 초를 다투며 살아가는 세상에는 몇 분 이상 이야기할 시간이 없다. 따라서 아주 짧은 시간 안에 될 수 있으면 많은 말들을 끼워 넣어, 당신이 의도한 목적을 달성해 내야 한다. 그러나 그것보다 더 좋은 방법이 있다. '백문이 불여일견' 이라는 말을 기억하는지? 그렇다, 백 번 듣는 것보다 한번 보는 게 확실히 아는 길이므로, 백 번 이야기해 주는 것보다는 확실하게 한 번 보여주는 것이 낫다. 그러나 우리의 여건상 모든 상황을 전부 보여줄 수는 없다. 이때 신체를 이용하여 상황을 보여준다면? 전부를 다 보여줄 수는 없어도 많은 부분을 리얼하게 보여줄 수 있다.

몸짓과 마찬가지로, 몸 자체도 청중들의 상상력을 자극할 수 있으며, 그들이 이야기 속의 정경, 인물, 혹은 대상을 볼 수 있도록 만들 수 있다. 당신이 이야기를 하면서 자세를 바꾸는 행동이 인물을 구별하기 위해서 라는 걸 청중들이 충분히 인식한다면, 당신 하나만으로도 두 인물 이상의 역할을 거뜬히 해낼 수 있다. 이때 '그가 말했다' 또는, '그녀가 말했다' 식으로 말해서는 안 된다. 그렇게 말하지 않아도 청중들은 당신의 자세를 통해 충분히 두 인물을 구별할 수 있기 때문이다. 시험삼아 몸을 이용해 뾰로통한 십대, 고객에게 무례한 전화 교환원, 경이로움에 가득 찬 어린이, 혹은 현명한 노인이 되어 보자. 그리고 등, 가슴, 어깨… 온 몸에 일어나는 미세한 변화에 주목하라. 말을 보디 랭귀지로 대체하면 이야기하는 시간이 반으로 줄어든다.

당신은 무대를 만들 수도 있다. 어떤 이야기를 할 때, 나는 먼저 몸을 뒤로 기대고, 시선은 아래를 내려다보면서 두 손을 깍지끼고 입술을 오므린다. 그런 다음, 청중들을 바라본다. 청중들이 심각한 이야기를 들을 준비를 하도록 말이다.

만약 내가 팔짝팔짝 뛰면서 손뼉을 치고 몸을 앞으로 기울인다면? 청중들은 활기찬 이야기를 기대할 것이다. 이처럼 자세는 감정적인 상태를 전달한다. 감정이 섞이지 않은 덤덤한 상태 또한 감정을 전달한다. (그러나 이런 상태는 상대방으로 하여금 귀를 기울이게 하지 못한다) 당신이 어떤 이야기를 하든지 간에, 말하고자 하는 바를 몸이 확실히 표현하도록 자세 선택에 신중을 기울여라.

그러나 보디 랭귀지에 관한 사람들의 이론을 맹목적으로 받아들여서는 안 된다. 팔짱낀 자세를 생각해 보자. 이 자세가 항상 같은 의미를 나타나지는 않는다. 어떤 때는 고집스러워 보이기도 하지만, 어떤 때는 진지한 성찰의 모습을 보여주기도 한다. 그렇다고 진부한 자세를 가르치는 보디 랭귀지 강좌를 들으며 본래의 자신이 아닌 다른 사람처럼 보이게 만들려고 애쓰지는 말라. 당신을 다른 사람으로 만들려는 사람들을 절대 용납하지 말라. 당신이 가지고 있는 독특한 개성이야말로, 가장 큰 장점이다. 디트로이트 빈민가에서 성장한 어떤 남자가 '나는 누구인가'에 관해 이야기를 하는 것을 인상깊게 들은 적이 있었다.

이야기를 하기 전의 그는 평범한 직업을 가진 평범한 사람처럼 보였다. 그는 바닥을 뚫어지게 쳐다보면서 양손을 호주머니에 깊숙이 찔러 넣은 채, 이야기를 시작했다. 그는 세 명이나 되는 의붓아버지들의 11명의 아이들 중 장남이라고 말했다. 그의 가족은 복지 기관의 도움을 받을 정도로 아주 가난하게 살았다. 그가 서른 다섯이 되었을 때에는 이미 여동생 두 명과 한 명의 남동생이 세상을 떠나고 없었다. 한 명은 스스로 목숨을 끊었고, 두 명은 폭력에 희생되었던 것이다. 그는 '가족들 중에서 처음으로 대학까지 마친 사람이 자신이었고, 박사 학위를 받았을 뿐만 아니라 전 가족 중에 고등학교를 제대로 마친 첫 번째 남자'라는 말을 했다. 그러면서 그는 시선을 위로 향했다. 그리고 자신이 많은 돈을 벌지 못했음에도 불구하고 조카들은 자신을 '부자 삼촌'이라고 부른다는 말을 덧붙이면서 그는 생긋 웃었다.

보디 랭귀지에 대한 진부하면서도 고정적인 비평으로 봤을 때, 이 남자는 똑바로 사람들의 눈을 응시하면서 이야기를 했어야 했다. 하지만, 그렇게 했더라면 그의 이야기는 어떻게 들렸을까? 어떤 조작의 냄새가 나서 그의 이야기 속에 들어 있던 진실성이 파괴되지는 않았을까? 그가 만약 청중들을 응시하면서 호주머니에서 손을 빼고 똑바로 섰더라면? 거북하면서 부자연스러워 보였을 것이다. 그의 겸손한 태도가 바로 그의 용기를 진실되게 보여주었다. 바닥을 쳐다보면서도 그는 나약함이 아니라, 강인함을 청중들에게 전달해 주었다. 그가 청중들과 눈을 마주치지 않았던 이유는 두려움 때문이 아니라, 자신의 이야기에 대한 청중들의 반응을 확인할 필요조차 없었기 때문이 아닐까? 어쩌면 그 이야기가 아주 감동적인 이야기여서 감정이 억제된 그의 이야기 방식이 청중들의 주의를 좀 더 끌었던 것 같다.

보디 랭귀지에 규칙 같은 건 존재하지 않는다. 비결은 바로 '진실'이다. 만약 이야기를 하고 있는 당신의 모습이 다른 사람들에게 초조하게 비춰진다는 생각이 들면, '확신에 찬' 보디 랭귀지를 연습하기보다는 초조함을 누그러뜨리는 데 시간을 할애하라. 그것이 더 현명하다.

몸은 이야기의 속도를 늦추거나 빨리 하는 데도 이용할 수 있다. 예를 들어, 두 개의 서로 다른 시간이나 공간을 구분하기 위해서 좌우로 몸을 움직일 수도 있다. 또 계속적인 것을 나타내기 위해 '하나, 둘, 셋…' 하면서 걸을 수도 있다. 시작과 중간, 그리고 끝이 있는 이야기를 할 때면, 좌우와 가운데에 섬으로써 청중들에게 시간의 흐름을 알려줄 수도 있다.

당신이 청중들과 '얼마나 가까운 위치에 섰는가, 얼마나 앞으로 몸을 수그리는가, 또는 얼마나 느긋해 보이는가' 등의 여부에 따라 청중들은 당신이 하는 이야기에 친밀감을 키울 수도 있고, 약화시킬 수도 있는 것이다. 하지만 이러한 모든 행동들이 거저 생기는 것은 아니다. 연습이 필요하다. 미리 연습을 해두자. 그러면 다음에 이야기할 기회를 잡았을 경우, 반드시 제 몫을 하게 될 것이다.

'소리, 냄새, 맛' 속에 숨어 있는 이야기

이야기를 하는 당신의 목적은 청중들이 이야기의 내용을 '보고, 듣고, 냄새를 맡고, 맛을 보고, 그리고 느끼도록' 하는 것이다. 그래서 그들의 상상을 통해 당신의 이야기 속으로 직접 들어오도록 만들려는 것이다. 이처럼 당신의 이야기가 감각적이라면 사람들은 당신의 이야기를 좀더 잘 기억하게 된다.

전문 이야기꾼인 제이 오캘러한은 이야기를 할 때 소리를 자주 이용한다. 이야기를 하던 중에 바람이 등장하면, 그는 입술을 오므려 바람소리를 낸다. 주변에 아무도 없을 때 한번 시도해 보라. 폭풍우 치는 밤의 바람소리, 한낮의 산들바람소리, 오클라호마의 적막한 평원의 바람소리를 말이다. 제법 재미가 쏠쏠할 것이다. 아울러 이야기를 할 때 많은 도움이 될 것은 물론이다. '뿍~' 하는 경적 소리는 후진하는 배달 트럭이나, 항구, 혹은 주차장의 정경을 청중들에게 연상시킬 수 있다. 이가 '딱딱' 하고 마주치는 소리는 추위나 무서움을, 문이 '끼익' 하고 열리는 소리는 으스스한 분위기를 표현한다.

혹시 그런 소리를 낼 수 없다 하더라도, 청중들의 마음 속에 그러한 소리를 불러낼 수는 있다. 세탁기를 팔고자 하는 세일즈맨은 값싼 세탁기가 만들어내는 야단법석에 관한 이야기를 레퍼토리로 사용할 수 있다. "그런 세탁기는 처음에는 '덜커덕…, 덜커덕' 하다가 일주일쯤 지나면 '찌걱, 찌걱…' 거리죠. 그렇게 며칠을 지내다가 갑자기 그 소리에 덧붙여 '부우웅, 부우웅…' 하는 뱃고동 소리를 냅니다. 그리고는 문밖으로 천천히 걸어나가죠. 하하하!!"

우리는 전에 뱃고동 소리를 들어 봤기 때문에(혹은 TV나 영화에서 간접적으로나마 들어봤기 때문에), 마음 속에서 그 소리를 만들어낼 수 있다. 자동차의 브레이크가 끌리는 소리, 소방차 사이렌 소리, 아기 울음소리, 개짖는 소리, 컴퓨터 자판 두드리는 소리… 등은 우리에게 아주 익숙하기 때문에 당신이 운을 떼기만 하면, 청중들은 그 소리를 상상 속에서 자유자재로 들을 수 있게 된다.

냄새와 맛은 효과가 아주 강하다. 둘 다 매우 강렬한 기억을 불러 일으키며 심지어 생리적인 반응을 불러오기도 한다. 갓 구어낸 초콜릿 쿠키의 냄새를 상상하도록 청중들에게 말해 보자. 그 말을 듣는 순간부터 청중들은 코를 벌름거리면서 과거에 맡아본 아주 익숙한, 갓 구어낸 쿠키 냄새를 연상하게 된다. 그리고 그들의 얼굴에서 긴장이 서서히 사라지는 것을 당신은 목격할 수 있을 것이다.

좋지 않은 입냄새에 관한 상상은? 코와 얼굴을 찡그리게 만들면서 불쾌한 느낌이 마음 속에 가득할 것이다. 방금 자른 레몬 조각이 혀에 살짝 닿은 상상(만약 당신이 그것을 정말 리얼하게 묘사한다면)은 듣는 사람의 침분비샘을 자극시켜 침이 나오도록 할 것이다. 이야기를 하는 당신의 목적은 청중들이 당신의 이야기를 실제처럼 경험하도록 하는 것이기에, 냄새와 맛을 이용하면 청중들이 당신 이야기를 직접 몸으로 체험하게 할 수 있다.

이야기가 아닌 이야기로 이야기를 만드는 법

'왜 그저 필요한 이야기만 하지 않았을까? 그가 11명의 형제들

중에서 가장 나이가 많았다는 게 중요한 사항이었을까? 단지 대가족의 일원이었다고 말하면 안 되었을까?…'

　관련이 없는 사항을 참아내지 못하는 사람은 훌륭한 이야기꾼이 아니다. 그저 평균 정도의 이야기꾼이라고나 할까? 오직 '사실'에만 치중하는 태도는 타인에게 영향을 미치는 데 있어 논리적 이유보다 더 강력한 도구인 인간의 감정적 측면을 무시한다. 믿어지지 않겠지만, 우리가 하는 선택에는 인간의 주관적인 감정이 비직선적인 방식으로 관련되어 있다.

　당신이 현재 소유하고 있는 자동차를 떠올려 보자. 그 다음에는 그 차를 구입한 이유에 대해서 아주 심층적으로 생각해 보자. 아마도 온갖 무관한 사항들이 마구마구 발견될 것이다.

　새차 냄새에 끌려서, 차를 설명하는 세일즈맨의 태도 때문에, 차란 그저 탈없이 움직이기만 하면 된다는 생각 때문에 등등…. 이렇게 절대로 중요해 보이지 않는 엉뚱한 사항들이 당신의 의사 결정에 영향을 준다.

　세일즈맨들은 대부분 이 사실을 알고 있다. 그래서 최고의 세일즈맨이라고 자타가 인정하는 사람들은 상품에 관해 완벽하게 사실과 감정을 전달할 수 있는 이야기들을 미리 마련해 놓고 있다. 세계적인 가전제품 제조업체인 월풀 사(Whirlpool Corporation)는 최근 세일즈 훈련을 위한 혁신적인 계획을 선보였는데, 8명의 세일즈맨이 자사 가전제품으로 채워진 집에서 일주일 동안 생활해 보도록 하는 것이었다. 그 기획안으로 월풀 사는 단지 제품의 카탈로그나 상품등급만으로는 제품을 효과적으로 판매할 수 없다는 결론을 얻을 수 있었다. 일주일 동안의 체험을 마친 뒤에, 체험자들 중 한 명

(그는 아마도 집에서는 단 한번도 요리를 해본 적이 없었을 것이다)이 자신이 직접 전자레인지를 이용하여 만든 바삭바삭한 블루 베리 쿠키에 관해 이야기를 했다.

그가 한 이야기는 듣는 사람의 입에 군침이 돌게 만들었다. 왜냐고? 그 이야기는 그 이야기를 하는 사람 자신에게도 군침을 돌게 했으니까 말이다. 그는 쿠키의 표면이 얼마나 바삭바삭한지, 블루 베리 냄새가 얼마나 향기로운지, 거기다 집에서 만든 바닐라 아이스크림을 한 스푼 얹었을 때 그 맛이 얼마나 기가 막힌지에 관해 말할 수 있었다. 바로 이런 이야기가 전자레인지의 판매를 급증시키는 역할을 했던 것이다.

가상체험을 경험하도록 하라

영향력을 발휘하는 방법을 가르친다는 건 참 힘든 일이다. 왜냐하면 강한 영향력을 가지려는 대부분의 사람들은 무언가를 다른 사람에게 지시하려고만 할 뿐, 자신이 어떤 사람인가에 대해서는 관심을 두지 않기 때문이다. 하지만 진짜 영향력을 발휘할 수 있는 가장 중요한 요소는 상대에게 '무엇을 해주느냐'가 아니라, 그 자신이 '어떤 사람이냐'에 달려 있다.

사람들은 흔히 너무 많이, 그리고 너무 일찍 '행동화'해 버려서 좋은 기회를 망쳐버린다. 아무것도 안 하고 가만히 있었으면 성공했을 것을, 미리 서두르고 너무 밀어붙이다가 실패하는 것이다. 기다리는 법을 모르는 그들은 스스로 '무언가 생산적인 일을 하고 있다'고 느끼고 싶어하지만, 그렇게 행동하는 과정에서 영향을 미칠 수 있는 기회를 잃게 된다. 그런 사람들에게 '인내는 미덕이다'라는 설교는 시간 낭비를 초래할 뿐이다. 그들에게 즉효약은 바로 이야기다. 이야기야말로 이런 생각을 전할 수 있는 유일한 수단인 것이다.

… 북부 캘리포니아의 울창한 산림으로 둘러싸인 넓은 초원에서 여섯 마리의 말을 기르고 있는 내 친구 릭은, 어느 날 승마를 하러 오라며 나를 초대했다. 나는 건강한 말 냄새를 아주 좋아한다. 내가 그의 마구간에 도착하자, 그는 말에 관해 얼마나 알고 있는지를 나에게 물어보더니, '말들은 장소에 따라 다르게 행동한다'고 말해 주었다.

"우리 할아버지는 세 가지 거짓말을 하곤 했지. '첫째, 일단 말에 올라타라. 둘째, 달리고 싶으면 박차를 가하라. 셋째, 멈추려면 고삐를 당겨라'라고 말이야. 그런데 사실, 그건 뻔한 거짓말이지. 그처럼 쉽게 말에 올라탈 수 있다면, 누군들 승마를 못하겠냐 이 말이야. 말에 올라타기 전에 배워야 할 게 태산이거든."

그리고 나서 그가 나에게 아라비아 혈통에 키가 150cm 정도인 '미카'라는 말을 보여주었을 때, 정말이지 나는 그 말에 매혹 당했다. 하지만 불행하게도 그런 느낌은 나만의 감정에 불과했다. 왜냐하면, 말에 올라타기 위해…

자, 여기까지만 읽고 나서 마음 속으로 이 광경을 그려보자.

'나는 말 냄새를 좋아한다'라고 말할 때, 나는 내 코를 말 목덜미에 비벼대는 모습을 상상한다. 이 말을 청중들에게 들려주면, 그들 중 몇은 코를 벌름거린다. 그들의 그런 행동을 보고 나는 '그들이 말 냄새를 기억해 내고 있구나' 라는 걸 눈치채게 된다.

'…세 가지 거짓말을 하곤 했지…' 라고 말할 때, 나는 릭의 느긋한 카우보이 자세를 흉내낸다. 벨트에 엄지손가락을 건 채 약간 몸을 뒤로 기울이면서 말이다. 언젠가 본 적이 있는 영화배우 존 웨인의 흉내를 내는 게 아니다. 그것보다는 훨씬 더 미묘한 변화가 내몸에 일어난다. 즉, 릭의 무게 중심은 나보다 더 아래 쪽에 있기 때문에 릭의 흉내를 내는 나는 순간적으로 내 몸의 무게 중심을 낮추는 것이다.

… "단 번에 내 마음을 사로잡아버린 미카에게 다가서는 순간, 갑자기 정신을 차린 나는 두려움 때문에 허리가 뻣뻣해졌습니다. 말에게 가까이 다가갔을 때, 매섭고 거대한 눈과 '툴툴' 거리며 거부의 반응을 보이는 녀석의 모습이 더할 수 없이 두려웠던 거죠. 미카가 나를 발톱의 때만큼도 여기지 않을 거라는 데에 생각이 미치자, 나도 모르게 길을 비켜주려는 것처럼 뒷걸음질을 쳤어요. 그러자 릭이 저에게 미카의 고삐를 쥐어주면서, '두 마리의 말이 마주쳤을 때에는 서열이 낮은 녀석이 먼저 발을 움직인다' 는 말들의 언어에 관해 설명해 주었습니다. 따라서 미카를 타고 싶다면, 제가 미카보다 서열이 높다는 것을 먼저 미카에게 알려줄 필요가 있었던 거죠. 릭이 계속 이야기를 했습니다. '미카와 마주 보고 서봐.' 그리고는 고삐를 슬며시 끌어당겨 미카를 자기 쪽으로 오도록 하는 시범을 보여주었습니다. 저는 릭이 심리학 박사인 데다가 조금은 짓궂

은 사람이라는 걸 알고 있었습니다. 미카가 나를 바보인 양 멀뚱멀뚱 쳐다보는 가운데 고요히 2~3분이 흘렀죠. 미카와 내가 대치한 그 상태로 말이죠."…

나는 릭이 고삐를 넘겨주는 대목까지는 사실대로 이야기한다. 그리고 나서, 이야기 속으로 한 걸음 더 들어가, 미카가 서 있는 곳을 가리키면서 상상의 고삐를 손에 쥔 채 앞으로 몸을 기울인다. 이러한 행동은 불안감과 의심이라는 내 감정을 청중들에게 보여준다. 나는 이런 행동이 어리석게 보인다는 걸 느끼면서도 그렇게 그곳에 서 있는다. 그러면 보통, 청중들은 그 의미를 알아차리고 함께 웃는다. 모두 그런 경험을 한 번쯤은 해봤을 것이다. 나는 청중들이 초조해 한다고 느낄 때까지 그렇게 서 있는다. 그러면 청중들은 스스로가 느끼는 초조함에 대해 스스로 어떤 반응을 나타내는지 스스로 느끼게 된다.

… "저는 마냥 서 있었습니다. 미카도 그저 서 있었을 뿐이었죠. 그렇게 한참이 지나 제가 막 포기하려는 순간, 미카가 움직였습니다. 한 발을 떼더니, 다른 발도 움직였습니다. 릭은 저와 미카를 번갈아 쳐다보면서 미소를 지었고, 저도 활짝 웃었습니다. 고삐를 확 잡아끄는 행동보다 훨씬 더 신뢰할 수 있는 관계를 미카와 저는 형성해 나가는 중이었기 때문이죠. 그렇게 서서히 미카가 움직였습니다. 미카 자신이 제가 바라는 대로 하겠다고 결심했기 때문에, 제가 이끄는 대로 더 잘 따르는 것 같았습니다. 제가 한 일이라고는 미카가 스스로 결심하도록 시간을 충분히 준 것뿐이었죠."…

청중들 스스로가 초조함을 경험했기 때문에 '미카가 걸음을 떼는 순간', 청중들은 안도의 한숨을 내쉬게 된다. 바로 이때 이 이야기가 될 수 있으면 현실처럼 들리도록 하기 위해, 나는 눈을 동그랗게 뜨고 미카가 걸음을 옮겼을 만한 곳을 쳐다본다.

나는 포기하지 않고 기다렸을 때 당연히 얻게 되는 긍정적인 결과를 청중들이 경험하게 하고 싶었다. 인내에 대한 상투적인 설교는 효과가 없다. 당신의 감정적인 두뇌가 그것을 직접 경험해 보고, 좋아할 때까지는 말이다.

긍정적인 경험을 청중들에게 전할 수 있는 최상의 방법은 그들이 실감나게 느낄 수 있도록, 이야기를 실감나게 해주는 것이다. 미카에 대한 이야기를 듣고 있는 그들은 먼저 나의 초조함과 불안함을 똑같이 느꼈다. 그리고 내가 경험했었던 경이로움도 똑같이 느꼈다. 마지막으로 성공에 따른 나의 미소도 그들의 미소가 되었다. 나와 청중은 함께 놀라고 함께 기뻐했던 것이다. 그 순간, 나는 안장 없이 미카를 타는 기분이 어떤 것인지 말해 주었다. 무조건 말에 훌쩍 뛰어올라 박차를 가하는 것보다 얼마나 더 신비로운 일인가를….

경험을 묘사하는 이야기를 할 때, 보디 랭귀지는 중요한 역할을 한다. 보디 랭귀지 외에 중요한 역할을 하는 것은 타이밍(완급 조절)이다. 타이밍은 사람들에게 감정을 불러일으킨다. 그리고 그들이 현재 느끼고 있는 감정이 어떤 것인지 스스로 깨달을 수 있게 하는 정신적인 공간을 마련해 준다. 청중들에게 흥분, 우울함, 열정, 관용, 감사 등을 느끼게 하고 싶다면, 타이밍이 그 성패를 가늠할 것이다!

기가막힌 타이밍을 잡아라

처음부터 끝까지 똑같은 속도로 이야기를 한다면, 듣는 사람이 얼마나 재미 없어 할까? 이야기 안에는 천천히 말해야 의미가 살아나는 부분이 있고, 빨리 말해야 정확하게 전달되는 부분이 있기 마련이다. 또 적절한 대목에서 말을 잠시 멈추면, 두 배 이상의 효과를 보기도 한다.

'침묵'과 '타이밍'이라는 언어는 말로 하는 언어보다 더 강력한 힘을 발휘할 수 있다. 빠르게 종알거리는 것보다 침묵으로 더 많은 것을 전할 수 있는 것이다. 그리고 이야기를 하는 중간에 잠깐 멈추는 것은 청중들에게 생각하고 참여하도록 하여, 이야기를 전개시켜 나갈 시간을 벌어준다. 절묘한 타이밍은 청중들을 당신과 함께 춤추도록 만든다.

우스운 이야기를 할 때에는 당신이 말하기 전에 사람들이 핵심을 충분히 생각할 수 있도록 느긋하게 기다리면 된다. 사실 청중들은 그것을 더 좋아한다. 다락방의 다람쥐에 관한 이야기를 예로 들어 볼까?

'다락방 문을 열자 다람쥐 소리가 그쳤다'고 말하면, 청중들은 기대에 차서 다음에 전개될 이야기를 기다리게 된다. 이 때 갑자기, 다람쥐가 일반적으로 얼마나 겁이 많은 동물인가를, 그런데 지금 말하려고 하는 이 다람쥐는 그렇지 않다는 것을 은근히 암시하면서 말할 수도 있다. 그런 다음, 컴컴한 다락방 속으로 당신이 머리를 불쑥 들이밀었다고 하면, 청중들은 다람쥐가 당신 얼굴에서 불과 얼마 떨어지지 않은 곳에 있으리라 예상할 것이다. 이렇게 분위기가 한껏 고조된 상태에서 사람들에게 동참할 기회를 주면, 사람들은 당신의 이야기에 기꺼이 참여할 것이다. 그들은 재미있는 시간을 당신과 함께 할 것이다.

조연배우 역할을 하면서도 사람들을 웃기는 재주가 탁월한 잭 베니는 타이밍의 대가였다. 30분짜리 TV쇼를 진행하는 데는 보통 80페이지 정도의 대본이 필요한데, 알려진 바로 그의 대본은 그 분량의 반인 40페이지 정도였다고 한다. 그의 침묵이 말보다 많은 말을 했던 것이다. 침묵은 이야기의 측면 중에서 감각적 혹은 감정적인 부분을 증폭시키는 증폭기 역할을 한다.

그러나 침묵의 시간이 너무 길어서는 안 된다. 또한 너무 짧아서도 안 된다. 감정은 종 모양의 곡선 형태로 진행된다고 하는데, 감정이 일어나서 점차 강렬해지다가 최고점에 다다르고 나면, 다시 약화되기 때문이다. 감정을 전달하는데, 너무 빨리 끝내버리면 감정의 충격을 충분히 전달할 수 없게 된다. 그렇다고 너무 오래 뜸을 들이면 감정은 지속되지 못하고, 사람들은 결국 마음 속의 상상의 극장에서 뛰쳐나오게 된다.
그렇게 되면 상대는 당신의 침묵에 불편함을 느끼고, 마음 속에서 상영되고 있는 이야기보다 당신에게 초점을 맞추게 된다. 심지어 당신이 자신들의 감정 상태를 조정하려 하고 있지는 않은가 의심하게 되고, 결국 당신의 다음 이야기는 거들떠보지도 않게 된다.

다음부터는 타이밍을 생각하면서 이야기를 하라. 잠시도 쉬지 않고 설교를 해야 하는 전도사가 아닌 이상, 이야기 중간중간에 몇 번의 침묵을 덧붙여라. 진행 속도가 빠른 회의에서는, 유창한 말보다는 침묵이 훨씬 더 많은 주의를 끌 수가 있다.

전직 운동선수인 근육질의 영업 지배인이 영업을 잘한 부하직원을 나에게 자랑하면서 언젠가 이렇게 말한 것을 나는 기억하고 있다. "어제 나는 마틴을 꼭 끌어 안아주고 싶은 이야기를 들었습니다…." 이 말이 "마틴이 어제 또 다른 제품을 팔았습니다"라는 말보다 훨씬 더 주의를 끈 것이다.

'억양' 속에 진실을 담아라

혹시 강아지 키우십니까? 그렇다면, 아주 정겨운 목소리로 "이 멍청한 개야, 너 오늘 한 번 굶어 볼래?"라고 말해 보세요. 십중팔구 꼬리를 살랑살랑 흔들면서 아주 좋아할 겁니다. 아주 짓궂은 장난을 좋아하는 제 친구 중 한 명은 남의 집에 놀러 가면 그 집에서 기르는 애완동물들을 이렇게 부르면서 재미있어 하곤 한답니다. "난 네가 정말 싫어!"라고 말이죠. 물론 아주 사랑이 담뿍 담긴 억양으로 말해야 합니다. 그러면 친구의 소리를 들은 동물들은 쪼르르 그녀에게 달려오죠.

억양은 언어를 다루는 이 장의 마지막 항목이다. 왜 억양을 마지막에 위치시켰냐 하면, 말을 할 때 무엇보다 중요한 것이 바로 억양이기 때문이다. 억양은 궁극적으로 몸짓, 보디 랭귀지, 이야기를 할 때 표현된 모든 단어 등을 뛰어 넘는 아주 막강한 힘으로 메시지를 전달한다. 또한 억양은 보편적인 의사전달 통로 중의 하나다. 이것을 시험할 수 있는 간단한 방법은 집에서 키우는 개에게 억양을 달리하여 똑같은 말을 하는 것이다. 바로 위의 예처럼 말이다.

"그 보고서 다 됐나?"라고 상사가 직원에게 묻는 상황을 예로 들 수도 있다. 억양을 달리해서 말해 보자. 억양의 변화에 따라 그 의미가 180°로 달라질 것이다. "이런, 이 게으른 친구야. 난 이 보고서가 지난 주에 필요했어." 혹은 "괜찮네, 그럴 수도 있지 뭐. 좀더 시간을 줄 테니 빨리 제출해 주게." 또는 "자네 사정을 변명하려고 내 시간 뺏지 말고 얼른 보고서나 내놔!" 이렇게 말이다. 보고서를 당장 가져오라고 길길이 날뛰고 있는 모습도, 그 보고서가 준비될 때까지 차분히 기다릴 거라는 암묵적인 동의도 상상이 된다. 당신의 억양은 이렇게 감정과 이야기의 장면을 전달하는 역할을 한다.

억양은 이야기를 할 때 영향력을 창출하기도 하고, 무너뜨리기도 하는 요인이 된다. 즉, 후회, 자기 합리화, 분노, 교만, 혹은 낮은 자긍심 등을 억양으로 전달했다면, 당신의 이야기를 듣는 사람들은 마음의 벽부터 쌓을 것이다. 당신이 청중들에 대해 느끼는 모든 부정적인 감정(존경심의 부족, 분노, 혹은 환멸 등)들이 부정적인 억양을 통해 당신의 이야기를 뒤덮어 버리게 되는 것이다. 이야기를 시작하기 전에 이런 문제들을 전부 털어내 버려라.

그렇다고 일부러 억양을 꾸며내려고 애쓰지는 말라. 그저, 느낌에 충실하기만 하라. 그러면 억양은 자연스럽게 그 뒤를 좇게 된다.

억양을 긍정적으로 꾸며내는 순간, 당신의 영향력은 사람들을 빗겨 가게 된다. 그리고 이야기를 하는 대부분의 시간 동안 당신은 거짓 말만을 전달하게 되는 것이다.

가식적인 억양이나 지나치게 극적인 몸짓은 거짓말을 하고 있거 나 곤경에 처해 있는 것처럼 비춰질 수가 있다. 사람들에게 영향을 미치려고 할 때, 이처럼 너무 지나치게 애쓰는 것은 자칫 죽음의 키 스(?)가 될 수 있다. 나는 이것을 '절망의 냄새' 라고 부른다.

당신이 그런 절망의 냄새를 풍기면, 사람들은 당신이 그들을 몹 시 필요로 한다는 것을 알아차린다. 그리고 그런 사실이 그들을 겁 먹게 만든다. 그들은 물에 빠진 사람을 도우려고 손을 뻗는 순간, 자 신들도 물에 빠질 위험을 감수해야 한다는 것을 잘 알고 있기 때문 이다.

당신이 풍기는 냄새는, 거부보다는 끌어들이는 감정 상태의 냄새 이어야 한다. 당신이 너무 절박하게 비춰지면, 사람들은 불안감을 느끼게 되고 결국 영향을 미치려는 당신의 능력을 망치게 된다. 이 런 사태를 막기 위해서는 영향을 미치려고 시도하기 전에 준비를 해야 한다.

당신의 억양이 누설할 수 있는 또 다른 내면의 갈등은 당신이 하 고 있는 이야기가 중요한 것이 아닐 지도 모른다는, 감추어진 두려 움이다. 청중들은 탐욕스럽고, 저질이며, 커다란 결점을 지닌 사람 들이라는 은밀한 믿음, 당신 자신이 원하는 바가 무엇인지 확신하 지 못하는 것 등…. 바로 이러한 것들이 들어 있는 당신의 억양은 청중의 주의를 흩트린다.

이야기꾼에게 진실이 중요한 이유가 바로 이것 때문이다. 몸과 목소리와 몸짓은 당신의 참된 느낌과 의도를 무심코 폭로하게 된다. 이야기로 사람들에게 영향을 미치려고 하기 전에, 먼저 당신 자신의 진정한 느낌과 의도를 바르게 가져라.

이제 당신의 두뇌는 기억해야만 할 것들로 넘쳐나고 있을 것이다. 하지만 명심해라, 정작 이야기를 할 때에는 이 모든 것을 잊어야 한다는 사실을…. 이야기를 제대로 전달하기 위해서는 자신을 의식하지 않은 상태로 이야기 속에 빠져들어야 한다. 이 말은 당신의 아집과 이 다음에는 어떤 이야기를 해야 한다는 고정관념과 어떤 식으로 손동작을 해야 한다는 기억을 전부 지워버리고, 이야기를 하는 그 순간 속에 푹 빠져들어야 한다는 의미이다.

당신은 완벽하게 암기한 이야기를 전할 수도 있고, 생생하게 살아 있는 이야기를 전할 수도 있다. 불완전으로 가득 차 있는 인생에서 모든 불완전함을 제거해 나가다 보면, 이야기의 생명력마저 제거된다. 혹시 결점이 있을지라도, 생동감이 넘치는 이야기가 완벽한 이야기보다 훨씬 더 강력한 힘을 사람들에게 발휘한다.

숨쉬는 이야기로 풀어가는
순서

지도에서는 진짜 장소를 찾을 수가 없다.

— 허먼 멜빌(Herman Melville)

힌두교의 신

시바와 여신 파르바티는 그들의 관심을 끌기 위해 끊임없이 싸우는 두 아들 가네시와 마루하 때문에 몹시 화가 나 있었다. 그 둘은 부모가 나타나기만 하면, 경쟁이라도 하듯 달려와서는 누가 더 소중한 아들이냐고 떼를 쓰며 물어보곤 했기 때문이었다. 견디다 못한 시바가 마침내 소리를 버럭 질렀다.

"그만! 너희들의 싸움 때문에 골치가 다 지끈거리는구나! 누가 더 마음에 드는 아들인지 정해야 너희들의 싸움이 끝나겠지? 좋다, 너희 둘을 시험해서 판가름 내겠다. 미리 말해 두지만, 일단 결정이 나면 절대 번복할 수 없다. 그리고 다시는 이런 질문을 하지 않겠다고 맹세해라."

두 아들은 아버지의 말에 기꺼이 동의했고, 시바와 파르바티는 곧 머리를 싸매고 고민하기 시작했다. '어떤 문제를 내야 그 둘을 공정하게 평가 내릴 수 있을까?'

그 시험 문제는 어느 아들이 더 소중한지를 결정 내릴 뿐만 아니라, 가정의 평화를 가져다 주는 것이니 만큼 아주 공정하고 현명해야 했다. 고민 끝에, 결정을 내린 그들은 두 아들을 불렀다.

"시험은 내일 날이 밝자마자 시작하겠다. 내일 아침, 먼저 세상을 세 바퀴 돌고 오는 자가 우리의 가장 소중한 아들이다. 그에게 우리는 영원한 사랑을 줄 것이다. 자, 오늘은 이만 가서 자도록 해라."

가네시는 곧 절망에 빠졌다. 코끼리 머리에 커다란 귀, 그리고 아주 뚱뚱한 몸매의 그로서는 승리할 가능성이 희박했기 때문이었다. 반면, 운동선수처럼 날쌔고 매력적인 몸매의 마루하는 승리를 확신하면서 미소지었다.

아침이 되자, 가네시와 마루하는 시합을 시작하기 위해 시바와 파르비티 앞에 나란히 섰다. 날씬한 마루하는 단단한 근육을 햇빛에 반짝거리며 자랑스럽게 내놓고 있었지만, 가네시는 신경질적으로 꿀을 입에다 들이부으며 튀어나온 배를 문지르기만 했다.

시바가 두 아들 앞에 위엄 있게 서더니, 곧 경기가 임박했음을 알렸다.

"자, 시작!"

시작을 알리는 소리와 함께 마루하는 그의 공작새 위에 훌쩍 올라타더니, 바람처럼 세상을 향해 달려나갔다. 통통한 가네시는 그러나 그저 시무룩하게 자리에 앉아 있을 뿐이었다. 그는 형제를 따라잡을 시도조차 하지 않았다.

그러다 조금 후에… 가네시가 갑자기 벌떡 일어났다. 그는 시바와 파르바티에게 미소를 지으면서 꿀주머니를 바닥에 내던졌다. 가네시의 그러한 행동에 호기심을 느낀 시바와 파르바티는 그를 가만 지켜보았다.

가네시는 재빨리 자신의 빨간 쥐 등에 올라타더니, 원을 그리면서 두 신의 주변을 돌았다. 그렇게 세 바퀴를 돌고 나서, 부모 앞에 바로 섰다. 파르바티가 가네시에게 물었다.

"가네시야, 너 방금 무엇을 했니?"

그러자 가네시가 설명했다.

"두 분은 저의 온 세상입니다. 저는 방금 세상을 세 바퀴 돌고 왔습니다."

시바와 파르바티는 그들에 대한 아들의 깊은 사랑에 감동을 받아 대답했다.

"그래, 네가 이겼다. 너야말로 우리의 가장 소중한 아들이로구나."

― 힌두교 신화

인도의 부모들은 수백 년도 훨씬 넘게 위의 이야기를 아이들에게 해왔다. 사실, 아이들에게 영향을 미치고자 하는 부모의 바람 속에도 이기심은 섞이기 마련이다. 이기심이란, 내가 아닌 다른 사람에게 영향을 주고자 하는 모든 심리학적 모델의 근본이다. 사람이 근본적으로 선하다든가 악하다든가 그 어느 쪽을 믿든지 간에, 이기심은 양쪽 모두에 들어가 있다.

우리의 자아는 타인에게 무언가를 주었을 때(마음과 물질적인 측면 둘 다) 본능적으로 자신에게 돌아올 보상에 관심을 갖는다. 그리고 자신이 원하는 것을 타인으로부터 얻으려고 애쓴다. 그것이 주는 결과가 이익이든, 파괴이든, 정의이든 간에 말이다.

영향을 미치려는 심리적인 목적은 당신의 목적을 어떤 식으로든 청중의 목적과 연결시키려는 것이다. 광고업자들은 이것을 잘 이해하고 있다. 그들이 말하는 이야기는 이런 것이다. "우리 제품을 사기만 하면, 당신이 원하는 것을 반드시 얻게 될 겁니다."

상대의 힘을 내 힘으로 전환하라

영향력은 당신이 원하는 방향으로 다른 사람을 변화시키는 능력과 관련이 있다. 이런 단적인 정의는 '밀어붙이기식 전략'을 연상시킨다. 하지만 이야기는 끌어당기기 전략이다. 불도저보다는 강력한 자석에 가까운 것이다.

앞에서 소개한 이야기에서, 가네시는 '이야기는 전반적인 상황을 효율적으로 재정의할 수 있으며, 세상을 여러 바퀴 도는 노고까지 면하게 할 수 있다'는 것을 입증해 주었다. 그는 시합을 치르겠다는 부모의 생각에 반대하지 않았다. 그 시합이 불공평하다고 투덜거리거나 불평하지도 않았다. 대신, 새로운 이야기로 무장을 하고 그 이야기 속으로 부모를 끌어들였다. 자식을 사랑하는 마음과 칭송받고 싶어하는 다소 인간적인 약점에 호소함으로써 말이다. 이것은 보다 적은 에너지로도 큰 성과를 올릴 수 있는 아주 좋은 방법이다. 이렇게 이야기는 다른 사람들을 당신 이야기의 세계로 끌어들인다.

영향을 미치려는 여러 방법들 중 거의 대부분은 '주도권 다툼'을 끌어들인다. 누군가(영향을 미치려는 자 혹은 영향을 받는 사람) '승자'

가 되면, 상대방은 '패자'가 되는 구도를 말이다. 누구나 승자가 되고 싶어한다. 하지만 승자가 존재하려면, 패자가 존재할 수밖에 없는 법. 그러나 패자가 되고 싶은 사람은 아마 아무도 없을 것이다.

이야기는 이러한 주도권 다툼이 겉으로 표시나지 않도록 우회하게 만드는 우수한 특성을 지니고 있다. 직접적으로 요구하는 건 승자/패자라는 역학 구도를 창출하지만, 이야기는 평등한 결과를 가져온다. 그리고 영향을 미치려는 직접적인 노력은 '작용과 반작용 법칙'을 활성화한다. 어떤 것을 밀어붙이면 그 힘이 다시 자신에게로 되돌아오는 것이다. 그러나 끌어당김이 또 다른 끌어당김을 유발하는 새로운 역학, 우리는 그것을 이야기를 통해 만들어 낼 수 있다. 이것은 이기심끼리의 경쟁이 아니라, 공존이다.

합기도를 아는가? 합기도는 우선 싸움을 피하려는 무술이다. 그러나 싸움이 불가피해지면 가능한 한 최소의 힘으로 상대를 제압한다. 합기도에서는 상대의 힘을 이용하는 방법을 배운다. 당신의 힘이 아니라, 그들의 힘을 이용하는 것이다. 그 동작들은 부드러운 곡선을 그리고 간접적이며, 솔직히 말하자면 비직관적이다.

예를 들어, 어떤 남자가 내 팔을 잡았을 때 팔을 뿌리치려고 안간힘을 쓰는 대신에 그에게 더 가까이 다가간다. 아주 가깝게 다가가 얼굴을 맞대다시피 하여 그 사람의 균형을 깨뜨린다. 그런 다음 내가 원하는 방향으로 그를 돌려세운다. 만약 그가 당신을 공격하고 있었다면, 마룻바닥에 얼굴이 곤두박질쳐버릴 것이다. 이야기의 비선형 개념은 이 합기도와 같다. 이야기를 이용하면, 영향을 미치려고 애쓰지 않아도 영향력을 행사할 수 있게 되는 것이다.

이야기의 물리적인 성질이 당신의 본능에 반(反)할 수도 있다. 당신이 정말로 영향을 미치고 싶어 못 견딜 것 같은 상황에 직면했을 때, 온몸의 세포 하나하나가 '행동을 취하라!'고 소리칠지도 모른다. 그때 만약 밀어붙이면, 저항과 반발이 일어나게 된다. 이야기를 통한 끌어당기기 전략은 청중들에게 새로운 동기를 부여하기보다는, 그들 속에 이미 존재하고 있는 동기를 끌어내는 것이다.

상대의 동기를 내 안으로 끌어들여라

우리는 모두 이기심을 가지고 있다. 그런데 이것은 뭘 먹어도 항상 배고파하는, 아귀 같은 존재이다. 그래서일까? 우리는 이 이기심을 채워줄 동기를 항상 만들어낸다. 마약 중독자부터 백만장자에 이르기까지, 사람들은 원하는 것을 갖고 싶어하며, 그런 욕구가 그들의 생각과 행동에 연료를 공급해 준다.

설득력 있는 이야기를 하는 목적은 그들의 동기와 목표를 접목시키는 것이다. 우리는 사람들을 '낚아채서 끌어들이려고' 안간힘을 쓴다. 좀 비속하게 들릴지도 모르겠지만, 진실에 매우 근접한 말이다. 당신이 하는 이야기도 일종의 미끼다. 물고기가 미끼를 물지 않는다고 해서 물고기를 비난할 것인가? 열의 없고 탐욕스러우며 게으른 동물이라고 비난만 하고 있을 것인가? 그래서는 안 된다. 더 좋은 미끼를 찾아 나서야 한다. 그렇다면 어떤 것이 좋은 미끼일까? 사람들은 도대체 무엇을 원할까?

사람들은 대부분 자신이 무엇을 원하는지 잘 알지 못한다. 시바와 파르바티(이 장의 첫 부분의 힌두교 신화에 등장하는 신들)는 자신들이 평화와 고요함을 원한다고 생각했다. 하지만 현명한 가네시는 부모들이 원하는 게 그것이 아니라, 실은 완벽한 숭배라는 것을 알아차렸다. 사람들은 그들이 원한다고 생각하는 것들을 모두 적은 목록을 당신에게 제시할 수 있다. 그것도 아주 논리적이며 이성적인 것처럼 보이는 목록을 말이다. 그러나 시바와 파르바티가 그랬던 것처럼 스스로가 진정으로 무엇을 원하는지 사람들은 알지 못한다.

"나는 백만 달러를 원한다." …왜?… "다른 사람 밑에서 일하지 않아도 되니까." …왜?… "다른 사람이 나에게 뭘 하라고 지시하는 게 듣기 싫으니까."

그렇다면, 이 사람이 원하는 것은 백만 달러가 아니라, 개인적인 자유다. 이렇게 어떤 사람의 소망 목록의 껍질을 하나하나씩 모두 벗겨 보면, 사람들 각각의 소망이 아주 유사하게 보일 것이다. 최고의 이야기꾼은 이 점을 아주 잘 알고 있다. 다른 사람들에게 영향을 미치고자 한다면, 청중의 동기를 끌어내야 한다. 우리 모두가 원하는 것을 끌어내는 게 최선이지만 말이다. 우리 모두가 공유하고 있는 인간의 기본 욕구 중 하나를 당신의 이야기가 끌어낼 수 있다면, 당신은 썩 훌륭한 미끼를 가지게 된 것이다.

인간적인, 너무나 인간적인 다양함을 통찰하라

이 책을 읽고 있는 당신은 경솔한 사람인가, 사려 깊은 사람인가? 재미있는 사람인가, 진지한 사람인가? 관대한 사람인가, 인색한 사람인가? 행복한 사람인가, 슬픔에 잠겨 있는 사람인가?…. 물어도 물어도 끝이 없을 것 같은 이 질문들 중에서 당신은 어느 쪽에 속한다고 생각하는가?

사실, 당신은 그 모든 쪽에 다 해당되는 사람이다. 아니 모두 해당되기도 하고, 아니기도 하다. 이상야릇한 말장난 같이 들리는가? 곰곰이 생각해 보라. 당신은 단순히 좋은 사람이거나 나쁜 사람 어느한 쪽에 속해 있는 것이 아니라, 선함과 악함이 기분 좋게 섞여 있는 아주 이상적인 인간형이라는 것을…. 이것이 바로 인간의 조건이다.

논리적이고 이성적인 이유에 너무 집착하다보면, 가장 중요하면서도 인간적인 부분을 놓치게 된다. 따라서 이야기를 통해 사람들에게 영향을 주려면, 당신은 당신 자신의 감정과 인간 본질의 이중성에 대해 상당히 많이 알고 있어야 한다.

감정이 다가와 자신을 알아달라고 얼굴을 찰싹 때리는 데도 알아차리지 못하는 사람은 훌륭한 이야기꾼이 되지 못한다. 훌륭한 이야기꾼은 이해할 수 없는 것을 두려워하기보다는 그런 것들이 지닌 신비감에 매혹을 느껴야 한다. 당신이 지니고 있는 '인간적인 부분' 역시 이해할 수 없는 부분이다. 바로 이 부분에서 사실, 통계, 수치, 논리적 분석 등이 영향력을 행사하는 당신의 능력에 실질적으로 방해가 된다. 오직 이야기만이 유일하게 당신을 감동시킬 채비를 갖추고 있으며, 이해될 수 없고 설명될 수 없는 이 부분(당신이 지니고 있는 인간적인 부분)만이 다른 이들을 감동시키도록 당신을 도와줄 수 있다. 이 부분이 옳다거나 중요하다고 증명할 수는 없지만, 당신은 그렇다는 사실을 알고 있다.

세계적으로 널리 알려진 위대한 지도자가 어린 시절에 늘 함께 잤던 곰 인형을 아직도 간직하고 있다는 게 알려지면, 그는 좀더 '인간적'으로 비춰질 뿐만 아니라 이해하기도 쉬워진다. 만약 지독히 악랄한 독재자가 자신이 기르던 애완견이 병들자 밤새도록 간호했다는 사실이 알려지면? 약간의 차이는 있겠지만 조금은 인간적으로 보일 것이다. 이처럼 이야기는 우리에게 선과 악이 신비롭게 공존하고 있는 지점, 바로 인간성에 접근하도록 가능성을 부여해준다.

내가 전에 살던 동네의 교회에 늘 왕족(?)처럼 대우를 받으며 사는, 부유한 빈들슨 부부가 예배를 다니고 있었다. 그 부부는 매주 일요일마다 흠잡을 데 없는 옷차림으로 교회에 와서는 의자에 꼿꼿이 앉아서 예배를 봤다. 그 부부의 모습이 나에게는 어쩐지 매우 이질적으로 느껴졌다.

교회의 가정 예배가 행해지던 어느 날 점심 식사를 하는 자리에서 어쩌다보니 내가 그 부부 바로 옆에 앉게 되었다. 그 부부와 한 번도 말을 해본 적이 없는 나는 무슨 말을 어떻게 시작해야 할지 몰라 난감했다.

어설프게 오가는 대화 중에 빈들슨 부인이 "내가 주일 학교에서 낙제했을 때와 똑같네요"라는 말을 꺼낼 때까지, 사실은 긴장되고 아주 딱딱한 분위기였다. 나는 그녀가 주일 학교에서 낙제를 했으리라고는 도저히 상상할 수 없었고, 실제로도 그렇게 생각한다고 말했다. 그러자 그녀가 웃으면서 다음과 같은 이야기를 들려주었다.

"어린 시절, 교회를 딱 한 번 옮긴 적이 있었어요. 저는 그때 초등학교 3학년생이었지요. 그런데, 옮긴 교회에서 학생들 수가 모자라는 바람에 2학년 반에 편성이 되었죠. 나는 굴욕감을 느꼈어요. 마치 한 학년을 유급한 것처럼 말이죠. 주일 학교에서 낙제한 것처럼 느껴졌어요."

바로 그 순간, 나는 빈들슨 부인에게서 처음으로 인간적인 체취를 느꼈다. 등을 꼿꼿이 세우고 있는 여장부의 내면에 여전히 살아 숨쉬고 있는, 상처받기 쉬운 어린 소녀를 볼 수 있었던 것이다. 그리고 그녀도 나와 똑같이 상처받을 수 있는 존재라는 사실에 공감을 느꼈다.

이런 이야기를 통해 서로 '공감' 할 수 있는 부분을 일단 발견하게 되면, 우리는 서로가 같은 '사람' 이라는 것에 대한 깊은 이해에 도달하게 된다. 그리고 일단 당신이 그런 느낌을 갖게 되면, 당신이 영향을 주고자 하는 그 사람은 훨씬 더 쉽게 협력하게 된다. 그들은 마음 깊은 곳에서 이렇게 느낄 지도 모른다. "당신과 나, 우리는 똑같아요. 자, 내가 당신에게 해주길 바라는 게 무엇이죠?' 라고 말이다.

나는 언젠가 강의실에 가득 차 있던 정부 관리들의 인간성을 뒤흔들어 놓은, 아주 멋진 이야기를 들은 적이 있다. 이 이야기를 듣기 전까지, 우리는 그저 강의실만 채우고 있는 개개의 사람들일 뿐이었다. 그런데 이야기를 듣고 나자, 어느새 우리는 '인간성'에 대한 공통된 인식으로 연결된 집단으로 변해 있었다.

그 이야기를 한 남자는 내 워크숍에 참가하는 사람이었다. 그는 아주 평범한 외모였는데(약간 대머리에 올챙이처럼 배가 튀어나왔다), 어쨌든 카리스마를 전혀 내뿜지 않았다는 것만은 확실했다. 영향을 주는 도구에 관해서 토론을 하던 중, 그가 말문을 열었다. 그가 말한 이야기는 몇 년 전에 일어났던 자신에 대한 이야기였다.

"제 직업은 해외에 주둔하고 있는 군인들과 그 가족들의 편의를 돌보는 일입니다. 이렇게 말하면 '무슨 직업이지?' 하고 의아해 하실 지도 모르겠지만, 겉으로 보여지는 직업의 모습은 군인이죠. 사실 제 업무는 아주 단조롭습니다. 행정 기관과 싸우고 사람들의 불평을 들으면서 하루하루를 보내니까요. 하지만 2년 전, 저에게 어떤 큰 변화가 일어났습니다.

저는 12년 전에 아내와 이혼했습니다. 우리에게는 아들이 하나 있었는데, 그 애가 8살 때였죠. 아주 견디기 힘들었습니다. 아내는 아이를 데리고 내가 알 수 없는 곳으로 멀리멀리 떠나버렸으니까요. 그렇게 10년 동안 저는 아들 스티브와 연락을 전혀 할 수가 없었습니다.

그런데 4년 전 전화 한 통이 걸려왔는데, 스티브였습니다. 18살이 된 스티브가 물어물어 저를 찾아냈던 것입니다! (잠시 멈춤) 그렇게 우리는 다시 만났습니다. 그런데 신기하게도 10년 동안 헤어져 있었던 공백이 전혀 느껴지지 않았습니다.

저는 당장 아들이 살고 있는 곳으로 차를 몰고 갔습니다. 우리는 잃어버린 세월을 만회라도 하려는 것처럼 2주 내내 함께 지냈습니다. 우린 미리 약속이라도 한 듯 둘 다 오토바이를 좋아했습니다. 그리고 자전거를 타고 고장 구석구석을 돌아다니기도 했습니다. 정말 멋진 시간이었습니다.

그 다음 해에 스티브는 나와 같은 직업 군인이 되기로 결심했습니다. 내가 그를 설득한 게 아니라, 그 애 자신이 결정한 거라 전 무척 기뻤습니다. 아비와 같은 직업을 가진다고 하는 아들…. 그걸 말하는 그 애의 얼굴에는 자부심이 가득했습니다. 군복을 입은 그 애의 모습은 무척이나 멋져 보였습니다. 우리는 많은 대화를 나누지는 못했지만, 서로 전화를 걸어 이야기를 나누곤 했습니다.

그렇게 지내던 중, 바로 2년 전 어느 날 전화가 걸려 왔습니다. (이때 그의 목소리가 잠기더니, 갈라졌다) 스티브가 오토바이 사고를 당했던 것입니다…. 그 애는 결국, 병원에서 숨을 거두었습니다. 저는 그 애를 다시 잃게 되었던 겁니다. 그 시간들이 마치 영원처럼 느껴졌습니다. (여기서 한참동안 그는 말을 멈추었다)

하지만, 그 애는 2년 동안 저와 인생을 함께 했습니다. 저는 언제까지나 그것에 감사할 것입니다. 아들에 대한 이 추억은 직업에 대한 저의 태도를 변화시켰습니다. '제가 관리하고 있는 이 사람들도 누군가의 아들이며, 딸들이다'라고 생각하자, 제 직업이 중요하게 느껴졌습니다. 저는 좀더 인내심을 가지고 그들의 불평을 들을 수 있게 되었습니다. 이제 저는 그들의 하소연을 예전처럼 싫어하지 않습니다. 저는 제가 할 수 있는 한 모든 방법을 동원해서 그들을 돕고 싶습니다."

이 이야기를 읽은 당신, 무슨 생각이 드는가? 그의 이야기를 직접 들었더라면 아버지로서 아들에 대한 사랑이, 아들을 잃은 아버지의 슬픔이, 인생의 소중함과 동시에 무의미함 등이 좀더 가슴에 와 닿았을지도 모른다는 아쉬움이 들지 않는가? 이 이야기는 기쁨과 비극, 인생의 소중함과 무의미함, 개인적인 경험으로서 직업에 대한 관련성과 무관련성을 모두 연결짓고 있다.

사람들에게 영향을 주려면, 먼저 어떤 관계를 구축해야만 한다. 이 야기는 당신과 당신이 영향을 미치고자 하는 사람 사이에 관계를 구축해 주는 역할을 한다. 그것도 공통된 인간성 즉, 인간 본성의 선/악에 대한 이중성과 공통된 경험 등을 통해서 말이다.

사람이면 누구나 실연, 귀여운 애완동물, 성질이 나쁜 사장, 진짜 좋은 친구, 학창시절에 자신에게 심술 맞게 굴었던 아이 등에 관한 경험을 가지고 있다. 이런 경험들 중에 하나를 골라서 이야기하라. 청중들은 당신의 경험을 통해 당신의 인간성을 느끼게 될 것이고, 그로 인해 서로 연결될 수 있다.

상대와 나 사이에 다리 놓기

영향력은 이야기를 하는 사람과 이야기를 듣는 사람이 서로 동질감을 느끼는 순간, 발생한다. 그 순간은 서로간의 차이(재력, 지위, 인종, 성별, 경험 그리고 문화 등)보다 같은 인간으로서의 공통성이 우세한 순간이다. 이렇게 사람으로서 공통의 이해를 전해주는 이야기는 당신을 훌륭한 이야기꾼으로 만들어 준다.

신화나 우화가 수천 년 넘게 지속되어 온 이유는 사람들이 개인적인 수준에서 그것들과 연결되어 있기 때문이다. 그러나 신화와 우화만이 시간을 초월해 전해지는 이야기는 아니다.

실수로 가득 찬 당신의 인생, 불행한 가족, 시끌벅적한 일터에 관한 이야기는 세상 거의 모든 사람들에게 얼마든지 깊은 인상을 심어줄 수 있다. 당신의 이야기를 통해 사람들이 당신과 연결될 수 있다면, 그들은 당신과 자신이 똑같은 사람이라는 결론을 내리게 된다. 당신이 그들과 똑같은 생각을 하든, 똑같은 물건을 소중히 여기든, 똑같은 감정을 느끼든 간에, 그런 유사성이 신뢰의 감정을 불러일으키는 것이다. 일단 이런 연결 고리를 형성해 놓으면, 사람들에게 영향을 주고 설득하는 당신의 능력은 일취월장하게 된다.

1장에서 스킵은 젊은이라면 누구나 한 번쯤 가져본 오만에 대한 경험을 이야기 소재로 이용했다. 젊은 시절, 넘치는 활력으로 자신의 능력을 과대 평가했던 기억 없이 어른이 된 사람은 아마도 없을 것이다. 과거 언젠가 당신은 모든 것을 다 알고 있다고 생각했던 때가 분명히 있었을 것이며, 그 믿음 때문에 일을 망쳤던 경험이 있을 거라는 데 나와 내기를 걸어도 좋다. '나는 안 그랬어'라고 부정할지도 모르지만, 어쩌면 당장 기억이 나지 않을 수도 있지만, 곰곰이 생각해 보자. 반드시 기억나는 에피소드가 있을 것이다. 우리 인간은 서로 다른 점보다는 같은 점이 더 많다. 오늘날 많은 생활양식들은 서로의 차이를 강조하는 것처럼 보이기도 하지만, 분명히 많은 유사성이 존재한다.

적절한 이야기를 찾기 위해 약간의 노력이 필요할 수도 있다. 확신하건데, 당신의 그러한 노력은 반드시 보상을 받을 것이다. 사실 너무나 많은 사람들이 연결 고리가 제대로 형성되기 전에 설득 전략에 뛰어듦으로써 노력을 헛되이 하고 있다.

명심해라, 당신과 청중들 사이를 연결시켜 줄 다리가 없으면, 당신의 모든 말들은 그 사이로 빠져 버리게 된다. 당신이 어떤 사람인지 사람들이 이미 알고 있다고 가정한 채 섣불리 사람들을 설득하려 들면, 당신의 영향력은 분명히 물거품처럼 사라지게 될 것이다.

만약 이미 연결 고리가 끊어져 있는 상태라면? 걱정하지 말라. 이야기는 부정적인 견해를 효과적으로 변화시킬 수 있다. 의혹과 정면 대결을 벌이면, 십중팔구 당신은 지게 된다. 오히려 그 의혹에 힘을 더 실어주게 된다. "나는 정말 믿을 만한 사람입니다"와 같은 강한 확신이 담긴 말은 더 큰 의혹을 불러일으킬 뿐이다. 그러나 당신의 신뢰성을 보여줄 만한 이야기를 하면, 저항이 덜하다. 당신의 내면에 존재하고 있는 무언가를 믿어달라고 주장하는 대신, 당신의 과거를 힐긋 들여다 볼 수 있는 이야기를 해줘라. 스킵이 한 이야기는 그를 '철부지 졸부'로 보는 청중들의 견해를 직접 공격하지 않았다. 그는 그들에게 단지 과거의 한 순간을 보여줌으로써 그들이 애초부터 진실이라고 여기고 있던 생각을 스스로 재평가하도록 만들었다. 이야기는 '무슨 생각을 해야만 한다'라고 말하는 것보다 훨씬 더 정중하다. 그리고 그 정중함이 바로 연결 고리를 구축한다.

일단 연결 고리를 구축하기만 하면, 당신은 청중들의 마음을 쉽게 움직일 수 있게 되고, 결국 당신이 보는 세상을 청중들이 볼 수 있도록 만들 수 있다.

반대를 인정하고, 반대에서 출발하라

'사람이라면 누구나 창의력을 가지고 있다'고 굳게 믿는 당신이, '사람은 모조리 아둔하다'고 주장하는 동료에게 영향을 주고자 마음먹었다. 그러나 좀처럼 당신의 말을 들으려 하지 않는 상대방. 어쩌면 당신은 그에게 당신의 주장이 옳다고 뒷받침할 만한 근거들을 모조리 갖다대면서 소리를 지르거나, 그의 생각이 틀렸다고 하면서 인간적으로 모욕을 주었을지도 모른다.

하지만 화를 식히고 냉정하게 객관적으로 생각해 보자. 그런 식으로는 절대 상대의 마음을 변화시킬 수가 없다. 아니, 차라리 하지 않은 것만도 못하게 되어 오히려 상대방의 결의를 더 완고하게 할 수도 있다.

당신과 정반대 되는 견해를 가진 사람을 당신과 똑같은 견해를 가지도록 돌려놓기 위해서는, 아기가 걷는 보폭처럼 아주 천천히, 조금씩 나가야 한다. 그것도 이야기라는 도구를 통해서 말이다. 이야기는 어떤 사람이 가지고 있는 갈등의 극단에서 천천히 방향을 틀어 반대쪽으로(즉, 당신이 있는 쪽으로) 이동하게 만드는 간접적이지만 아주 효과적인 방법이다.

연구 결과의 수치들을 인용하고, 철학적으로 논쟁을 하고, 우아한 미사여구를 나열하는 것은 어쩌면 한꺼번에 너무 높은 목표를 달성하려는 욕심 때문이 아닐까? 그렇게 했을 경우 결과는 어떠한가? 혹, 상대방의 저항만 키우지는 않았는지? 처음부터 너무 높이 떠있는 목표를 쳐다보지 말자. 낮은 곳에 있는 목표부터 겨냥하여, 서서히 밟고 올라가라. 그리고 조금씩 나아가라.

하지만 정확히 어떻게? 먼저 모든 사람들이 동의할 수 있고, 동일한 느낌을 가질 수 있도록 이야기를 이용해 사람들을 이끌어야 한다. '보통 사람들도 창조력이 있다'는 말은 아주 고무적이지만, 그것보다는 눈보라 때문에 밖에 나가 놀지 못해 집안에서 지루해 하는 아이들을 즐겁게 해주려고 노력하는 어머니에 관한 이야기를 하라. 그녀가 신문지로 해적모자를 만들고, 화장품으로 양끝이 치켜 올라간 코밑수염을 아이들 얼굴에 그려주고, 커다란 자를 해적의 칼로 이용하는 것에 관해서 말이다.

이 이야기로 일단 당신과 사람들 사이에 연결 고리가 형성되면, 기본 방침을 창조적으로 무시해 버린 병참 상사에 관한 다음과 같은 이야기를 할 수도 있다. '헌 군복은 모조리 폐기하라'는 기본 방침이 있는 군대에 어떤 남자가 입대를 했다. 낭비를 극도로 싫어하는 그는 훈련을 마친 신병들이 부대에서 지급받았던 특대 사이즈의 군복을 거의 입지 않은 채 반납한다는 사실을 알았다.

그는 특대 군복을 재사용하자고 상부에 요청을 했지만, 거부당했다. 방침상 안 된다는 것이었다. 그러나 그는 방침을 무시하고 어떻게든 그 군복들을 재사용하기 시작했다. 그리고 자신이 비록 방침을 무시하고는 있지만 명령에 불복종하고 싶어서가 아니라 낭비를 막고 싶어서였다는 것을 증거로 남기기 위해, 절약한 군복 비용을 기록으로 남기기 시작했다.

결국 그는 그렇게 남긴 기록 덕분에 1988년 정부 혁신 위원회로부터 훈장을 받았다. 만약 그가 덜 창조적인 사람이었다면, 처음부터 포기했거나 명령 불복종으로 징계를 받았으리라…. 바로 이러한 이야기들을 통해 적어도 모든 사람이 아둔하지는 않으며, 일부는 창조적이라는 것에 대한 동의를 당신은 얻어낼 수 있는 것이다.

사람들은 자신들의 견해를 한 번에 한 발자국씩 바꾸어 나간다. 만약 상대방에게 이야기를 통해 어떤 확신을 주고자 한다면, 그 사람과 함께 보조를 맞추어 서서히 당신이 원하는 방향으로 이끌어라. 그렇게만 한다면 사람들은 당신에게 훨씬 덜 저항을 느낄 것이다. 그리고 이야기를 할 때에는 당신이 말하는 이야기 속의 인물들이 실제로 존재하는 사람인 양(그것을 느낄 수 있도록) 세세한 점들을 조목조목 말하라. 그러면 청중들은 당신의 논지를 입증해 줄 그 인물들에 대해 나중에 좀더 쉽게 기억해 낼 수 있다.

당신이 한 번에 한 발자국씩만 그들을 이끈다면, 결국에는 그들도 당신이 보는 것을 볼 수 있게 된다. 당신과 청중 양쪽 다 이해할 수 있는 곳, 양쪽 다 동의할 수 있는 곳에서 이야기를 시작하라.

이야기를 하는 당신의 궁극적인 목적은 당신이 도달한 것과 동일한 결론에 도달하도록 청중들을 이끄는 것이다. 물론 하룻밤 사이에 당신이 그런 견해를 가지게 된 것은 아니다. 그럼에도 불구하고 청중들은 그래야만 한다고 생각한다면 그것은 아주 억지다.

당신은 이야기를 통해 당신이 단계적으로 밟아가면서 믿게 된 그 국면 속으로 청중들을 이끌어갈 필요가 있다. 그러면 청중들도 당신과 동일한 것을 믿게 되리라.

내 친구 한 명은 아주 어려운 일을 하고 있었다. 교도소 관리를 하는 데 있어 발생하는 모든 의사결정에 간수 전원이 자발적으로 참여하도록, 간수들의 관용심과 협조심을 키우는 훈련을 맡은 것이다. 하지만 그녀는 곧 자신이 아주 커다란 난관에 처해 있음을 깨닫게 되었다. 처음에 교도소장은 이것에 관한 자료를 간수들에게 요청했었는데 아무도 반응을 보이지 않았다. 그러자 소장은 간수들이 이 문제에 무관심하고, 의사결정과정에 참여하기 싫어하는 증거라고 지레 짐작을 하고는 포기해 버린 것이다.

그녀는 당연히 교도소장의 견해에 찬성하지 않았다. 그녀의 경험으로 미루어 보건대 분명히 간수들은 자발적인 참여의사 결정에 관해 관심을 가지고 있었다. 그들은 무관심한 게 아니라, 단지 두려워하고 있었던 것이다. 이 점을 교도소장에게 이해시키기 위해 그녀는 자신의 마음을 뒤바꿔 놓았던 경험을 이야기해 주었고, 그 이야기는 교도소장의 마음을 변화시켰다. 게다가 그녀는 교도소장에게 자신의 결론을 받아들이도록 억지로 밀어붙이지 않고, 그 스스로 결론을 내리도록 했던 것이다.

리더십 훈련을 하는 첫날, 그녀는 사람들에게 자신의 역할과 개인적인 스타일, 그리고 조직 내에서의 자신의 위치를 생각해 볼 수 있도록 하는 아주 간단한 실험을 하게 될 거라고 말했다. 그녀는 훈련 참가자들에게 자신이 '속한 곳'이라고 느껴지는 장소를 찾을 때까지 방안을 돌아다니라고 요구했다. 그러면 흔히 무리를 짓는 사람들이 보이고(보다 외향적인 성격의 사람들이다), 홀로 떨어져 있는 사람도 있으며(내향적인 사람들), 책 옆에 앉아 있기도 하고, 일부는 몸을 흔들면서 서 있기도 한다…. 이렇게 각자 타고난 차이점을 보여줄 만한 자세로 서 있는 게 보통이다.

간수들을 대상으로 강의를 시작한 날 아침, 그녀는 간수들 모두가 다양한 모습을 보여줄 거라는 기대감에 부풀어 있었다. 하지만 그녀가 "당신이 속해 있다고 느껴지는 장소를 찾을 때까지 방을 돌아다니십시오. 그리고 그 장소를 찾게 되면 그곳에 서 계세요"라고 지시를 내리자마자, 놀라운 일이 벌어졌다. 참가자들 모두 한사람도 빠짐없이 벽으로 곧장 걸어가더니 아무 망설임 없이 벽을 등지고 선 것이었다.

그녀는 교도소장에게 이 이야기를 함으로써, 간수들을 종전과 다른 시각으로 볼 수 있도록 그를 몇 걸음 앞으로 데려갔다. 만약 그녀가 아주 단순하게 "그들은 몹시 불안해하고 있습니다"라고 말했다면, 절대로 교도소장의 시각을 바꿀 수 없었을 것이다.

이야기는 사람들을 180° 변화시킬 수 있는 방향으로 자연스럽게 진행되어 간다. 다만 자칫하면 아예 움직이지 않았다고 생각할 정도로 아주 조금씩 움직이기 때문에 감지를 못할 수도 있다. 이때 온건하고 점진적인 방법을 쓰면 사람들의 저항을 피할 수 있다.

만약 당신의 청중이 억측(臆測)의 사다리 맨 위에 서 있다면, 이야기는 그녀를 달래서 한 번에 한 계단씩 내려오도록 하고 이번에는 당신의 사다리로 올라가 당신과 같은 시각에서 주변을 돌아보도록 할 수 있다.

물론 단 10분만 지나도 당신이 한 말을 사람들이 한 마디도 기억하지 못할 가능성도, 영향을 끼치려던 당신의 시도와 노력이 연기처럼 사라져 버릴 수도 있다. 하지만 이야기는 그것을 말한 사람이나 사건이 사라져버린 뒤에도 오랫동안 사람들의 기억에 남아 있다. 이것이 바로 이야기의 진짜 매력이다.

흑백 속에 빨간색 이미지를 만들어라

사람들이 기억하는 것이 전부 감정의 양극단(좋거나, 혹은 나쁘거나)에 놓여 있는 것들만을 뜻하지는 않는다. 도저히 잊을 수 없는 이야기로 인해 나쁜 기억을 간직하고 있는 사람, 다른 사람에게는 아무렇지도 않은 사건을 소중한 경험으로 기억하는 사람, 마음에 생생한 충격을 안겨다 준 경험을 한 사람 등등, 모두가 각자 나름대로의 잣대로 이야기를 기억한다.

좋은 이야기는 생생하고 감정적인 흥분을 자아내면서 서서히 청중들을 뜻깊은 이야기 속으로 이끌어 간다. 그리고 그들의 마음에 어떤 이미지를 각인시킨다. '후후 입김을 불어서 새끼 돼지들의 집을 쓰러뜨렸던 늑대 이야기'는 기억하지만, 수학시간에 선생님이 무엇을 가르쳐 줬는지에 대해서는 기억하지 못하는 것처럼….

사람들의 기억에 영원히 남아서 영향을 주고 싶다면, 이야기를 통해 가능한 한 생생한 이미지를 남기도록 하라. '쉰들러 리스트'에 나오는 빨간 옷을 입은 어린 소녀 같은 이미지를 말이다.

훌륭한 이야기꾼 모두가 공유하고 있는 비밀 아닌 비밀은, 이야기가 구체적이면 구체적일수록 청중들과 쉽게 연결된다는 것이다.

우리의 공통된 인간성을 감동시켜야 영향을 끼칠 수 있지만, 그 보편성으로 가기 위해서는 우리 자신의 독특함을 경유해야 한다는 사실에 어쩌면 놀랄지도 모르겠다.

사람들에게 그들 각자의 어머니를 떠오르도록 하고 싶다면, 당신 어머니에 대해 구체적으로 이야기하라. 그것도 아주 세세하게 말이다. 어머니가 처음으로 당신을 학교에 데려간 날, 어머니가 즐겨 입던 옷, 어머니가 몰던 유난히 클랙션 소리가 컸던 자동차 등등을 말이다. 그러면 당신이 일부러 지시하지 않아도 그들은 자신들의 어머니를 떠올릴 것이다. 나처럼….

나의 어머니는 변덕이 심한 데다가, 팔팔한 기운에, 사고력이 독창적인, 한 마디로 말하면 다혈질적인 성격의 소유자였다. 그녀는 평생을 교사로 지내셨는데 종종 학교에서 있었던 이야기를 나에게 해주셨다. 그 중에서 내가 가장 자주 써먹는 이야기를 소개한다.

언젠가 어머니는 초등학교 5학년 담임을 맡으셨는데, 될 수 있으면 미술을 이용한 수업을 하려고 하셨다. 어느 날, '어떻게 하면 아이들에게 좀더 확실하게 공룡에 관해 가르쳐 줄 수 있을까'를 궁리하시던 어머니는 종이로 공룡을 만들면 멋질 거라고 판단하셨다. 그리하여 금요일을 공룡의 날로 공포하셨다. 드디어 금요일 아침, 어머니는 엄청난 양의 풀(벽지를 바르는 데 쓰는 풀)을 준비하셨고, 아이들은 집에서 신문지를 가져왔다. 어머니의 멋진 아이디어 덕분에 아이들은 풀과 신문으로 뒤범벅이 된 채, 교실을 공룡의 보금자리라고 부르며 행복해했다.

하지만 불행하게도 어머니는 시간 예측을 정확히 하지 못하셨다. 오후 3시가 되었는데도 공룡은 겨우 절반밖에 태어나지 못했던 것이다! 하지만 문제될 것은 없었다. 어머니는 플라스틱 조각으로 풀을 덮고, 주변을 약간 정돈한 다음, 나머지는 월요일에 완성하자고 아이들에게 말했다.

월요일 아침이 되었다. 그런데 어머니가 교실 문을 열자마자, 토사물 냄새가 코를 찔렀다. 토할 것만 같았다. 금요일에 쓰다 남은 풀이 쉬어버린 것이다. 하지만 낭비를 싫어하시는 어머니는 평정을 잃지 않으셨다. 어머니에겐 더 이상의 풀이 없었고, 아이들은 공룡을 완성해야 했던 것이다. 아이들도 최선을 다했다. 그저 여기저기서 가끔 '웩웩' 거리는 소리가 날 뿐…. 어머니는 손재주가 있는 아이들에게 공책 종이와 테이프를 주면서 마스크를 만들라고 지시했다. 잠시 뒤 교실은, 30명의 꼬마 의사들이 병든 공룡을 치료하는 수술실로 변해 있었다.

어머니는 그 공룡들을 도서관의 축소 세트에 진열할 생각이었다. 하지만 적당한 색으로 색칠을 하고 난 뒤에도 그 공룡들은 제대로 서질 못했다. 많은 아이들이 곧 '제 것은 이상해 보여요'라고 여기저기서 울상을 지었다. 어머니가 흔들거리는 공룡과 이상하게 보이는 공룡을 육식 공룡 아래에 놓고, 어디에 붉은 페인트를 칠해야 하는지 시범을 보여주자, 아이들의 시무룩함이 곧 웃음으로 바뀌었다. 공룡의 피와 내장보다 아이들을 즐겁게 해줄 수 있는 것은 이 세상에 없었다.

무엇이 이 이야기를 기억에 남도록 하는가? 물론 많은 요소들이 있다. 재미, 메스꺼움, 기쁨, 놀라움, 공감, 책임감, 그리고 창조에 대한 열정 등…. 특히 풀이 상한 냄새와 같은 감각적인 요소들은 마음속에서 생생하게 다차원적인 경험을 만들어 낸다.

복잡한 개념을 기억하기 위한 장치로 이야기를 이용하자. 청중들이 당신의 메시지를 기억하지 못하는 한, 그들에게 영향을 줄 가능성은 없다. 이야기는 감정, 의미, 시공간의 차이 등을 기억하도록 해 준다.

당신 부서가 허리띠를 졸라매야 할 때, 부서 직원들이 실제로 행동을 하길 원한다면 '우리는 적은 자원으로 보다 많은 일을 해내야만 합니다' 라는 진부한 표현보다는 앞의 공룡 이야기가 훨씬 더 그들의 기억에 남을 것이다. 그리고 원하는 자원이 없어서 직원들 앞에 '토사물 냄새가 나는' 상황에 부닥쳤을 때, 그들이 당신의 이야기를 기억하고 있다면, 창조적인 해결방안을 찾으려고 한층 더 노력할 것이다.

좋은 이야기는 일종의 초월 상태를 유발한다. "짤막한 이야기를 하나 하겠습니다"라고 말했을 때, 상대방이 어떤 행동을 취하는지 관찰해 보자. 아마도 십중팔구 편한 자세로 바꾸고, 상체를 뒤로 기대면서 눈을 크게 뜨고, 심지어 턱까지 늘어뜨릴 것이다.

이야기는 이렇게 자각 상태에 변화를 일으킨다. 게다가 상상의 세계에 대해 확장된 자각도 불러일으킨다. 가령, 아이들과 공룡이 있는, 옴팍 쉬어버린 풀 냄새를 풍기는 교실이나 미래에 대한 꿈에 대해서 말이다.

이야기는 또 사람들을 이끌어 간다. 예민한 감수성이 활개를 치고 무한한 상상력이 활발히 기능하는, 젊은 시절의 자각 상태로 말이다. 바로 이런 이유들 때문에 당신과 당신이 주는 메시지가 온전하게 사람들의 마음 속으로 들어갈 수 있는 것이다.

사람들에게 최면을 건다는 건 무엇을 뜻하는 걸까? 가장 기본적인 수준에서 보면 느긋함과 공명하기 쉬운 상태로 사람들을 들어가게 한다는 의미이다. 경계하면서 방어적인 입장을 취하던 사람들이 당신을 받아들이는 때는, 당신이 그들에게 지시를 내리거나 억지로 마음을 바꾸려는 게 아니라, 단지 이야기를 들려주고자 할 때뿐이라는 걸 깨닫는 순간에 이루어진다.

재미있는 이야기를 들으면 혈압이 낮아지고 심장박동이 느려질 거라는 가설을 입증한 연구가 있었다. 당신의 목소리가 상대방을 편안하게 만드는 힘을 지니고 있어서 상대방의 긴장을 풀어버릴 수도 있고, 당신의 이야기가 아주 흥미로워서 그들의 주의를 돌리게 할 수도 있으며, 혹은 호기심이 발동해서 그들의 마음에 당신이 마음대로 그림을 그리도록 허락을 할 수도 있다.

거짓을 이야기 속 진실로 살려내라

이야기는 분명치 않은 기억을 실제로 있었던 일이라고 속여(?) 청중들의 마음에 심어둘 수 있다. 당신이 어린 시절의 어떤 사건을 기억하고 있는데, 그 사건이 실제로 일어났기 때문에 기억하고 있는지, 혹은 자주 그것에 관해 들어왔기 때문에 기억하고 있는지 정확하게 말할 수 없는 경우를 뜻하는 것이다.

같은 이야기를 반복하여 들려주거나 강력한 충격을 주는 이야기를 사람들에게 들려주면, 그들의 두뇌 속에는 세부사항들이 각인되고, 감정적인 마음은 이야기와 실제 사건을 구별할 수 없게 된다. 그래서 일단 이야기가 두뇌 속에 자리잡게 되면, 실제로 일어난 일을 기억하는 것처럼 되어 영향을 미치게 되는 것이다. 도시의 신화들이 바로 이런 식으로 창조된다.

라스베이거스에 도박을 하러 갔던 어떤 사람이 하룻밤 사이에 재산을 몽땅 날려버리고, 그것도 모자라 사채 빚까지 져서 도저히 갚을 능력이 안 되자, 수면제를 먹고 자살을 기도했다. 그런데, 불행히도(?) 죽지 않고 아침에 깨어났다. 이상한 것은 전날 밤에는 분명히 침대 위에 누워 있었는데, 일어나 보니 욕조 안이었다. 그래서 욕조에서 일어나려고 아래를 내려다보는데…! 이럴 수가! 암거래 시장에서 인체 장기를 파는 범죄자들이 이미 자신의 콩팥을 몽땅 다 떼어가 버린 뒤였다!

어떤 사람들은 이 이야기를 듣는 순간, 자신의 콩팥이 떨어져 나간 듯한 공포로 인해 최면에 빠지기도 한다. 그리고 그동안 들었던 그 어떤 이야기보다 더 깊게 그들의 잠재 의식 속에 각인된다. 이 이야기가 그들에게 아주 강한 충격을 주었기 때문에 시간이 조금 더 지나면 이것을 현실처럼 느낄지도 모른다. 그리고 일단 현실이라고 느끼면, 그들은 이것을 '사실'이라고 말한다.

사람들에게 영향을 끼치고자 할 때, 당신은 이 현상을 유리하게 이용할 수 있다. 당신이 하는 이야기가 실제로 경험한 것처럼 느껴질 정도로 강렬하다면, 청중들은 자신이 직접 그곳에 있었던 것처럼 이야기를 마음에 새기게 된다.

어떤 정부 관리가 자신의 상사에 대한 이야기를 들려주었는데, 그 상사는 직원들에게 '실수를 해도 좋으니 모험을 하라'고 입버릇처럼 말하곤 했다. 그러면서 자신이 한 말에 대해 책임을 진다는 것을 입증하기 위해 직원들과의 회합에서, '용서 쿠폰'이라는 도장이 찍힌 작은 표를 나눠주었다.

"저는 여러분에게 실적을 개선하고 비용을 절감하라고 말해 왔습니다. 하지만 여러분이 모험을 하려들지 않는다면, 아무것도 해낼 수가 없습니다. 그냥 제자리걸음만 할 뿐이죠. 자유로워지십시오. 질책이나 비난 혹은 희생양이 될지도 모른다는 두려움에서 벗어나십시오. 그래야만 모험을 할 수 있고, 목표를 달성할 수가 있습니다. 이것은 여러분의 실수를 용서하는 쿠폰입니다. 모두들 올해 말까지 두 장을 다 사용하시기 바랍니다."

그러자, 직원들 중 한 명이 "제가 먼저 쿠폰 한 장을 사용하겠습니다"라고 말하면서 자신의 쿠폰을 상사에게 내밀었다. 상사는 깜짝 놀랐다. '아니 벌써?' "대체 무슨 모험을 했기에 지금 나눠드린 쿠폰을 내놓는 겁니까?"라고 그가 묻자, 직원이 당당하게 대답했다.

"제가 쿠폰을 열 장 더 인쇄했거든요."

이 이야기를 들은 지 얼마 안 된 어느 날, 회의 중에 나는 무의식적으로 "행정 조직은 변화할 것이며, 공무원들도 좀더 능동적으로 바뀔 거라고 저는 믿습니다"라고 말하고 있는 나 자신을 발견했다. 나는 마치 그 용서 쿠폰이 나눠졌던 그 방에 있었던 것처럼 확신을 가지고 말하고 있었던 것이다. 마치 그 회의에 참석했던 것처럼 생각될 정도로, 나에게 그 이야기는 실제로 일어났던 사건이었다.

그 이야기는 내 마음 속에 존재하고 있던 실제 경험들 바로 옆에 저장되었고, 직접 겪었던 경험처럼 강렬하게 내 믿음에 영향을 주었다. 나도 모르게 나는, 우리 정부의 장래가 밝다는 것을 사람들에게 알려주고자 했었다.

나에게서 이 이야기를 들은 사람들이 마치 직접 경험했던 일인 양 다른 사람들에게 이야기하는 것을 나는 본 적이 있다. 어쨌든 "정부는 더 좋은 방향으로 변하고 있습니다"라고 밋밋하게 '사실'을 말했다면, 사람들이 내 말을 기꺼이 되풀이하지는 않았을 거라는 생각이 든다.

설득력 있는 이야기를 찾아내는 좋은 방법은, 당신을 현재의 위치에 서 있게 한 경험들을 돌이켜 보는 것이다. 당신에게 가장 강렬한 영향을 주었던 개인적인 경험들을 발굴해서, 청중들이 그 경험을 공유할 수 있도록 이야기 형태로 말하는 법을 익혀라. 당신의 그러한 경험이 생생하게 느껴지는 순간, 그들은 마치 자신이 그곳에 있었던 것처럼 당신의 경험을 함께 나눌 수 있다. 당신에게 영향을 줄 정도로 강렬한 이야기라면, 다른 사람들에게도 충분히 영향을 줄 수 있으리라.

'이성과 논리' 라는
무시무시한 함정

좋은 연극이 되기 위해서는, 대사 한마디 한마디가 호두나 사과와
같은 감칠맛을 지니고 있어야 한다.

　　　　　　　　　　　　　　　－ 존 밀링턴 신지(John Millington Synge.)

효험 있는 마법의 약을 잘 지어주기로 소문난 주술사에게 한 여자가 찾아와 간청했다. 남편의 사랑을 되찾아 줄 수 있는 사랑의 묘약을 지어달라고. 전쟁에 나가기 전에 남편은 따스하고 자상하며 잘 웃는 사람이었는데, 전쟁터에서 돌아온 뒤부터는 유머감각이 사라졌고, 툭하면 화를 내어 거리감이 느껴진다는 것이었다. 게다가 남편을 예전의 모습으로 되돌리려고 시도하면 할수록 상황은 더욱 악화되어, 이제 남은 유일한 희망은 주술사의 약뿐이라고 했다.

주술사는 그녀의 이야기를 참을성 있게 끝까지 듣고는, 그녀가 말을 마치자 이렇게 대답했다. "당신을 도울 수 있을 것 같긴 한데…, 좋아요! 사랑의 묘약을 만들어 주지. 하지만 약을 만들 때 필요한 재료 중에서 가장 중요한 한 가지는 반드시 당신이 구해와야만 합니다."

"좋아요! 뭐든지 시켜주세요!" 남편의 사랑을 되찾을 수 있다는 희망으로 가득 찬 그녀가 대답했다.

"사랑의 묘약을 만드는 데에는 반드시 살아 있는 호랑이의 수염이 필요해요."

다시 남편의 사랑을 얻을 수 있는 마지막 방법이었지만, 그녀는 심각한 고민에 빠졌다.

'도대체 어떻게 호랑이처럼 사납고 무서운 동물의 수염을 구할 수 있단 말인가? 그것도 살아 있는 호랑이의 수염을…. 그걸 구하다가 혹시 죽게 되는 건 아닐까….' 그녀는 방법을 알려달라며 주술사에게 매달렸지만, 주술사는 고개만 가로 저을 뿐이었다. 모든 것은 그녀 스스로 해결해야만 했다.

다음 날, 그녀는 마을 사람들이 언젠가 호랑이를 본 적이 있다고 가르쳐준 곳으로 가보았다. 하지만 호랑이는커녕 고양이 발자국조차 없었다. 두 번째 날이 되자 호랑이에게 발각되지 않고도 숨어 있을 만한 장소를 발견한 그녀는 그곳에서 하루종일 호랑이를 기다렸다. 그래도 여전히 호랑이는 나타나지 않았다. 그렇게 몇 주가 지났다. 하지만 그녀는 절대 포기하지 않았다.

그러던 어느 날, 마침내 호랑이의 기척이 느껴졌다. 기쁨에 찬 그녀는 꼼짝 않고 숨어서 기다렸다. 하지만 아쉽게도, 그녀의 냄새를 맡았는지 호랑이는 달아나 버리고 말았다. 꿈이 곧 실현될 줄로 알았던 그녀는 실망이 컸지만, 그래도 포기하지 않고 기다렸다. 그리고 또 일주일…, 그녀는 다시 한번 더 호랑이를 볼 수 있는 기회를 얻었다. 이번에는 그녀에게 호기심을 느낀 호랑이가 달아나지 않고 그녀 주위를 맴돌았다….

그녀는 천천히 호랑이와 친해지기로 마음먹었다. 그래서 맛있는 것도 가져다 주고, 자신이 믿을 수 있는 존재라는 걸 전해주기 위해 조심스럽게 손을 뻗어 등을 쓰다듬어 주기도 했다. 그렇게 여러 달

동안 노력을 기울인 결과, 마침내 호랑이는 쓰다듬어 주는 그녀의 손길 아래에서 깊은 잠까지 자게 되었다. 그리고 호랑이가 깊이 잠들자, 그녀는 아주 예리한 칼로 호랑이의 수염 하나를 잘랐다.

드디어 호랑이의 수염을 얻은 그녀는 당장 주술사에게 달려가 사랑의 묘약을 만들어 달라고 재촉했다. 그러자 주술자가 웃으면서 이렇게 대답했다.

"당신에게 사랑의 묘약은 필요 없을 것 같군요. 호랑이 수염 따위는 당장 집어던져 버리세요. 그리고 당신이 그 수염을 얻을 때까지의 과정 중에서 깨달았던 지혜를 마음 속 깊이 새기세요. 그 지혜가 남편의 사랑을 다시 얻게 하는 열쇠가 될 겁니다."

— 에티오피아 설화

영향력은 '결과'가 아니라 시작·중간·끝으로 이루어진 '과정'이다. 그리고 장기간에 걸쳐 서서히 나타나는 것이기에 단 한 번의 행동으로는 절대 먼지만큼의 영향력도 끼칠 수 없다. 영향력이란 짤막한 일화도, 미니시리즈도 아니다. 서사시처럼 기나긴 여정인 것이다.

'신속한 결정'의 오류

서사시와 같은 이야기들 속에서 되풀이되는 주제 중 하나는 정의와 불의간의 싸움이다. 하지만 혹시 이걸 알고 있는지? 정의와 불의는 '옳거나 그른 사실'이 아니라, '옳거나 그르다고 느껴지는 감정'이라는 걸….

사람이라면 누구나 불의에 대한 경험을 적어도 한 번쯤은 해봤을 것이다. 그리고 자신이 저질러 놓은 행동의 결과를 책임지지 않으려고 계속 피해 다니는 악당(?)도 한 명 정도 알고 있을 것이다. 만약 당신이 그 위에 서사시적인 구조물을 덮어 씌운다면? 즉, 이걸 소재로 하나의 서사시적인 이야기를 만들어 사람들에게 해준다면? 이런 이야기를 연상케 하는 짤막한 토의가 아주 중요한 논쟁으로 바뀔 수가 있다. 예를 들어 볼까?

미국 남부의 조그만 도시 시의회는 이번에 낙후된 도로들 중 한 곳을 개발할 시안을 가지고 있다. 마틴 루터 킹 도로와 엘름 도로는 둘 다 똑같이 낙후되어 있지만, 그 중 어느 한 곳을 선정하여 먼저 개발해야 한다. 그렇다면 '의원들이 의견을 수렴해 의원들의 주장에 따라 그 둘 중에서 아무거나 먼저 개발하면 될 것 아닌가?'라고 간단하게 생각할 지도 모르겠다. 하지만 사실 이 문제는 도심 개발에 관한 간단한 문제가 아니다. 흑백 인종이 섞여 있는 이 시의회에서는 어떤 문제든, 그 저변에는 3백년 전부터 시작된 인종간의 갈등과 감정이 깔리게 되는 것이다.

의장은 논리적이며 이성적인 분석과 정형화된 업무 진행 절차를 통해 빨리 결론을 내릴 수 있으리라고 생각했다. 의사봉과 논쟁 금지규칙이 의사 진행을 매끄럽게 할 것이라고도…. 실제로 시의회는 그것들을 이용해 빠른 결정을 이끌어냈다. 하지만, 결정이 난 지 6개월이 지났음에도 불구하고 승인된 계획에 대해서 아무런 시행이 이루어지지 않았다. 의원 두 명은 서로 번갈아 가면서 인종차별에 관한 이야기를 언론에 흘리고 있었고, 곧 의장은 여러 곳에서 공격을 받게 되었다.

확신하건대, 빠른 결정이 곧 참다운 영향력을 의미하지는 않는다. 비이성적인 감정이나 논점을 고려하지 않고 끌어낸 이성적인 결정은 숙명적으로 방해받을 운명에 처하게 된다. 너무 서둘러 찬성을 이끌어내면, 성공적인 영향력에 대한 일시적인 환상을 만들어낼 뿐이다. 장기간에 걸쳐 이끌어낸 결정이 진짜 영향력을 발휘한다. '과연 어떤 결정이 옳은 것이었냐' 하는 문제는 그다지 중요한 사안이 아니다. 사람들이 그 결정을 좋아하지 않으면, 그 일은 예상했던 대로 진행되지 않기 때문에.

영향을 미치는 데 있어, '핵심'과 '신속'이라는 두 단어는 마치 마법 지팡이처럼 알려져 있다. 사람들은 예부터 지금까지 '즉각적인 영향력'이라는 성배를 찾고 있다. 특히, 정보화 시대가 도래하면서부터 오직 스피드만이 의사결정의 유일한 요인으로 작용하고 있는 모습도 자주 보인다. 그러나 단지 몇 마디의 말로 대중을 움직일 수 있다는 생각은 무척 위험하다. 그런 몇 마디의 말은 이 세상에 존재하지도 않는다. 인간의 행위는 오랜 시간에 걸쳐 전체 맥락 속에서, 그리고 사람들의 느낌에 따라 영향을 받기 때문이다.

당신의 진짜 목표가 사람들의 행동에 영향을 미치는 것이라면? 어떤 사건이나 결정에 초점을 맞추지 말라. 그것은 근시안적인 생각에 불과하다. 행동은 기본적으로 감정에 의해 자극을 받는다. 그리고 영원히, 정말로 영원히, 행동은 감정의 포로가 될 것이다.

감정에 영향을 주는 연금술은 주로 한 가지 성분, '인간의 관심'에 기초한다. 분노나 근심과 같은 부정적인 감정은 흔히 혼자 있을 때 증상이 더욱 악화된다. 오직 관심이라는 묘약과 지켜보는 치유력만이, 부정적인 감정이 가지고 있는 파괴력을 제거할 수 있다. 특히 '나는 무시당했다'는 감정은 절대 사라지지 않는다. 오히려 점점 더 힘을 가지게 되고 악화되고 만다.

시의회의 의장이 영향력을 제대로 이해하는 사람이었더라면, 의사봉만을 '탕탕' 내려침으로써 논쟁을 막아버리고 결정을 끝내버리기보다는, 그들의 진실한 이야기가 전면에 나올 수 있도록 격려했을 것이다. 그렇게 과거의 역사(인종차별에 관한)를 회의장으로 끌어들여, 그 모든 문제점들이 정당하게 토론의 일부가 될 수 있도록 부추겼을 것이다.

의사 결정과 직접적인 관련이 없다고 세밀한 감정들을 무시하지 말라. 그것들은 실행 단계에 영향을 미친다. 당신 혼자서 모든 일을 실행할 수 없다면, 실무자들의 감정을 무시하지 말라. 일단 진솔한 감정이 사람들 앞에 노출되면, 그 다음부터는 대화나 관심 분야에 관해 쉽게 집중할 수 있다. 이야기는 협력적인 행동을 촉진할 수 있고, 방해할 수도 있는, 그리고 숨겨진 경향을 노출시킬 수도 있는, 가장 빠른 방법이다.

'개런티' 라는 착각에 빠지지 말라

　당신이 타인에게 어떤 영향력을 발휘하려 한다고 가정해 보자. 최고경영자로서 직원들을 교육시키기 위해, 혹은 학교 선배로서 후배에게 어떤 지식을 가르쳐주기 위해…. '이거면 사람들에게 확실히 영향을 미칠 수 있다' 고 장담하는 전략을 가지고 있는가?

　타인에게 영향력을 미치려고 노력했지만 아무런 반응을 얻을 수 없었던, 그런 때가 있었을 것이다. 하지만 반응이 없다고 실망하지 마라. 반응이 없는 이유를 이해하면, 지금 당신의 눈앞에 보이는 것보다 훨씬 더 큰 그림을 이해할 수 있다.

　하지만 완전한 영향력이라고 해서 반드시 완전한 해피엔딩으로 끝난다고 단정지을 수도 없다. 모든 '아니오' 를 '예' 로 바꿀 수 있다면, 손에 닿는 것은 무엇이든 황금으로 만들어 버렸던 미다스 왕처럼 생을 마감할 수도 있다. 미다스 왕이 만지는 모든 것은 황금으로 변했지만, 바로 그 손길이 그의 삶조차 빼앗아갔던 것을 기억하라!

　어떤 사람들은 공적인 지위가 사람들에게 영향을 미칠 수 있는 '마법의 비약' 이라고 믿고 있다. 물론 공적인 지위가 당신의 목소리를 크게 들리도록 만들어줄 수 있다. 하지만, 권위나 지위가 한낱 신기루에 불과할 때도 있다. 실제로는 진실한 영향력을 미치지 않음에도 불구하고, 지위라는 허울이 사람들에게 진실한 영향력을 주고 있다고 믿도록 만들기 때문이다. 그러나 지위를 이용한 영향력이란 오래 가지 못한다.

오랜 세월 동안, 혁명을 주도해 온 사람들은 다른 사람들에게 설득 당하지 않은 사람들이었다. 계급 조직은 권위의 환상을 지탱하기 위해 정보와 자원과 보상의 흐름을 통제했었다. 이제 그런 통제는 나날이 약화되어 가고 있다. 정보사회로 진입한 지금, 정보에의 다양한 접근 가능성과 그것을 선택하는 자유는 진짜 권위가 더 이상 존재할 수 없음을 의미한다.

당신이 영향을 미치고자 하는 사람도 정보에의 접근 가능성과 선택의 자유라는 측면에서 당신과 동등하다고 가정하는 게 안전하다. 더불어 그릇된 권위 의식(가령, '나는 사장이다. 그러므로 너는 …해야 한다' 따위)에 매달려 있는 건 아주 위험하다. 그것은 당신의 시야를 좁힌다.

영향력이란 대부분 당신이 이야기를 하고 난 후 무대 밖으로 나왔을 때에야 비로소 발생한다. 진정한 영향력은 당신이 무대를 떠난 뒤에도 지속적으로 발휘된다. 바로 그때서야 당신이 인용한 전혀 색다른 이야기로부터 발전되어 온 놀라운 변화를 깨닫게 되리라.

일단 이야기를 하고 나서는, 뒤로 물러서자. 그리고 무대를 청중들에게 넘겨주자. 당신의 이야기가 청중들의 감정과 매끄럽게 융합되지 못하면, 아직 당신의 일이 끝난 게 아니다. 보류상태인 것이다.

한 발짝 뒤로 물러서면, 당신보다 더 현명하고 경험이 많은 사람들의 이야기를 분명히 들을 수 있다. 당신보다 더 똑똑하다고 생각하는 사람들의 이야기를 더 주의 깊게 들어라. 멈추어 서서 잠시 한숨 돌리고, 곰곰이 생각해서 당신의 대사를 수정하라. 당신 이야기의 많은 장면을 다시 쓰거나, 필요하다면 완전히 바꾸어도 좋다.

많은 사람들은 '앞장서서 이끌어 가는 것' 이 지속적인 협력을 유지하는 방법이라고 생각한다. 협조가 제대로 이루어지지 않을 때면, 그들은 앞장서거나 감시 체계를 가동시킴으로써 복종을 이끌어 낼 수 있다고 생각한다. 그러나 협조가 제대로 이루어지지 않고 실행이 잘 안 되는 이유는 망각 때문이 아니라, 영향을 미치는 데 실패했기 때문이다.

사실, '망각' 은 실패한 영향력의 한 형태이다. 진정한 영향력은 끊임없이 상기시켜 주지 않아도 행동을 변화시킨다.

사람들이 제대로 따르지 않을 때, 숨겨진 어떤 힘이 표면상의 동의에 대항하여 작용하고 있다는 것을 이해하자. 일단 그 사실을 이해하고 받아들이면, 당신은 그것을 이야기 속에 짜 넣을 수도 있고, 이야기를 바꿀 수도 있다. 아니면, 새로운 이야기를 찾아내거나….

저항을 관찰하라

시가지 개발을 위해 고군분투하고 있는 시의회로 다시 돌아가 보자. 사실 어떤 계획이 사람들에게 진정으로 받아들여지기 위해서는, 실제로 회의실에 앉아 있는 사람들보다 더 많은 사람들이 관여해야 한다. 시의회 의장은 신속한 결정을 내리려고 욕심을 부린 나머지, 선거구 주민들의 의견을 들어볼 기회를 전혀 갖지 않았다. 의원들이 이 계획에 심사숙고 해보고, 검토할 기회도 주지 않았던 것이다. 의장은 간단한 몇 마디의 말로 영향력을 행사할 수 있다고 생각했기 때문에, 이 중요한 단계를 무시했다.

결정된 사항에 대한 소식을 가지고 의원들이 선거구로 돌아갔을 때, 그들은 깜짝 놀랐다. 의원들 모두가 주민들에게 불신을 받게 된 것이다. 그러한 불신은 이미 결정된 사항에 대한 시민들의 지지를 어렵게 만들었다. 좁은 회의실에서 이루어진 기분 좋은(?) 타협이 주민들에게는 배신처럼 느껴졌던 것이다.

그 결정에 관여하지 못했다는 느낌을 가진 양측 주민들은 그들의 대표자에게 '배신자' 라는 딱지를 붙였다. 그 딱지는 의회의 '공동 협력' 이라는 새로운 이야기가 가지고 있는 의미를 퇴색시켰다. 그리고 배신자라는 딱지를 달고 다니기 싫었던 의원들은 슬그머니 합의 사항을 포기하고 나 몰라라하게 되었다. 그 새로운 결정은 과거의 긴 사연(흑백 인종간의 묵은 감정)에 대항할 만큼 감정적인 동기를 끌어내지 못했다.

당신이 추진하고자 하는 새로운 생각이 어떤 것이든, 반드시 이러한 과거의 이야기들과 맞닥뜨리게 된다. 이것을 우리는 '저항' 이라고 부른다. 하지만 저항이라는 것이 비합리적인 어두운 측면을 말하는 건 아니다. 저항에는 항상 이야기가 따른다. 당신의 새로운 아이디어에 대한 저항 이야기를 이해하면, 과거의 그 이야기보다 훨씬 더 매력적인 새 이야기를 전달할 수 있다. 저항의 이야기가 무엇인지 미리 알아둔다면, 늦기 전에 이 이야기를 변화시킬 수도 있다.

성공적으로 영향력을 행사하기 위해서는, 당신의 아이디어와 대항되는 이야기들을 이해할 필요가 있다. 회의실 안에 있던 사람들의 감정이 바깥 사람들의 관심에 의해 영향을 받듯이, 바깥에 있는 사람들의 감정도 관심에 의해 영향을 받는다.

시의회는 인종간의 긴장과 감정이 해소될 정도로 공개 토론이 충분히 이루어질 때까지, 최종 결정을 미룰 수도 있었다. 또 화난 주민들의 이야기를 들은 다음에도 모든 의원들이 계속 주장할 수 있는 그런 이야기를 개발하는 데 더 많은 시간을 투자할 수도 있었다.

보이지 않는 힘을 활용하라

두뇌 속의 되감기 버튼을 눌러보자. 시의회 의장이 취할 수 있었던 또 다른 방식이 있지 않았을까? 이렇게 말이다.

정장을 차려입은, 아주 심지가 굳은 백인 여성 의장이 회의를 하기 전에 의원들을 위해 맛있는 쿠키를 구워왔다. 그리고 회의에서 그 쿠키의 요리법에 대한 이야기를 천천히 한다고 상상해 보자. 아마도 의회의 나머지 사람들은 깜짝 놀랄 것이다. '이 쿠키 요리법이 안건과 무슨 상관이 있지?'라고 말이다. 당신도 이렇게 생각하고 있지 않은가? 하지만, 끝까지 들어 보자. 왜 의장이 뜬금 없이(?) 쿠키를 굽는 요리법에 대해 이야기했는지 알게 될 것이다.

의장은 진실한 애정이 담긴 눈빛으로 '이 요리법은 할머니의 친구인 테스가 알려준 것이며, 테스는 흑인이었다'고 말했다. 자신의 어머니가 테스 할머니의 손녀들과 놀지 말라고 했을 때, 그녀가 느낀 혼란과 당혹감을 말하고 있다고 상상해 보자.

그리고 의장의 소망은 의회가 '인종차별'이라는 수치를 극복하고, 세상 물정을 모른다거나 교묘한 조작을 하고 있다는 오해를 받지 않고 새로운 해결책을 찾는 것이라고 말하는 걸 상상해 보자.

이런 이야기는 첫날부터 모든 것을 바꿔놓을 수도 있다. 아니, '그 의장은 믿을 만하고 분별력이 있다' 는 이야기를 여러 해 동안 들어온 상태에서 의원들이 회의장에 들어섰다면, 결과는 어떻게 나왔을까? 그리고 그 결과에 대해 사람들은 어떻게 반응했을까?

당신이 영향력을 행사하고자 하는 사람과 관계를 발전시켜 나갈 수 있는 최적의 시기는, 당신이 그들의 도움을 필요로 하기 전이다. 내 워크숍 참가자 중 한 명은 언젠가 자신의 아버지에 관한 이야기를 해주었는데, 바로 영향력이 형성되는 시점에 관한 이야기였다.

톰의 아버지는 지역 정치계에서 막강한 영향력을 지닌 사람이었다. 일단 어떤 후보를 지지하기로 마음먹으면 후보자의 전화를 무료로 가설해 주었을 뿐만 아니라, 선거용 팻말까지 제작해 주었다. 그의 이름을 모르면, 그 지역 정치계에서 제대로 활동을 할 수가 없을 정도였다. 그는 또 노동 조합원이기도 했다.

톰의 가족은 아버지의 모든 행동이 영향력을 행사하기 위한 기초 작업이라는 것을 일찍부터 이해하고 있었다. 대공황 당시 톰의 가족이 웨스트 버지니아에 살고 있을 때, 아버지는 크리스마스 때마다 술과 계란을 섞어 만든 음료를 엄청나게 많이 만들어 그 지역에 사는 모든 이들에게 나누어 주었다. 그 선물과 우정은 곧 지역 사람들의 마음에 아로새겨졌고, 그 결과 시장과 보안관도 그를 알게 되고 좋아하기까지 되었다. 그런 일련의 귀찮고 힘든 행동들이 어떤 결과를 가져다줄까 의아해 하며 톰은 어린 시절 아버지에 대해 적지 않은 불만을 갖고 있었다. 그로부터 십여 년 후….

미국 전역에 파업 바람이 불어닥치며, 톰의 아버지가 근무하고 있던 공장에서도 파업이 시작되었다. 파업이 한창 진행되고 있을 때, 노동 조합원이던 톰의 아버지는 시장과 보안관의 도움이 필요했다. 파업을 중단시키기 위해 사장이 외부에서 노동자들을 데려와 일을 시켰기 때문이었다. 사장은 임시로 고용하고 있는 노동자들이 작업장에서 잠을 잘 수 있도록 매트리스까지 사무실에 들여놓았다. 이런 상태에서는 노조나 회사측이나 어느 쪽도 득이 될 게 없었고, 오히려 난항만 겪을 게 뻔했다.

톰의 아버지는 할 수 없이 조합원으로서 시장과 보안관에게 도움을 청했다. 그리고 결국, 시장이 사장에게 '사무실은 합법적인 숙소가 아니다' 라고 공표하고, 보안관에게 매트리스를 치우도록 명령을 내림으로써 파업을 중단시키고, 노사는 서로 만족할 만한 합의에 도달할 수 있도록 도움을 주었다.

당신이 사람들과의 긍정적인 관계 형성을 위해 노력하고 있다 하더라도 그 결과가 당장 눈앞에 보여질 거라고 너무 큰 기대를 걸지는 말자. 당신이 쌓아 놓은 긍정적인 영향력을 이용할 수 있는 날이 언제가 될 지는 예측할 수가 없기 때문이다. 하지만 그 날은 반드시 올 것이다.

변화란 성격을 바꾸는 것이 아니다

나는 어느 회사의 직원 70명을 대상으로 컨설팅을 해달라는 제의를 받은 적이 있다. 내부직원들을 만나려고 그 회사에 가던 날, 그 날은 회사에 아주 중요한 날인 것 같았다. 사람들은 여기저기 뛰어다니면서 물건의 위치를 바꾸기도 하고, 서로 큰소리로 대화를 나누기도 했다. 몹시 혼란스러워 보였다.

나는 마크라는 컨설턴트와 함께 이 프로젝트를 추진할 예정이었다. 마크가 문을 열고 들어오는 것을 보자, 나는 그가 이런 정신 없는 분위기에 대해 한 마디 하리라고 생각했다. "도대체…, 이게 무슨 난리죠?"라고 말이다. 하지만, 그는 성큼성큼 다가와 손에 들고 있던 시원한 물 한 병을 나에게 건네면서 이렇게 말하는 것이 아닌가! "우리, 저 혼란스러움에 참여하는 게 재밌지 않겠어요?"

전혀 뜻밖이었지만, 바로 이것이었다. 그는 이게 무슨 일이냐고 묻지도 않고 비판하지도 않았다. 그는 다만 환한 미소를 지었고, 나도 미소로 답했다. 마크는 그렇게 일상적인 행동을 통해 그와 접촉하는 모든 사람들에게 '자신이 누구'이며 '왜 이곳에 있는지'에 대해서 말한다. 그는 일터와 가정에서 동일한 성격을 보여준다. 바로 그런 정직한 성격 덕분에 그는 필요할 때마다 쉽게 사람들의 관심을 끌어들일 수 있다. 자신이 누구이며, 왜 이곳에 있는지에 대한 삶의 이야기가 정직하다면, 그 이야기를 다른 사람들에게 들려주는 데 많은 시간을 낭비할 필요가 없다. 사람들은 이미 알고 있으니까.

'나는 누구인가'와 '나는 왜 이곳에 있는가'라는 이야기는 사람들이 지켜본 당신 삶의 이야기와 당신이 의식적으로 말한 이야기의 조합이다. 다른 사람들의 관심을 끄는 것과 당신의 성격을 발전시켜 나가는 것은 동시에 일어난다. 당신의 외모, 자세 그리고 말투가 당신이 말하는 것보다 더 많은 이야기를 사람들에게 하기 때문이다. 그리고 다른 사람들의 마음 속에 당신의 성격은 형성되어 간다. 영웅으로, 악당으로, 구원자로, 조종자로, 수심에 가득 찬 소녀로, 심술궂은 여자로, 착한 척하는 사람으로, 쓸모 없는 사람으로….

우리는 연극을 통해서 성격 발달에 관해 많은 것을 배울 수도 있다. 극작가는 그 인물이 어떤 성격의 사람인가를 알리기 위해 대화, 의상, 특정한 정보들을 이용한다. 현실 속의 삶에서도 마찬가지다. 당신이 진짜 누구인지를 알 수 있는 사람은 아무도 없다. 당신이 누구인지 알고 싶어하는 사람들이 할 수 있는 최선은, 직접 보고들은 것과, 당신과 함께 한 상호작용과, 다른 이들이 당신에 관해 말한 정보들을 합하여 결론을 끌어내는 것이다.

만약 당신 스스로 자신에 대해 갖고 있는 생각과 사람들이 당신에 대해 하는 이야기가 전혀 다르다면? 그것이 성격적인 특성 때문이든, 당신에 대한 다른 사람들의 이야기 때문이든 간에, 당신은 그 차이를 정확히 알고 있을 필요가 있다.

연극을 한 편 보고 있다고 상상해 보자. 극중 인물들이 '잭슨'에 관해서 모두 똑같이 흥을 보는 것이다. 그들은 입을 모아 '잭슨'이 얼마나 인색한 사람인지에 관해 한참 이야기를 했다. 그 다음 바로,

그 잭슨이 무대로 걸어나와 "저는 아낌없이 마구마구 퍼주는 사람입니다"라고 말했다고 상상해 보자.

관객들은 '그'가 인색할 뿐만 아니라, 거짓말쟁이라고 판단해 버릴 것이다. '당신이 누구'이며, '왜 이곳에 있는가'에 대한 다른 사람들의 견해를 항상 귀담아 듣도록 하라. 만약 다른 사람들이 당신을 '무능하고, 불성실하며, 무식하다'고 매도하고 있다면, 먼저 이런 비판적인 견해를 바꿔놔야 한다. 그렇지 않고서는 영향력을 행사할 수가 없다. 물론, 사람들이 솔직하게 생각을 말해 주지 않으려 할 때도 있을 것이다. 그럴 때는 당신이 그동안 다른 사람들에게 이야기했던 것을 깊이 숙고해 봐야 한다. 당신의 이야기가 다른 사람들에게 협력적으로 느껴질 때, 비로소 그들은 당신과 이야기하는 게 안전하다고 느낄 것이다.

당신에 대해 근거 없는 혹평이 따라다닌다고 생각하는 건 위험한 일이다. 사람들의 종합적인 평가 안에는 아주 사소한 일들도 큰 비중으로 차지하고 있다. 예를 들어, 방금 당신이 주차장에서 새치기하는 사람을 만났다고 하자. 그런데, 바로 직후에 그 사람과 마주 앉게 되었다고 상상해 보자. 어떤 생각이 들겠는가? 신뢰는 아주 사소한 것에서부터 시작된다.

좋은 이야기가 옳은 이야기는 아니다

　마이크로소프트(MS ; Microsoft) 사에 다니고 있는 나의 절친한 친구의 이야기를 들려주고자 한다. 이 회사는 지난 크리스마스 직전, 어떤 자선단체를 회사의 전체 회합에 초청했다. 소문을 들은 내부 직원들은 모두 '보나마나 뻔해, 자선단체가 바라는 건 오직 돈뿐이야' 라고 생각했다. 하지만 그건 착각이었다.

　그 자선단체 대표는 자신들을 홍보하는 데 많은 시간을 할애하지 않았다. 그녀는 간단한 몇 마디 말로 자기 단체에 대한 신뢰성을 심어주었던 것이다. 그녀는 그 해에 일어난 홍수의 피해에 대해 간략하게 말하고 나서, 음악과 슬라이드 필름으로 '이야기' 를 대신 전했다. 슬라이드 필름은 홍수로 무너져 내린 집 앞에 서 있는 아이들, 구호소의 간이침대에 웅크린 채 자고 있는 아이들의 모습을 생생하게 보여주었다. 배경음악으로 흘러나오는 고요한 클래식도 직원들의 감정을 흔드는 데 한 몫 거들었다. 아무 말도 필요없이 영상과 음악이 결국 직원들을 감동시켰던 것이다.

　자선단체는 그 해에 일어난 홍수 때문에 피해를 입은 이들의 자녀들이 크리스마스 때 선물을 받지 못할 것에 대비해 기금을 조성하고 있던 중이었다.

　사실, MS 직원들은 그동안 '마이크로서프(Microserf : MS 사의 노예, MS 사의 직원들을 비꼬아서 하는 말—옮긴이) 들이라는 평을 받고 있었다. 하지만 직원들이 그 슬라이드를 보고 난 후, 그들은 '소프티스 (Softies : 부드러운 사람들, MS 사의 뒷글자를 비유적으로 표현한 단어—옮긴이)'가 되었다.

직원들은 감동적인 슬라이드를 통해 자신의 아이들처럼, 피해를 입은 사람들의 아이들도 똑같이 '크리스마스 선물'을 받을 수 있어야 한다는 생각을 갖게 되었던 것이다.

누군가 이야기하는 법과 청중들의 마음 속에서 선한 면을 끌어내는 법을 알았기 때문에, 그 해 크리스마스에는 많은 아이들이 장난감을 받을 수 있게 되었다.

우리는 각자 다양한 이야기를 지닌 채 살아간다. 하지만 시간이 흐르면서 지나친 단순화로 인해 '좋은 사람'과 '나쁜 사람', 이렇게 두 부류의 사람들만이 존재하게 된다. 당신이 영향을 미치고자 하는 상대 또한 그런 두 부류로 단순화되는 사람일 것이다. 당신은 이야기를 통해 그들 내부에서 '좋은 사람'을 끌어내야만 한다. 좋은 이야기는 거울과 같다. 당신의 이야기를 듣는 사람들은 그 거울을 통해 자신의 내면을 들여다본다.

이야기는 마법과도 같다. 진정한 우리 자신을 일깨워 주고, 깊은 곳에 숨어 있는 감정을 꺼내어 보여주고, 자신을 드러내준다. 당신의 이야기는 사람들 내부에 있는 가장 아름답고 긍정적인 가치만을 끌어내는 힘을 가지고 있다.

결국에는 좋은 이야기가 승리한다. 그러나 여기서 잠깐! '좋은 이야기 = 옳은 이야기'라고 착각해서는 안 된다. 사람들을 설득시키는 이야기가 반드시 옳은 이야기도 아니며, 가장 많이 회자되는 이야기도 아니다. 가장 많은 사람들에게 가장 큰 의미를 부여하는, 가장 오래 기억되는 이야기가 정말로 '좋은 이야기' 다.

　직원들에게 희망을 심어주는 이야기이든, 유죄 평결을 끌어내기 위해 배심원들의 정의감에 초점을 맞춘 이야기이든 간에, 당신의 이야기는 당신이 보여주고 싶은 화면으로 채널을 돌리는 역할을 한다.

　사람들에게 영향을 미치기 위해서 그들이 틀렸다는 사실을 확신시킬 필요는 없다. 설사 자신이 틀렸다는 사실을 인정하도록 했다 하더라도, 그때부터 승산 없는 싸움이 된다. 왜냐하면 그 순간 상대는 성난 이기적인 자아를 드러내기 때문이다. 이기적인 자아는 자신이 주장하는 것에 대치되는 결론이 도출됐을 때 맹목적으로 대항하는 버릇을 가지고 있다.

　상대방의 이기적인 자아가 들추어질 때까지 감정을 고조시키지 말라. 당신의 의견에 동의한다 하더라도 그것은 진정한 설득이 아니다. 그들을 궁지로 몰아가지 말자. 깎아 내리지도 말자. 그냥 그들이 편안히 앉아 당신 이야기를 즐길 수 있도록 내버려두자. 그들의 감각과 감정을 일깨워 상상력을 자극하고 활성화시키자. 소리, 음악, 그림, 상상력, 유머, 대화, 촉감 등등…. 그들이 실제처럼 느낄 수 있는 모든 것들을 사용해서 그들의 의식과 잠재의식에 감동을 심어주는 이야기 속으로 그들을 끌어들여라.

짧은 이야기가 반드시 강렬한 것은 아니다

긴 이야기를 하려고 마음먹었다. 하지만, 이야기의 길이 때문에 왠지 꺼림칙하다. '혹시 너무 길어서 듣는 사람들을 질리게 하지는 않을까?'라는 생각 때문에…. 하지만 짧은 이야기는 긴 이야기만큼 영향력이 크지 않다. 가장 좋은 방법은 적극적인 포즈로, 함께 걸으며 긴 이야기를 하는 것이다.

예를 들어, 노숙자에 관해서, 합병의 이익에 관해서, 승진과 퇴사에 관해서 말하고자 한다면 당신은 대화의 주제가 되는 곳으로 가장 먼저 달려가, 보고 느끼고 냄새 맡고 들을 필요가 있다. 물론, 마음 속으로 말이다! 이런 상상만으로도, 이야기를 하는 당신의 말투는 극적으로 달라지게 될 것이다. 이야기를 하는 대다수의 사람들은 멈칫거린다. 그들은 이야기를 하는 바로 '이곳'에 단단히 매달려서는 그들의 이야기가 있는 '그곳'으로 가려 하지 않기 때문에….

많은 사람들이 이야기를 할 때 머뭇거리는 이유는 자신이 상대에게 어리석거나, 진부하거나, 교활하거나, 혹은 비전문가처럼 보일까봐 두려워하기 때문이다. 심지어 어떤 사람들은 이야기를 한다는 것 자체가 자신의 신뢰성에 해가 될 거라고 염려한다. 이건 말도 안 되는 소리다. 하긴 정말로, 우리는 때때로 다른 사람들 앞에서 '인간적'이 되는 걸 두려워하기도 한다. '인간적'이라는 단어가 '감정적'이라는 뜻을 연상시키고, 급기야는 '비논리적'이라는 결론에 이르게 한다고 생각하기 때문이다. 특히 상대에게 강한 인상을 심어주고자 할 때면 더욱 '논리적이고 이성적'이 되려고 한다. '전문가' 인 양 행동하면서, 이치에 맞는, 경험적으로 입증 가능한, 논리적 결론을 이끄는 논거를 사용한다. 그 결과, 불행하게도 우리의 말투는 딱딱하고 사무적이며 감정이 없는, 한 마디로 지루하기 짝이 없는 것이 되고 만다.

다른 이들에게 강력한 영향력을 행사하고자 한다면, 위험을 무릅쓰고라도 감정적인 수준에서 그들을 다루어야만 한다. 사람들의 내면을 깨우고자 하는 감정들을 당신이 먼저 불러일으켜야만 한다. 탤런트가 그러하듯이, 어떤 감정을 전달하려면 당신이 먼저 그것을 느껴야만 한다는 말이다.

희망, 사랑, 용기, 열정, 동조, 기쁨 등의 감정은 당신이 기대하는 행동을 불러일으킬 수 있다. 때로는 저항에 대한 분노, 상실에 대한 두려움, 실패의 슬픔과 같은 부정적인 감정들이 그런 역할을 하기도 한다. 이 감정들은 쉽게 일어나지만, 장기적으로 볼 때 긍정적인 감정만큼 생산적이지 못한 말이다. 부정적이거나 긍정적이거나 그 중 어느 감정을 불러일으키기로 마음먹었는가는 사실 그다지 중요하지 않다. 영향을 주기 위해 당신이 먼저 할 일은 '스스로가 감정적'이 되는 일이기 때문에….

감정은 비이성적이지도, 비논리적이지도 않다

우리는 어렸을 때부터 '감정적이 되면 올바른 결정을 할 수 없다'는 말을 들어왔다. 또 '공과 사를 분명히 구분하라'고도 귀에 못

이 박히도록 들어왔다. 하지만 이런 이야기는 당장 머릿속에서 깨끗이 털어 버려라. 이것은 순 엉터리 이야기이다.

업무는 개인적인 일이다. 우리는 일, 업무 그리고 동료들에 대해 신경을 많이 쓴다. 이 모든 것들이 우리 이야기의 일부이며, 우리 자신의 일부이기도 하다. 그렇기 때문에 우리들 대부분이 많은 스트레스를 받게 된다. 우리가 인정을 하든 하지 않든 간에 우리가 내리는 모든 의사결정 뒤에는 '감정' 이라는 통제 불가능한 기운이 숨어 있다. '난 감정에 좌우되지 않아' 라고 자신 있게 주장하고 있는 사람들조차 탐욕이나 두려움 같은 진부한 감정들에 의해 감정을 받고 있다. 인간은 감정적인 동물이다. 그리고 그 감정적인 동물이 내리는 모든 결정은 감정에 의해 영향을 받는다.

바로 이런 감정들을 당신의 이야기 속에 적절히 섞어 넣자. 사업, 정치, 공직, 자선단체 등 당신의 이야기를 듣는 사람이 그 어느 분야에 몸담고 있을지라도, 당신과 같은 인간에게 이야기를 하고 있다는 사실을 잊지 말아라. '논리적으로' 혹은 '전문가답게' 보이고자 하는 욕구 때문에 당신의 인간성을 드러내어 청중들을 감동시킬 수 있는 기회를 놓치지 말자. 감정을 배제하라는 교훈 덕분(?)에 사람들은 중요한 결정을 할 때 감정을 무시해 버리고, 그 결과 영향력이 약화된다.

이야기를 하고자 할 때 움츠러드는 두 번째 이유는 우리가 '통제된 변덕쟁이' 이기 때문이다. 자신의 이야기에 몰두한다는 건 행간의 요점사항이나 메모를 읽을 때보다 '덜 통제된' 상태에 있다는 걸 의미한다. 그리고 완전히 자신의 이야기에 집중하다 보면 '통제' 상태에서 이탈될지도 모른다. 만약 이야기를 하는 도중에 '내 입장을 망각하고 있지는 않을까,' 혹은 '다음에 할 이야기를 잊어버리지나 않을까' 하고 걱정하면, 집중력이 분산되어 이야기의 힘이 약화된다. 마음을 뒤흔드는 이야기를 하기 위해서는, 그 이야기에 '열중' 해야만 한다.

스스로의 본능, 이야기, 그리고 청중을 믿을 때, 당신은 진심으로 이야기에 집중할 수 있다. 그런데 똑같은 이야기인데도 이야기를 할 때마다 세세한 내용과 순서가 달라진다면? 그래도 좋다. 어떤 이야기를 빠뜨리거나, 여러 가지 내용이 뒤섞인다면? 이것 역시 문젯거리가 되지 않는다. 청중들은 진부하고 생명력이 없는 이야기보다는 "에…, 또 어디까지 말했더라?' 하는 실수를 더 쉽게 용서해 주니까…. 이야기를 하는 목적이 '통제' 가 아니라, 영향력을 행사하는 것임을 기억하자. '통제' 하려는 마음을 품고 있는 것만으로도, 당신 이야기 속의 에너지는 빠져나간다. 이 점을 기억하자.

인내는 가장 강력한 힘이다

여러 해 전 직업을 바꾸려고 결심했을 때, 나는 나에게 지속적인 인내심이 필요하다는 걸 깊이 깨달았다. 잘 다니던 직장을 그만두고, 명쾌하게 대답할 수 없는 질문들을 스스로에게 던지면서(너 미쳤니? 도대체 왜 그랬어?), 돈 떨어질 것을 걱정해 생활 수준을 낮추고, 좀더 나은 미래를 위해 대학원에 등록하고…. 사실 이 모든 것들을 참아내기에는 나에게 참을성이 너무나 부족했다. 엄청난 시련이었다.

그래서 나는 인내심을 기르기 위해 마라톤을 배우기로 결심했다. 장장 10개월에 걸친 훈련을 받고 나자, 인내력에 관한 교훈들(보폭을 어떻게 해야 좀더 많이 걸을 수 있으며, 어떻게 정신을 집중해야 좀더 많이 견딜 수 있으며, 신체를 어떻게 움직여야 좀더 힘들지 않게 결승점까지 갈 수 있다는 등)을 전부 얻은 것처럼 느껴졌다. 하지만 인내에 대한 참 교훈을 배운 것은, 바로 마라톤 시합 당일이었다.

나는 내 코치인 로브와 함께 마라톤 시합에 참가했다. 그런데 경주의 시작을 알리는 총소리가 나자마자, 그는 총알처럼 앞으로 달려나가는 게 아닌가! 나만 남겨둔 채….

나는 마라톤 코스를 천천히 달리기 시작했다. 하지만 당혹스러웠다. '난 초보잔데, 날 혼자 두고 달려가 버리다니…' 이런저런 생각을 하면서 모퉁이를 막 돌아선 순간, 나는 깜짝 놀랐다. 내 친구 신디아와 그녀의 남편 이안이 환한 미소를 지으며 내 옆에 따라 붙는 게 아닌가! 이안은 급하게 오느라고 준비를 못했는지 운동화가 아닌 구두를 신고 있었다. 그는 '반갑다'고 인사를 하고서는 곧 우리에게서 떨어져 나가 차로 돌아갔다. 길 아래쪽에서 신디아를 태우기 위해서였다. 정말 놀랍고도 반가운 환영이었다.

"이 모퉁이에는 아주 거센 맞바람이 불거든…." 신디아가 내게 농담식으로 말했지만, 나는 알고 있었다. 혼자 달리는 나를 염려해서 일부러 와주었다는 것을…. 신디아와 함께 뛰면서 나는 그 맞바람(?)을 웃음으로 힘껏 날려버렸다. 나는 혼자가 아니었던 것이다. 사실, 네 명의 내 친구들이 마라톤 코스의 각 부분을 나누어 나와 함께 뛰어 주기로 약속했었다고 한다. 나는 그 날을 절대 잊지 못할 것이다.

영향력을 개발하는 데 있어 가장 중요한 기술은 '인내력'이다. 상황에 적절한 이야기를 찾아내고, 영향력을 행사하고자 하는 사람들의 이야기를 이해하고, 같은 이야기를 여러 번 반복하는 그런 인내력 말이다. '인내'는 그러나 억지로 만들어지는 게 아니다. 당신을 사랑하고, 당신을 믿는 사람들의 지지에 의해 만들어진다.

꾸준히 지속적으로 영향력을 행사한다는 건 아주 어렵다. 승리란 처음부터 승리가 아니다. 실패란 실패를 모두 맛보고 나서야 얻을 수 있는 것이다. 강력한 영향력은 성공했을 때 어떠한 전술을 사용했느냐 보다는 실패에 어떻게 대응했느냐에 좌우된다. 만약 원대한 목표를 세웠다면? 중간에 지칠 수도 있다. 하지만 명심하라, 반드시 인내심을 가져야 한다는 것을.

많은 사람들이 스스로가 세운 목표를 향해 뛰어가다가 도중에 멈춰버린다. 그리고는 '불가능하다'는 꼬리표를 붙인다. 이 순간 진정한 실패가 시작된다. 하지만, 가장 중요한 순간은 그 '불가능의 꼬리표'를 가슴에 붙이려 갈등하고 있는 그 찰나이다.

실패를 경험하지 않고서는, 또 당신을 이해해 주는 사람들의 지지가 없이는 영향력을 행사할 수 없다. 당신이 살아오면서 만들어 놓은 인간관계가 당신이 지치고 힘든 순간에 당신을 지탱해 줄 수 있다.

당신이 받는 도움은 당신이 그동안 베풀어 왔던 도움을 반영한다. 감정적인 도움은 상호관계의 원리에 근거해 작용한다. 타인에게 주었던 감정적인 도움이 결국 자신에게 되돌아오는 것이다. 서로 도와주는 인간관계를 형성해 나가는 것이, 지속적인 영향력을 끼칠 수 있는 전략이다.

울타리 밖의 사람들을
이야기의 주인공으로

상대방이 하는 행동의 숨은 의도를 깊게 생각하는 습관을 들여라. 그리고 가능한 한 자주, 그가 어떤 행동을 취할 것인지를 예상해 보라. 이 소중한 습관을 자신에게 길들이기 위해서는, 무엇보다도 먼저 자기 자신에게 실천해 보라.

— 마르쿠스 아우렐리우스(Marcus Aurelius)

평화롭던 마을에 어느 날, 아주 덩치가 크고 힘센 괴물 한 마리가 쳐들어왔다. 다행히 마을을 파괴하거나 사람들을 죽이지는 않았지만, 괴물은 마을로 통하는 유일한 출입구를 막아 버렸다.

마을은 이제 저주를 받은 것 같았다. 입구에 떡 하니 버티고 있는 괴물 때문에 개미새끼 한 마리도 이 마을을 들어갈 수도, 나갈 수도 없었기 때문이었다.

이 마을에 관한 소문을 들은 용감한 기사들이 괴물을 퇴치하기 위해 연이어 도전을 해왔다. 그러나 모두 실패했다. 기사들이 어떤 무기를 쓰건, 괴물은 마법의 힘을 이용해서 기사들을 물리쳤던 것이다.

나무 곤봉을 휘두르던 첫 번째 기사는 자신의 것보다 두 배나 큰 나무 곤봉에 맞고 쓰러져 버렸다. 두 번째 기사는 불로 괴물을 태워 죽이려고 불화살을 마구 쏘아댔으나, 오히려 두 배나 뜨거운 불에 당하고 말았다. 세 번째 기사는 예리한 칼을 마구 휘둘렀는데, 두 배나 예리하고 긴 괴물의 칼에 의해 두 동강이 나서 죽고 말았다. 이

세 기사들의 운명을 전해들은 사람들은 괴물에 도전할 용기를 잃게 되었고, 아무도 다시는 괴물에 대항하지 않았다.

그렇게 몇 십 년이 흐른 어느 날이었다. 마을에는 '잭'이라는 바보가 살고 있었는데, 그는 괴물을 무찌를 수 있는 아주 좋은 생각이 있다고 떠벌리면서 다녔다. 그렇지만, 마을 사람들 대부분이 호응은커녕, '바보가 꼴값을 떤다'고 비웃었다. '그토록 용감한 기사 세 명도 결국 당하고 말았는데, 바보인 주제에 무슨 묘안이 있겠는가'라는 것이었다. 다행히 용감하고 호기심 많은 몇몇 사람들이, 잭이 괴물을 무찌를 수 있도록 협력하겠다고 나섰다.

사람들은 잭이 시키는 대로 괴물이 길을 막고 있는 장소로 음식과 물을 날라다 주었다. 곧 괴물이 포효를 하며 커다란 두 앞다리를 번쩍 쳐든 채 잭을 노려보기 시작했다. 음식을 날라 온 몇몇 사람들은 커다란 바위 뒤에 숨어 오들오들 떨면서 그 광경을 지켜보고 있었다. 잭은 사과 한 개를 손으로 집어들더니, 망설임 없이 괴물에게 곧장 다가갔다.

"배고프죠?"

잭은 진심으로 걱정이 된다는 듯이 물었다. 그러자 괴물은 눈을 가늘게 뜨더니 킁킁거리면서 사과 냄새를 맡았다. "꺄ー악!" 괴물이 입을 크게 벌리자, 따라온 사람들 중 여자 한 명이 비명을 지르며 기절을 하고 말았다. 괴물이 잭의 손에서 사과를 집어가기도 전에 말이다. 괴물은 사과를 자신의 손아귀에 집어넣더니, 커다란 주먹을 높이 치켜들어 두려움에 떨고 있는 마을 사람들을 향해 힘껏 내리쳤다. 그런데 이게 어찌된 일인가! 괴물의 무시무시한 주먹은 사람들 바로 앞에서 멈췄다.

괴물은 천천히, 자신의 주먹을 사람들 앞에 펴보였다. 괴물의 손에는 잭이 준 사과가 더 새빨갛고 맛있게, 그것도 두 개로 변해 있었다. 뿐만이 아니었다. 괴물에게 주려고 물을 담아왔던 항아리도 두 개의 황금 항아리로 변했고, 그 안에는 처음보다 더 신선하고 깨끗한 물이 가득 담겨 있었다.

사람들은 황급히 마을로 뛰어가 이 기적을 전했다. 기적을 직접 눈으로 확인하기 위해 마을 사람들이 우르르 몰려왔을 때, 그들은 웃고 있는 잭과 괴물의 모습을 볼 수 있었다. 잭을 가장 많이 비웃었던 마을 사람들조차, 그 미소를 본 순간 '괴물이 사실은 저주가 아니라 축복이었다' 는 사실을 확신하게 되었다.

– 에티오피아 소말리족 이야기

악당과 영웅은 똑같이 내 이야기의 협력자

타인에게 영향을 미치고자 하는 바람은, 어떤 문제를 풀 때 자신이 다른 사람들보다 좀더 나은 해결 방안을 알고 있다는 믿음에서 생겨난다. 그리고 '내가 옳다' 는 확신이 확고할수록, 다른 생각을 가진 사람들에게 '틀렸다' 는 꼬리표를 쉽게 붙이곤 한다.

그러나 '넌 틀렸어' 라는 말은(말하는 사람이 누구이든) 상대에게 부정적인 반응을 불러일으키게 한다. 당신이 고위급 인사이든, 덕망 높은 지도자이든, 어머니의 위치에 있든 간에 '넌 틀렸어' 라는 단정적인 한 마디는 상대를 '적' 으로 규정지어 버리는 것이다.

우리에게는 자신의 요청을 거절하거나 자신에게 동의를 표시하지 않는 사람들을 '악당'이라고 치부해 버리는 경향이 있다. 그러나 사실 객관적으로 판단해 보면, 비판과 적대적인 감정을 무릅쓰고 반대를 표하는 사람들은 그들 나름대로 정당한 이유가 있을 것이다.

그런데도 자신이 완고하며 이기적인 사람이라는 걸 받아들이기보다는, 상대가 바로 그런 사람들이라고 상상하는 게 더 쉬울 뿐더러 마음도 편하기 때문에, 우리는 상대의 감정에 별로 관심을 기울이려 하지 않는다. 그래, 맞는 말이다! '난 이해가 부족하고 고지식한 사람이야'라고 인정하는 것보다는 '저 사람은 내 말에 감정적으로 저항하는군'이라고 생각하는 것이 훨씬 더 쉽다. 하지만, 이런 결론으로는 결코 상대에게 진정한 영향력을 발휘할 수 없다. 그렇게 상대는 영원히 나에게서 멀어져 가는 것이다.

이런 딜레마를 생각해 보자. 어떤 마을에 있는 군부대 내에 화학무기 소각장을 설치하기로 결정했다는 소문이 났다. 마을 사람들은 즉각적으로 '화학무기 소각장 설치 결사반대'에 나섰다. 그들은 군인들을 '마을을 해치려 하는 악당들'로 규정한 다음, 그들의 결정을 받아들이려 하지 않았다. 하지만 그 부대는 화학무기를 폐기해야만 했다. 국제 조약을 이행해야 했기 때문이었다. 게다가 소각하는 과정이 절대 안전하다는 걸 이미 확인해 두고 있었다. 군인들의 자녀 역시 그 마을에 살고 있었던 것이다. 하지만 결국 협상은 이루어지지 않았다. 마을 주민들이 군인들을 '악당'이라고 치부해 버렸던 것처럼, 군인들 역시 이에 맞서 주민들에게 '편협하고 시야가 좁은 이기주의자들' 이란 꼬리표를 붙인 것이다.

당신이 주장하는 사항이 어느 한 쪽에만 영향을 미치는 것이라면 더더욱, '우리가 옳고 당신들은 틀렸다' 는 식의 접근법을 피해야만 한다. 이런 이분법적인 분리는 다른 편에 접촉하여 확신을 심어줄 수 있는 당신의 능력을 방해할 뿐이다. 상대에 대한 상호 존중이 결여되어 있음이 드러나면, 그들은 더 이상 당신의 이야기를 들으려고 하지 않는다.

예를 들어, '소극적이며 의욕이 없는 사람들' 이라는 꼬리표가 달려 있는 사람들에게 영향을 미치기 위해서는, 그들의 관점과 선의를 무시하지 않고 있다는 걸 보여주는 이야기를 찾아서 해주어야 한다. 당신이 영향을 주고자 하는 사람이 누구이든 간에 '네 이야기가 제일 중요해' 라고 말하면, 그들은 그 순간부터 적극적이 되고, 관심과 의욕을 갖게 된다.

낙태 반대론자들은 태어나지 않은 아기의 삶의 질을 염려한다. 낙태 찬성론자들은 10대 미혼모의 삶과 원하지 않는 아기의 삶의 질을 염려한다. 양쪽 다 존중할 만한 의도로 주장을 시작한다. 환경론자들과 농부들, 기획자와 실행자, 부모와 10대 아이들, 관리자와 노동자 등도 마찬가지다. 상대방의 훌륭한 측면을 먼저 인정해야만, 그들에게 영향을 미칠 수 있는 기회를 잡을 수 있다.

우리가 어렸을 때부터 흔히 접했던 이야기 속에는 '악당과 영웅, 착한 사람과 나쁜 사람' 이 등장하곤 했다. 그런 이야기들을 듣고

자란 우리는 그 이야기를 발전시켜, 우리의 생활 속에서 영웅과 악당, 착한 사람과 나쁜 사람을 가려내곤 한다. 좌절 속에 빠져 있는 우리는 영웅, 우리를 좌절 속에 빠뜨린 사람은 악당! 이런 식으로 말이다.

왜 이렇게 대치되는 입장의 두 부류로 나누게 되는 걸까? 그 이유가 뭘까? 그건 바로 사물을 단순화시켜 보기 때문이다. 사실, 이런 일방적이고 단순한 구조의 이야기는 모든 것이 복잡하게 얽혀 있는 현실보다 받아들이기 쉽기 때문에 사람들에게 큰 위안과 만족을 준다. 복잡한 현실 세계를 어렸을 때 음미하던 옛날 이야기 속에 집어 넣어 버리기만 하면 독선적인 좌절, 절망, 분노, 그리고 근심을 마음 대로 터뜨릴 수 있기 때문이다.

그러나 어떤 목표를 향해 꾸준히, 그리고 천천히 진행되어 나가는 식의 이야기는 악당을 무찌르는 이야기만큼 사람들의 흥미를 끌지 못한다. 인내는 그런 강렬한 느낌을 전달해 주지 못한다. 그래서 '영웅·악당에 관한 이야기'는 무엇보다 사람들의 흥미를 강하게 불러일으키는 것이다.

앞에서도 언급했듯이 당신이 어떤 집단이나 개인을 '적'으로 간주하는 한, 그들에게 영향을 미치려는 당신의 전략은 통제나 압력과 같은 밀어붙이기식이 되기 쉽다. 이와 같은 밀어붙이기식 방법은 사람들에게 두려움과 창피함을 불러일으키고, 결국에는 '저항'을 유발한다.

'무관심하고 의욕이 없는 사람'이라고 꼬리표를 붙인 그에게 당신이 말을 거는 순간, 그 말 속에는 이미 부정적인 감정이 스며들어 있다. 당신의 은밀한 목표는 그를 무찌르고(?) 승리하는 것이다. 창피를 주고, 위협하고, 충격을 주고, 압력을 넣고…, 혹은 '적'을 죄책감으로 후회하게 만드는 것이다. 아주 멋진 환상이지 않은가? 적이 무릎을 꿇고 당신에게 용서를 구한다! 하지만, 여기서 그만 꿈 깨자. 현실에서는 있을 법하지 않은 일들이니까.

'상대방에게 적대적인 이야기'가 가지고 있는 부정적인 에너지는 편집증과 반격을 불러일으킬 위험이 있으며, 무엇보다도 사람들에게 희망을 전해 주지 못한다. 좋은 의도를 가졌음에도 불구하고, 실패를 거듭하는 사람들을 나는 자주 봐왔다. 이런 사람들은 부정적인 이야기에 사로잡힌 나머지, 무의식중에 주변의 모든 사람들을 부정적인 것으로 흠뻑 적시고 있었다.

나는 동유럽에서 열렸던 국제 회의에 참석했다가, 어떤 사람을 보고 그러한 사실을 확연히 깨달았다. 그는 어떤 은퇴한 유엔 직원으로, 지구의 환경을 보살피고 전쟁이 일어나지 않도록 사람들을 격려하는 데 평생을 보내고 있었다. 그는 근본적으로는 긍정적인 사고를 가지고 있었고, 그의 신념은 너무나도 훌륭한 것이었다. 그럼에도 불구하고 회의에 참석한 사람들에게 미치는 그의 영향이란 아주 형편없기 짝이 없었다.

그 날 아침, 첫 연설은 아주 익살스런 헝가리인 연사였다. 그는 연설을 웃음과 애정이 가득 차게 시작했다. 헝가리인 연사는 회의장 전체의 분위기를 활기차게 만들었다. 다시 말해, 그 은퇴한 유엔직원이 심각한 표정으로 말을 꺼내기 전까지는 모두 평화 애호자들이 되어 가고 있었던 것이다. 그런데 다음 연설자로 그가 들어섰다.

그가 너무나도 침통하고 심각하게, 그것도 억압적이고 강력한 목소리로, 무려 한 시간에 걸쳐 쉬지 않고 죽어 가는 아이들, 사라지는 열대 우림, 핵무기의 급증 등에 관한 통계를 열거하기 시작하자 회의장의 열정적인 분위기는 침울, 두려움, 죄의식 등의 분위기로 이내 바뀌어버렸다. 부정적인 에너지가 그 날 아침의 긍정적인 에너지를 흔적도 없이 먹어치웠던 것이다. 결국 그는 실패했다.

물론, 그의 이야기는 '진실' 이었다. 하지만, 진실을 표현하려는 그의 이야기는 사람들의 사기와 의욕을 꺾었다. 진실을 알려서 우리를 자극시키려던 그의 바람은, 자신이 말한 부정적인 이야기 때문에 방해받았던 것이다.

'사람들은 세상을 구하는 데 근본적으로 무관심해' 라고 그는 믿었고, 그는 진짜 그의 믿음대로 사람들을 만들었다. 그의 부정적인 감정이 청중들 내면의 부정적인 감정에 불을 당기는 역할을 했던 것이다. 그는 좌절과 침울과 근심 걱정에 싸여 있었고, 그러한 그가 한 이야기는 청중들을 그의 감정과 똑같은 상태로 만들어버렸다.

그의 이야기는 우리 내면에 잠들어 있는 '선함' 을 깨워주지 못했고, 오히려 수치심만을 불러일으켰다. 좌절과 우울, 걱정, 수치심, 혹은 무시는 그 어떤 긍정적인 행동도 유발하지 못한다.

당신이 사람들에게 말하는 모든 이야기는 당신이 스스로에게 말하는 이야기에 뿌리를 두고 있다. 당신 스스로 희망을 느낄 때만이, 다른 사람들에게 희망을 가져다 줄 수 있다.

만약 당신의 이야기가 비통함과 분노와 후회로 가득 차 있다면? 주변의 다른 사람들을 오염(?)시키기보다는 스스로를 격리시키는 게 더 낫다. 이야기를 하는 당신의 목적은 영향을 미치고자 하는 사람들의 내면에 희망을 불러일으키는 감정을 전파하는 것이니까.

전문 이야기꾼인 제이 오캘러한은 청중들에게 주로 지대한 영향을 주는 서사시적인 이야기를 한다. 그가 하는 이야기 중에서 '거대한 바다오리새'라는 이야기가 있는데, 딕 휠러라는 은퇴한 교사가 카약으로 2500km를 항해한다는 내용이 주요 줄거리이다.

딕은 모든 바다새들이 처해 있는 위험을 사람들에게 널리 알리기 위해, 이미 멸종한 바다오리새의 이동경로를 스스로 추적해 가기 시작했다. 그런데 그의 항해는 순탄치 못했다. 항해하기에 좋지 않은 날씨 때문이 아니었다. 중간에 나아갈 방향을 잃어버려서도 아니었다. 오염, 물고기 남획 등이 대양을 위협하고 있는 모습을 직접 자신의 눈으로 목격했던 것이다. 그는 대양을 그렇게 만든 대상에 대한 분노와 절망과 무기력감에 빠졌다.

제이는, 이 이야기가 설교조로 들리지 않도록 맥을 잡는 데 4년이란 세월이 걸렸다고 한다.

"이 '바다오리새 이야기'와 씨름한 대부분의 시간은 '우리가 지구를 얼마나 잘못 다루고 있는가'에 대한 제 분노를 삭이는 데 썼습니다. 저는 아직도 분노를 지니고 있지만, 그것은 나름대로 쓸모가 있습니다. 하지만 이제는 더 이상 사람들을 비난하지 않습니다."

그는 계속해서 이야기에 대한 교훈을 말해 주었다.

"이야기꾼으로서의 제 임무는 청중들에게 딕과 같은 사람들이 경험한 것을 간접적으로 체험시켜 주는 것입니다. 딕과 같은 사람들을 만나고, 그들의 말을 듣고, '그들에게 말해라. 우리는 치어들

까지 잡을 수밖에 없다'는 어부들의 항변에 귀기울이고…. 경험이
바로 최고의 스승입니다. 지옥의 유황불에 대한 장광설이 우리 선
조들에게는 영향을 주었을지도 모르겠지만, 이제는 가만히 앉아서
질책을 듣고 있을 만한 사람은 없습니다."

"하지만…, 제가 다루고 있는 사람들이 어떤 사람들인지, 당신은
상상도 못하실 겁니다!"
나는 이런 말을 수도 없이 들어왔다. 그런 사람은 아무리 많은 대
가를 치르더라도 특권을 고수하려는 몹시 이기적인 구제불능성 엘
리트이거나, 좀더 나아지기 위해 일할 의지가 없는 멍청하고 게으
른 소외계층이거나 둘 중 하나이다.
이 세상에는 분명 악한 사람들이 존재한다. 진짜 게으른 사람도
있으며, 양심이 없는 사람들도 있다. 그런 사람들은 당신이 아무리
이야기를 잘해도, 당신의 감정 상태가 아무리 긍정적이라 할지라
도, 절대 당신의 이야기에 반응을 보이지 않는다. '극히 일부분의
사람들에게는 통제와 강압 등 적대적인 모델에 의해서만 영향을 미
칠 수 있다'는 건 사실이다.
하지만, 당신이 꼬리표를 붙인 사람들 중 열에 아홉은 실제로는
선과 악이 혼재해 있다. 말하자면, 평범한 보통 사람인 것이다. '냉
혹한 협상자'라고 이름을 날린 사람이라 할지라도, 자신이 과연 옳
은 일을 하고 있는지 걱정하면서 밤새 잠 못 이루고 뒤척인다. 과대
망상증에 걸린 영업부 책임자는 목표를 달성하지 못한 신입사원을
해고할 것인지를 놓고 몹시 고민한다. 만약 인간의 선한 부분에 접
속하여 그것을 활성화하고자 한다면, 당신은 더 이상 악한 부분에

사로잡혀 있어서는 안 된다.

'그 사람들'을 '우리'로 재정의 내리는 건 쉬운 일이 아니다. 그 것은 '나는 선한 사람'이고 '그들은 이해할 수 없는, 혹은 변화하고 자 하는 의지가 없는, 혹은 남의 말을 들으려고 하지 않는 사람들' 이라는 아주 익숙한 세계관을 붕괴시키는 걸 의미하기 때문이다.

당신의 새로운 이야기가 예전의 적을 당신의 공동체의 일원으로 재정의 내리는 순간, 어쩌면 당신 자신이 그들보다 이해할 수 없고, 변화하고자 하는 의지가 없는 사람이라는 사실을 발견하게 될 지도 모른다. 하지만 당신에게 어느 것이 더 중요한가? 올바른 사람이 되 는 것인가, 다른 이들에게 영향을 미치는 것인가?

냉소적인 사람들을 친구로 만드는 이야기

이야기라면 유난히 고개를 절래절래 흔드는 사람들에게 영향을 미치고자 할 때, 우리는 일반적으로 여섯 가지 반응에 맞닥뜨리게 된다. 냉소, 분노, 질투, 절망, 무관심 그리고 탐욕이 바로 그것이다. 일단 이것들이 '저항'이라는 폭탄에 불을 붙이면, 당신은 그것이 당신 앞에서 터지지 않도록 조치를 취해야 한다. 청중들에게 자극 을 주어 '상호 관련'과 '협력'이라는 새로운 이야기를 끌어안도록 하는 조치를 말이다. 그래야만, 영향을 미치려는 당신의 이야기가 그들의 귀에 들리게 된다.

이 여섯 가지 부정적인 감정들은 세상에 대해 적대적인 관점이 만연해 있는 데서 생겨난다. 부정에 초점을 맞추는 세상에 대한 일종의 방어적 반응인 것이다. 정의에 초점이 맞춰진, 그래서 신뢰할 수 있을 만한 이야기를 할 수 있다면, 당신은 사람들의 부정적인 감정을 긍정적인 그것으로 대체할 수 있을 것이다.

우리의 감정은 우리가 믿는 이야기에 따라 바뀐다. 사실, 다른 사람의 감정을 직접 바꿀 수는 없다. 당신은 그저 다른 사람들의 관심을 당신의 이야기로 끌어들일 수 있을 뿐이다. 이야기를 하는 당신이 일단 부정적인 감정의 원인이 되는 이야기를 이해하면, 그들 스스로 더 큰 이야기를 구축해 가는 걸 도울 수 있다.

주어진 일을 해내기 위해 열심히 일하고 있지만, 그럼에도 불구하고 의혹의 눈초리로 당신의 성실성, 역량 그리고 능력을 의심하는 상관이 있다. 그에게 '저는 능력 있는 직원입니다'라고 외쳐보았자 당신의 목청만 쉴 뿐, 상관은 눈길 한번 주지 않는다. 그의 의심을 말끔히 지워버릴 수 있는 증거를 들이대야 그에게 영향력을 끼칠 수가 있는 것이다. 보장이나 약속 따위는 의심을 없애버리지 못한다. 냉소적인 사람들은 선의의 의도에 만성되어 있기 때문이다. 그들은 눈으로 직접 볼 수 있는 증거를 원한다. 당신의 선의가 행동으로 보여지길 원하는 것이다.

물론 그들이 당신과 함께 생활하면서 직접 겪어 보는 게 최고지만, 당신의 선의를 완전히 파악하기까지는 시간이 너무 많이 걸린다. 이야기라면 직접 경험한 것과 동일한 것을 전달할 수 있으며, 냉소주의를 충분히 이겨낼 수 있는 힘이 있다.

가장 냉소적인 집단으로 분류되는 사람들은 기술 분야의 전문가들이다. '사실'만을 탐구하고 입증해 내는 과학자들은 늘 냉소적이다. 하지만 그 냉소주의를 한층 더 심화시킨 건, 뜻밖에도 우리가 우호적으로 생각하고 있는 '인터넷'이었다. 정보에 자유롭게 접근할 수 있게 된 사람들은 그 자리에서 장광설과 숨은 동기와 거짓된 약속을 폭로한다. 진실은 매일 변한다. 이러니 사람들이 환멸을 느끼는 건 당연하다.

능력 있는 전문가들에 대한 스카웃 전쟁은 냉소주의를 더욱 부채질하는 원흉(?)이다. 일부 회사들은 능력 있는 전문가들을 자신의 회사로 데려오기 위해 간이라도 빼줄 것처럼 감언이설로 약속을 해대지만, 막상 자기 사람이 되면 그 약속을 지키지 않는다. 이런 분위기가 쌓이고 또 쌓이게 되면, '능력만큼 대우해 주겠다'는 약속을 진짜로 이행하고 싶어도 할 수가 없다. 아무리 최상의 작업 환경을 약속해도 그들은 냉소적인 표정으로 팔짱을 낀 채 비웃으면서 "물론, 그러시겠죠"라고 말한다. 이제 더 이상 속지 않겠다는 것이다.

MTW 주식회사의 CEO인 딕 뮐러는 이 점을 잘 알고 있었다. IT 인력들이 훌륭한 작업환경을 선호하고, 거짓 약속에 대해서는 몹시 냉소적이라는 점을 말이다. 당신도 알다시피, 소프트웨어 회사가 경쟁력을 갖추기 위해서는 최고 수준의 인력들을 끌어들이는 것이 관건이다. MTW의 인력 수급 과정은, 이 회사가 말로만이 아니라 실제로도 '사람을 최우선으로 여긴다'는 것을 보여줄 수 있도록 고안되었다.

이 회사의 면접과정은 먼저 하루종일 그 조직 내의 모든 계층 사람들과 30~60분에 걸쳐 이야기를 나눈 다음, 6~8시간 동안 전화 대화를 한다. 그들은 도대체 그 많은 시간 동안 무슨 이야기를 하는 것일까? 그들은 MTW에 근무하는 것이 어떤 것인가에 관해서 이야기를 한다. 그리고 이와 함께 딕은 MTW가 실제로 '사람을 최우선으로 여긴다'는 것을 입증할 만한 이야기를 해주었다.

"매년 보험회사를 선정할 때마다 난처해집니다. 제가 어떤 보험회사를 선택하든, 항상 직원들의 불만이 뒤따랐으니까요. 결국 저는 보험회사를 선정할 때 가장 많은 불평과 신경을 곤두세우는 직원들에게 그 권한을 위임하기로 결심했습니다. 그래서 지금까지 제가 임의로 보험회사를 선정했을 때 가장 많은 피해를 본 직원들을 뽑았고, 그들은 '보험회사 선정단'으로 선출되었습니다. 저는 그들에게 의사를 결정하는 데 45일의 기간을 주겠다고 선언했습니다. 그들이 제대로 일을 수행하고 있을까 무척 궁금했지만, 저는 그들의 일에 관여하는 걸 참기로 했습니다. 그들을 믿었으니까요.

그리고 그 45일이 지났습니다. 저는 모든 직원들과 함께 한 자리에 앉아서 그 '보험회사 선정단'의 결정을 듣고 있었습니다. 놀랍게도, 그들은 정말 자신이 맡은 일에 열심이었습니다. 그들은 '자가 보험'을 하기로 결정했으며, 그 이유는 '직원들 모두에게 경제적일 뿐만 아니라, 보험 효과면에서도 타 보험들보다 훨씬 더 낫다'는 것을 조목조목 따져가며 설명하고 있었습니다. 그들은 회의에서 이 보험을 들자고 요구하는 것이 아니었습니다. 그들은 최선을 다했고, 권고했으며, 우리는 그것을 그대로 실행했습니다."

그의 목소리에 담긴 자부심은 이야기의 진실성을 한층 더 강화시켜 주었다. 아주 극도로 냉소적인 사람일지라도, 딕 밀러가 '사람을 최우선으로 여긴다' 는 말을 실제로 실행하는 자임을 그의 이야기를 통해 알 수 있었을 것이다.

'저희 회사는 직원을 최우선으로 여깁니다' 라는 표어가 적혀 있는 포스터만으로는 부족하다. 그들은 그들의 눈에 보이는 증거나 입증될 만한 이야기를 원한다. 어쩌면 당신의 이야기가 사실인지 여부를 조사해 보려고 달려들지도 모른다. 하지만 두려워할 필요는 없다. 이것은 오히려 당신의 이야기를 살아 숨쉬게 만드는, 아주 좋은 동기가 될 수도 있으니까.

불만으로 가득 찬 사람들에게 '동기' 를 일으키는 이야기

사람들에게 영향을 미치고 싶은 마음은 굴뚝 같지만, 그 첫발은 꼭 자신이 아닌 다른 사람이 먼저 내딛어야 한다고 생각하는 사람들은, 협력에 관해 복합적인 감정을 가지고 있다. 그들은 목표를 달성하기 위해 다른 사람들과의 협력을 원하기는 하지만, 남보다 앞장서서 행동하려 하지는 않는다. "남들이 먼저 바뀌면 그 다음에 나도 바꿀 꺼야" 라고 말하면서 누군가 먼저 나서길 바라는 것이다.

어떤 시스템이나 처음 도입되는 것은 사람들의 불만을 초래하는 불공평의 요인을 가지고 있다. 복지 제도, 예산 제도, 보상 제도, 업적평가 제도 등, 사람들의 이익을 위해 만들어진 시스템도 반드시 누군가에게는 불공평하다는 인상을 주게 되는 것이다.

불만의 수렁에 깊이 빠져 있는 사람들에게 영향을 미치고 싶으면, 그들에게 새로운 이야기를 들려주어야 한다. 그러나 새로운 이야기라는 것이 제도에 대한 좀더 충실한 이해나, 명백한 가르침, 더 많은 사실이나 자료, 혹은 비전 등을 자세히 말하라는 게 아니다. 그들에게 필요한 것은 원망을 놓아버리는 것이다. 그 원망을 놓아버리기 위해, 새로운 이야기가 필요하다.

여기, 남들보다 먼저 첫발을 내딛은 걸 자랑스럽게 여기는 이들의 이야기를 하고자 한다. 내가 가장 좋아하는 이 이야기는 올드 조라는 농부에 관한 미국 우화이다.

올드 조와 그의 이웃은 수십 년 동안 서로 왕래하면서 사이좋게 살았다. 그들의 가족은 함께 나이를 먹어갔으며, 자녀들도 비슷한 시기에 독립해서 그들 곁을 떠나갔다. 좀더 세월이 흘러 그들의 아내들이 모두 세상을 떠나자, 그들에게는 의지할 사람이 서로 뿐이었다.

그러던 어느 날, 올드 조 소유의 땅에서 풀을 뜯어먹고 있는 송아지를 발견한 이웃이 그 송아지가 자신의 것이라고 주장했다. 그러나 조의 생각은 달랐다. "송아지 귀에 붙여 놓은 표시를 보면, 그 송아지가 내 것이라는 걸 한번에 알아차릴 수 있어. 아무리 바보라도 말이지. 그 송아지는 내 꺼야!" 라고 소리쳤다.

둘은 곧 말다툼을 시작했고, 심한 욕설이 오고간 끝에 침묵이 흘렀다. 그 후, 그들은 이 일로 인해 서로 왕래를 끊었다. 그렇게 몇 개월이 흘렀다. 그 둘은 서로 미안한 마음이 들었지만, 먼저 사과할 용기가 없었다. 시간이 흐르는 만큼 그들의 마음도 아프고 괴로웠지만 화해할 방법이 없었다.

그러던 어느 날, 마을을 지나가던 목수 한 사람이 올드 조 집의 문을 두드렸다. 그는 하룻밤을 조의 집에서 머물고 싶어했다. 그 대가로 목공일을 하겠다면서 말이다. 올드 조는 점잖아 보이는 그의 외모에 안심하여 잠을 재워주기로 하고, 그를 집안으로 들였다. 조는 목수에게 식사를 대접한 다음, 그를 창문가로 데리고 갔다.

"저기 저쪽에 도랑이 보이나?" 조는 손가락으로 이웃과 자신의 집 사이에 흐르고 있는 도랑을 가리켰다. 그러자 목수가 알아들었다는 듯 고개를 끄덕였다.

"어제까지만 해도 저 도랑이 없었지. 망할 놈의 이웃이 쟁기질을 하고 도랑을 파더니 그곳에 물을 채워 넣은 거야. 나를 곤란하게 만들려고 말이지." 목수는 그의 말을 전부 이해하고 있다는 듯이 연신 고개를 끄덕여댔다. 그의 태도에 흡족해진 조는 그에게 일감을 맡기기로 마음먹었다. "자네에게 일감을 주도록 하지. 저 이웃의 마당과 집이 완전히 가려져 안 보일 정도로 높은 담을 세워주게. 할 수 있겠나?"

그러자 목수가 대답했다. "물론이죠. 만족하실 정도로 일을 해드리겠습니다."

"좋아, 내일 아침 당장 시작하도록 하지."

조는 마을에 일이 있는 관계로 목수에게 목재가 있는 곳을 알려주고, 집을 떠났다. 그리고 마을에서 하루종일 일을 보고 나서 해질 무렵 마차를 타고 집으로 터덜터덜 돌아왔다. 마을에서 집으로 돌아오는 길목에는 그의 집이 훤히 내려다보이는 언덕이 하나 있었는데, 그는 그 언덕으로 말을 몰아 올라갔다. 목수가 작업해 놓은 일들을 살펴보기 위해서였다. 그런데 조가 갑자기 채찍질을 가하면서 서둘러 집으로 향했다. 그 빌어먹을 목수가 담장 대신 도랑 위에 이웃과 조의 땅을 연결하는 다리를 만들어 놓았던 것이다!

화가 잔뜩 난 조는 얼른 말에서 내려 고삐를 묶어 놓고, 목수에게 호통을 치기 위해 목수를 찾아 다녔다. 그런데 갑자기 저쪽에서 이웃이 다리를 뛰어 건너오더니, 조를 꼭 끌어안는 게 아닌가!

"조! 이런, 자네가 나보다 훨씬 훌륭한 사람이네 그려…. 난 도저히 다리를 세울 용기가 나질 않았다네. 그 송아지는 자네 것이 틀림없는 것 같아. 날 용서해 주겠나?"

그러자 조의 가슴 속에 쌓여 있던 이웃에 대한 원망이 눈 녹듯 사라졌다. 이번에는 조가 이웃을 끌어안으면서 "용서하고 말고가 어디 있나!" 라고 중얼거렸다. 이웃의 어깨너머로 보이는 언덕 저쪽에, 목수가 서 있었다. 조에게 미소를 지으며 윙크 하면서.

우리가 올드 조 쪽에 서 있든 그의 이웃 쪽에 있든, 그 어느 쪽에 속해 있든 간에 우리에게는 좀더 많은 다리를 세워줄 목수가 필요하다. 누가 옳고, 누가 그르며, 그 송아지가 누구의 것인가가 무슨 문제란 말인가? 그런 문제들은 공동의 목표를 방해하는 원망과 분노를 방치하는 것보다 덜 치명적이다.

시기와 질투의 그늘에 햇빛을 들이는 이야기

"협력이 잘 안 되는 이유가 도대체 뭡니까?"

"그들이 절 시기하기 때문입니다."

일상에서 우리는 이런 대화를 자주 하고 또 자주 듣는다. 일단 '시기하는 자'라는 꼬리표가 붙게 되면, 그는 사람들에게 신뢰를 받지 못하게 되고 만민의 적으로 취급된다.

인간이 지닌 감정 중에서 가장 차가운 것이 바로 '시기심'이다. 회사 내 생산부 부장이 영업부 부장의 높은 실적을 시기하고 있었다. 그런데 마침 영업부에 도움이 절실히 필요한 상황이 벌어졌다. 하지만 생산부는 결국 모른 척했고, 그 결과 회사는 재정적으로 피해를 입게 되었다. 그 책임을 문책하는 과정에서 CEO인 당신이 "영업부가 곤란에 처했을 때 생산부는 왜 도와주지 않았습니까?"라는 질문을 생산부 부장에게 했다고 하자.

이때 그는 속마음을 열고 "당신이 영업부를 편애하는 바람에 화가 나서 그들을 도와주지 않았습니다"라고 말할까? 절대 그렇지 않을 것이다. 그가 하는 이야기는 그의 속마음과 전혀 다를 것이다. 아니, 심지어 아주 논리적으로 들릴 것이다. "다른 일로 바빴습니다", "그들은 저희에게 도움을 요청하지도 않았습니다." 또는 "아, 그들에게 도움이 필요했었습니까? 전 잘 해내고 있는 줄 알았죠." 이렇게 말이다. 이런 류의 빈정거림은 현재 그들의 진심이 무엇인지 정확하게 말해준다. 편애! 이 단어를 들을 때마다 그들은 불의를 넘어서는 아주 극단적인 시기를 하고 있는 것이다.

그들이 이러한 비이성적인 '감정'에 사로잡혀 있다는 확신이 들면, 당신은 그들이 갇혀 있는 편협한 상황에서 벗어나도록 도와줘야 한다. 보다 커다란 그림을 볼 수 있도록 그들의 시야를 트여주는 이야기를 들려주면서 말이다.

하루가 멀다하고 싸우던 형제자매들이 학교에 들어가기만 하면 가장 가까운 친구사이가 되듯, 새로운 경쟁 상대가 시장에 나타나면 영업부와 생산부의 격심한 싸움도 수그러들게 된다. 영업부와 생산부 모두에게 이익을 가져다 주고 정의감을 확립해 줄 만한 이야기에 초점을 맞추자. 통찰력을 가져다 주는 직접적인 경험이나 새로운 이야기는 시기심을 뿌리째 뽑아낼 힘을 지니고 있다. 모든 사람이 다 알고 있는 불의를 잘못됐다고 직접적으로 들쑤시며 입증하려는 태도는 오히려 시기심을 키우는 결과를 초래한다.

어느 조직에서나 소위 잘 나가는 사람 즉, '나는 내 능력에 비해 정당한 평가(또는 대우)를 받지 못하고 있다' 고 생각하는 사람과 부딪치게 된다. 이런 사람에게 "당신이 알아두어야 할 것은…" 이라는 말로 실패한 전적을 돌이키기보다는 이야기를 해주자. 우선 "우리는 두 마리의 수달과 같군요" 라고 말해보자. 아마도 대부분의 사람들이 이렇게 되물을 것이다. "두 마리의 수달이 뭐죠?" 라고 말이다. 그러면 다음과 같은 인디언 우화를 이야기해 주자.

한 마리의 물고기를 가운데 놓고 두 마리의 수달이 싸우고 있었다. 내가 먼저 물고기를 잡았다는 둥, 내가 한 대 쳤더니 힘이 쪽 빠진 물고기가 버둥거리는 와중에 당신이 달려들어 낚아채 갔다는 둥…, 말이

많았다. 때마침 재칼이 지나가다가 이 광경을 보더니 그들 중에서 누가 옳은지 판단해 주겠노라고 제안했다. 끝없는 싸움에 지쳐 있던 두 수달은 재칼의 말에 곧 동의했고, 판결을 기다렸다. 그런데 대뜸 물고기를 머리, 몸통, 꼬리로 자르더니 제일 먹음직스러운 가운데 토막을 냉큼 자신의 입 속에 집어넣는 것이 아닌가! 그리고 한 수달에게는 머리를, 다른 수달에게는 꼬리를 나누어주었다. 두 수달이 재칼에게 달려들자, 재칼이 다음과 같이 대답했다. "가운데 토막은 재판 값이오."

이 이야기는 어떠한 상황에 처했을 때 좀더 폭넓고 다양한 시야로 전체 상황을 보라는 충고를 담고 있다. 그 어떤 경쟁적인 상황에서든, 재칼을 기억하라. '재칼의 판정'을 피하기 위해서는 서로 협력해야 한다는 것을. 협력을 하지 않고 싸우고 있으면 어디선가 재칼이 나타나 당신들의 가장 좋고 커다란 몫을 잡아채 갈지도 모른다.

상대방에게 협력을 구할 때에는 물론 진심으로 상대에 대한 존중심을 지니고 있어야 한다. 잘난 체하는 말투나 생색내는 듯한 태도는 이야기가 지니고 있는 힘을 파괴한다. 시기심을 다룰 때에는 자기 자신의 분노부터 다루자. 자신의 분노를 먼저 다스려야 당신의 말투에 진실과 경의와 애정이 실리게 된다.

절망의 늪에 빠져 있는 사람들을 구해내는 이야기

복잡다단한 세상, 사회질서의 붕괴, 쓰레기와 다를 바 없는 무의미한 정보의 홍수…. 이 모든 것들은 사람들에게서 희망을 빼앗아버린다. 그것도 그냥 희망이 아니라, 긍정적으로 변화할 가능성을 품은 희망을 말이다. 그래서 어떤 동기를 심어주든 간에, 변화를 실행할 수 있는 자는 정작 자신이 아니라, 자신을 제외한 다른 사람일 거라고 사람들은 굳게 믿고 있다.

절망은 유행병이다. 직원들은 무능력한 리더를 탓하고, 리더는 열정 없는 직원들을 탓한다. 또 복지혜택을 정부에게서 정기적으로 받는 수혜자는 불공평한 정부를 탓하고, 공무원들은 싸움만 일삼는 의회를 탓하며, 의회는 편파적인 대중 매체를 탓하고, 대중 매체는….

자, 여기서 우리는 하나의 서클을 보게 된다. 꼬리에 꼬리를 무는, 둥그렇지만 아주 커다란 원을 말이다. 그 원 안에 숨겨져 있는 후렴구는 '내가 안 그랬어, 내겐 그럴만한 힘이 없어. 나는 위에서 시키는 대로만 했다구!' 이다.

"우리 모두 힘을 내어 절망을 이겨냅시다!" 물론, 절망에 빠진 사람들이 당신의 주장에 동의할 수는 있다. 약간 고개를 끄덕이고, 어두운 표정이 조금 밝아지는 등의 변화 정도는 말이다. 하지만 절대 절망을 이겨내기 위한 행동을 취하려 하지는 않는다. 스스로가 무력하다고 믿고 있기 때문이다.

절망에 빠져 있는 사람들에게 당신이 제일 먼저 해야 할 일은 그들이 지니고 있는 힘을 스스로가 깨닫도록 도움을 주는 것이다. 즉, 그들이 그 힘을 사용할 수 있도록 영향을 주는 것이다. 물론, 생각만큼 쉬운 일은 아니다. '나는 희생자' 라는 심리 상태는 방어적인 반응이기 때문에, 그들은 이를 악물고 자신의 이야기에 매달릴 것이기 때문이다.

절망감은 '사실'이 아니다. 그저 감정적인 느낌이며, 습관적인 반응일 뿐이다. 이 말은 그만큼 감정이 중요하다는 것을 의미한다. 절망에 빠져 있는 사람들에게 영향력을 끼치기 위해서는 먼저 당신의 희망을 떠받쳐 줄 이야기를 가지고 있어야 한다. 그렇지 않으면 사람들에게 희망을 전해 줄 수 없다. 그 다음으로, 절망에서 빠져나오기 위해 장기적으로 노력을 기울일 준비를 하라. 절망에 빠지는 습관은 매우 유혹적이다. 이런 습관과 싸워서 빠져나오기 위해서는 아주 강력한 힘을 지닌 이야기가 필요하다.

뉴욕 시립 병원에서 근무하고 있는 스티브 워스는 1954년에 일어났던 몽고메리 버스 보이콧에 관한 이야기를 사람들에게 아주 멋지게 해주곤 한다. 그의 이야기를 들을 때마다 나는 간간이 잊고 지내던, 희망이 되살아나는 것 같은 느낌이 들곤 했다. 그는 사람들에게 다음과 같은 확신을 심어주고자 할 때면 이 이야기를 한다. '사람들이 두려워하는 것이 무엇이든, 그곳에는 보다 큰 가능성이 존재한다.'

"1953년의 앨라배마 주의 몽고메리가 어떤 모습이었을지 한 번 상상해 보세요. 인종차별법이 엄격하게 시행되고 있던 그때, 흑인은 백인이 쓰는 우물과 멀리 떨어진 곳에서 물을 길어야 했습니다. 버스를 탈 때도 인종차별법은 존재합니다. 백인들만 앉도록 정해 놓은 자리에 흑인이 앉기라도 하면, 그 흑인은 버스기사 폭행혐의라는 죄목으로 체포되었습니다. 그가 아주 얌전하게 앉아만 있었다 해도 말입니다.

이렇게 인종차별법이 사람들을 지배하고 있는 상황에서, 50kg도 채 나가지 않는 아주 가냘픈 여성과 대학을 갓 졸업한 풋내기 신학생이 법을 뒤집어 사회를 개혁하기 위해 백인용 의자에 앉았으리라고 어느 누가 생각했겠습니까? 그녀, 로사 파크스는 다친 발이 너무 아파서 도저히 서 있을 수가 없었습니다. 그래서 어쩔 수 없이 백인 좌석에 앉았을 뿐이었습니다. 그런데 그녀는 체포되었습니다. 그 조그만 체격에 환자인 그녀가 건장한 버스기사를 폭행하려 했다는 것이 죄목이었습니다. 도대체 그녀의 어떤 면이 폭행이라는 단어와 접목될 수 있습니까?

곧 인종에 따라 좌석을 분리하는 조항과 같은 버스법령의 불합리성이 사회적인 이슈로 크게 불거졌습니다. 그녀의 작은 행동과, 그 결과로 일어난 버스 보이콧과 스물 여섯 살의 인권운동가 마틴 루터 킹의 노력이 전부터 억눌리고 있던 소심하고 신중한 사람들의 행동을 불러일으켰던 것입니다. 물론 그 어떤 사건도 버스 보이콧을 유도하기 위해 사전에 계획된 것은 아니었습니다."

스티브가 말하고자 하는 핵심은 '작지만 긍정적인 당신의 행동이 현재는 아주 미미하게 보일지 몰라도 언젠가는 아주 커다란 변화를 불러올 희망을 가지고 있다' 는 것이었다. 우리가 하는 선택 하나하나가 바로 변화를 초래하는 데 아주 중요한 영향을 미칠 수 있다. 그러나 희망을 놓아버리면, 변화를 일으킬 수 있는 여지까지 놓치게 되는 것이다. 대담해야 하고, 용감해야 하며, 현명해야 한다는 말이 아니다. 우리는 그저 희망만을 간직하고 있으면 되는 것이다.

당신이 누구에게 영향을 미치려 하든 간에, 희망은 필수적인 요소이다. 화장품을 팔든, 회사의 주식을 팔든 간에 당신은 희망을 이야기하는 방법을 알고 있어야 한다.

무관심한 사람들을 매혹시키는 이야기

자신에게 다가오는 모든 문제를 거부하고, 도피하려는 자세는 깨뜨리기 힘든 아주 단단한 벽과 같다. 냉담함, 그리고 무관심. 이것은 많은 걱정을 안고 살아가는 사람들이 자신의 걱정을 남에게 눈치채지 못하도록 안전하게 도피하는 피난처이다.

표면상으로 볼 때, 냉담은 자신이나 남에게 전혀 관심 없는 것처럼 보인다. 그들이 나타내는 유일한 반응은 '나하고는 상관없는 일이야'이다. 하지만 냉담한 사람들을 겪어본 내 경험에 비추어 볼 때, 이것은 오히려 지나칠 정도로 남에게(혹은 자신에게) 신경을 쓸 때 표출되는 현상이다. 이 부류에 속하는 사람들은 그들의 절망을 이용해 자신과 타인 사이에 높은 담장을 세운다. 이렇게 '나는 아무것도 할 수 없어'라고 소리 없이 외쳐대는 그들에게 '용기를 가지고 도전해 봐'라고 끊임없이 요구하는 건 무리한 주문이다. 그들은 '활성화'와 같은 단어와는 멀리 떨어져 있다. 당신이 그들에게 해줄 수 있는 최상의 전략은, 그들과 활성화가 가지고 있는 활기찬 느낌을 연결시켜 그들이 그 기분을 느끼도록 해주는 것이다.

그들이 높게 쳐놓은 담장 밑을 파고드는 이야기를 하라. 그들의 방어벽을 무너뜨리려는 의도를 품은 이야기는 그들에게 좀더 높은 벽을 세워야겠다는 결심을 세우게 할 뿐이다.

우선, 있는 그대로의 그들을 만나자. 그 다음 그들이 어느 정도 당신에게 익숙해질 때까지 기다린 다음, 새로운 관점의 이야기로 그들을 인도하자.

"아주 좋은 생각이 있습니다! 오늘은 하루종일 일하지 말고, 빈둥대면서 시간을 보냅시다. 여러분, 어떻습니까?"

아침회의 시간에 아주 언짢은 표정으로 앉아 있는 회사 간부들에게 내가 열정적으로 이렇게 말하면, 그들은 어이없다는 표정을 짓는다. '혹시 이 사람이 미쳤나' 라는 물음표를 하나씩 가진 채. 그러다가 내가 진심으로 그런 말을 했다는 표정을 지은 채 한동안 그들을 바라보고 있으면, '아, 진심이었구나' 라고 간부들도 내 본심을 알아준다. 일단 내 의도를 알아채면 그들은 나를 따라 웃게 된다.

냉담한 사람들은 스스로가 스스로를, 또는 자신이 다른 사람들을 실망시킬까봐 걱정하고 있다. 실망으로부터 자신을 보호하기 위해 높다랗게 쌓아놓은 그들만의 담장을 당신은 서서히 뚫고 들어가야 한다. 그런데 무관심(냉담함)의 벽은 환멸로부터 생겨났다. 따라서 환멸을 다룰 수 있으려면 먼저 그것을 이해해야 한다. 환멸에 빠져 있는 사람에게 '기운을 내고 긍정적인 것에 초점을 맞추세요' 라고 말하는 건 바람직하지 못하다. 그들이 보고 있는 것을 당신도 똑같은 위치에서 보고 있다는 걸 먼저 그들에게 알려줘라.

이기적인 결정을 내렸을 때, 스스로 느끼게 되는 공허함과 사람들과 격리되었다는 느낌에 대한 짐바브웨의 우화를 소개할까 한다.

잭이 아름다운 여성과 결혼을 했다. 신혼의 단꿈에 젖어 있던 어느 날, 그는 장님인 처남과 함께 사냥을 하러 나갔다. 앞이 보이지 않는 장애를 가지고 있기 때문에 무슨 일이든 남에게 의존할 거라고 생각했던 처남이 물냄새를 맡을 줄 알고 하늘에 날아다니는 새의 위치를 감지하며 멀리서 이동하는 산돼지 무리의 소리를 들을 수 있는 능력을 가지고 있자, 잭은 깜짝 놀랐다.

그 날 오후, 그들은 새를 잡기 위해 숲 속에 덫을 두 개 설치했다. 잭은 자신의 덫을 나뭇잎과 가지로 잘 덮어 아무도 눈치채지 못하도록 위장해 놓았지만, 처남의 것은 대충 해놓아 거의 노출된 상태였다. 그러면서 '어쨌든 그는 아무것도 볼 수 없는 장님이잖아' 라고 생각하고 잭은 집으로 돌아갔다.

다음 날 덫을 살펴보기 위해 숲으로 다시 온 잭과 처남은 덫에 무언가가 걸려 있는 것을 보았다. 가까이 다가가 보니, 잭의 덫에는 볼품 없이 아주 작고 평범한 갈색 새가 있는데 반해, 처남의 덫에는 아주 예쁜 무지개빛 깃털을 가진 새가 걸려 있었다. 그것도 아내가 까무러칠 정도로 좋아할 만한 그런 깃털을 말이다. '아내에게 저 무지개빛 새를 주면 얼마나 좋아할까?' 그는 앞을 보지 못하는 처남이 눈치채지 못할 거라는 생각에 두 덫을 열어 새를 바꿔치기한 다음, 평범한 갈색의 새를 처남에게 주었다. 처남은 그 새를 조심스레 손으로 만져보면서 자루에 집어넣었다.

집으로 돌아오는 길에, 길 한복판에서 서로 삿대질을 하며 목청 높여 싸우는 마을 사람들이 보였다. 보아하니 그들은 평소에 서로 잘 알고 친하게 지내던 사람들인 것 같았다. 그들의 싸움을 구경하고 다시 집을 향해 발걸음을 옮긴 잭과 처남은 이웃 간의 다툼에 관한 이야기를 나누었다.

"사람들은 왜 다툴까? 서로 사이좋게 지내면 좋을 텐데. 안 그래, 처남?"

그러자 처남이 대답했다.

"아까 숲 속에서 매형이 저에게 했던 행동과 비슷한 일들을 하기 때문이지요."

잭은 부끄러웠다. 그래서 자신의 자루에서 무지개 빛깔의 새를 꺼내 처남에게 되돌려주면서 "처남, 미안해"라고 사과했다. 어색해진 분위기 때문에 한참을 말없이 걷던 잭이 처남에게 다시 물었다. "서로 싸운 사람들은 어떻게 해야 다시 친해질 수 있는 거지?"

그러자 처남이 빙그레 웃으며 대답했다.

"매형이 방금 저에게 한 대로 하면 되죠."

함께 일하고 서로 보살펴주는, 협력을 지향하는 방법을 찾는 게 바로 우리의 관심사이다. 그런 방법은 기분까지도 좋게 만든다. 인생의 어느 시점에 이르면, 우리는 어떤 팀에서 활동할 것인가를 결정하지 않으면 안 된다. 평생 자신의 삶에 관해 관심을 가지고 끊임없이 돌아보며 적극적으로 사는 팀에 속할 것인가, 아니면 '이래도 흥, 저래도 흥' 하는 식으로 전혀 신경 쓰지 않는, 아주 무관심한 팀에 속할 것인가를 말이다.

탐욕스런 사람들의 거품을 걷어내는 이야기

탐욕스러운 사람. 이 부류에 속한 사람들에게 영향력을 끼치려고 할 때가 가장 힘들다. 물론 그들의 욕심을 채워줄 방법을 알고 있다면, 누워서 떡먹기지만 말이다. 그러나 탐욕스런 사람이 욕심을 '덜 가지도록' 영향을 주고자 한다면…, 문제는 아주 심각해진다.

높은 급여를 받고 있는 영업 책임자에게 CEO인 당신이 새로운 봉급체계를 제안했다. 그것은 그에게 많은 인센티브를 가져다 줄 가능성이 있지만, 만에 하나 잘못될 경우, 단 한 푼도 받지 못할 수도 있다는 위험을 안고 있다. 그렇다면? 그는 그 새로운 봉급체계에 전혀 흥미를 느끼지 않을 것이다. 뿐더러, 그것을 몰아내기 위해 온갖 방법을 동원할 것이다.

스스로가 탐욕스러운 사람인지 아닌지 판단하기 어려울 때, 스스로를 시험해 볼 수 있는 이야기가 필요하다. 스스로 생각하기에 가장 이상적인 사람이라고 만족하고 있는 자들조차 자신을 되돌아 볼 만큼, 아주 충격적인 이야기를 말이다. 다음의 이야기처럼….

어느 날, 동물들이 한 자리에 모여 힘 겨루기 시합을 벌였다. 동물들이 차례로 나와 자신이 지닌 힘을 과시했는데, 그 중에서 가장 눈에 띄는 동물은 원숭이였다. 원숭이는 폴짝거리면서 이 나무에서 저 나무로 자유자재로 묘기를 펼치며 건너다녔다. 이 광경을 지켜본 동물들은 전부 원숭이의 재주를 높이 평가하여 많은 박수갈채를 보냈다. 그러자 코끼리가 갑자기 앞으로 나서더니 기다란 코로 원숭이가 건너다녔던 나무를 하나 쥔 다음, 뿌리째 뽑아 머리 위로 높이 치켜들었다. 동물들은 그걸 보더니, 곧 코끼리가 원숭이보다 더 힘이 세다는 것에 의견일치를 보았다.

그런데 동물들 뒤에서 말없이 시합을 지켜보고 있던 인간이 앞으로 한 발짝 나서며 "내가 가장 힘이 셀걸?" 하고 말했다. 인간의 말을 들은 동물들은 모두 코웃음을 쳤다. '털도 없고 발톱도 뭉툭하며 동물 중에서 가장 열악한 존재가 어떻게 코끼리보다 더 힘이 셀 수 있단 말인가?' 동물들의 비웃음에 화가 난 인간은 곧 총을 만들어 발사했다. 총소리에 놀란 동물들은 곧 인간에게서 멀리, 그리고 영원히 달아나 버렸다.

인간은 힘과 죽음의 차이를 몰랐던 것이다. 그리고 오늘날까지, 동물들이 두려워하는 것은 인간의 힘이 아니라, '인간의 무지' 이다.

이 이야기는 강력한 힘을 지니고 있으며, 매혹적이기까지 하다. 만약 당신이 매혹적인 이야기를 하겠다고 결심했다면, 염두에 두어야 할 것이 있다. 이야기의 효과는 절대 곧바로 나타나지 않는다는 점이 바로 그것이다. 절대 조바심을 내지 말라. 당신이 청중에게 이야기를 들려준 후 한참이 지난 뒤에, "그때 그 사람이 왜 그런 이야기를 했지?" 라는 의혹이 일어났을 때, 바로 그 시점부터 이야기의 효력은 발휘되니까.

좀더 긍정적인 약속을 할 수 없는, 윤리와 정의와 같은 가치를 내포한 이야기보다는 좀더 냉정한 논점에 초점을 맞춘 이야기를 해야만 하는 때가 있다. 부정적인 감정이 포함된 이야기를 할 때, 화자의 임무는 훨씬 더 막중해지고 어려워진다. 부정적인 감정이 내포된 이야기를 하는 비결은 적절히 균형을 맞춰 낙관적인 결과로 끝맺음하는 것이다.

때로는, 당신의 이야기가 청중들에게 꼭 변화를 일으켜야만 하는 건 아니다. 부정적인 이야기에 단단히 붙잡혀 있거나, 긍정적인 이야기 자체를 상상조차 할 수 없는 사람들을 변화시키기 위해서는, 영향을 끼치기 전에 먼저 그들 마음 속에 도사리고 있는 부정적인 성향들을 모조리 없애버려야 한다. 그리기 위해, 당신이 해야 할 첫 번째 단계가 바로 그들의 이야기를 말없이 들어주는 것일 수도 있다.

말하는 이야기 속의
듣는 이야기

사람은 외로운 동물이다. 그래서 전 생애를 외로움에서 벗어나려 애쓰면서 보낸다. 예로부터 전해 내려오는 외로움을 퇴치하는 방법 중 하나는 이야기를 하는 것이다. 듣는 사람이 이렇게 말해주기를, 그리고 그렇게 느끼기를 바라면서….
"맞아, 바로 이거야. 나도 이렇게 느끼고 있었어. 그래, 난 생각보다 그렇게 외롭지 않아…."

— 존 스타인벡(John Steinbeck)

아주 오랜 옛날, 한 수도승이 진정한 삶의 의미를 깨닫고자 노력하면서 살고 있었다. 아무리 노력해도 혼자만의 힘으로는 그 위대한 가치를 깨달을 수 없다고 판단한 그는, 자신에게 가르침을 줄 만한 현자를 찾아 길을 떠났다.

몇 날 며칠을 헤매던 그는 어느 날 운좋게도, 이웃 나라에 살고 있는 어떤 사람이 이 세상의 모든 이치를 다 깨우쳤다는 소문을 들었다. 그 사람이 바로 현자일 거라고 판단한 그는 곧바로 이웃 나라로 발길을 옮겼다. 하지만 막상 그 나라에 도착하자 소문만 무성할 뿐, 아무도 그가 살고 있는 곳을 정확히 집어내지 못했다.

낮과 밤 가릴 것 없이 여러 달 동안 현자를 찾아 헤맨 끝에, 마침내 현자가 머물고 있는 곳으로 추정되는 깊은 숲 속으로 들어서게 되었다. 그리고 그 숲이 끝나는 곳에서 현자의 집으로 보이는 작은 오두막집 하나를 발견했다. '드디어 도착했구나!' 현자를 곧 만날 수 있다는 기대에 가득 찬 그는 집 가까이 다가가 이리저리 살펴보았다. 오두막집 문은 조금 열려 있었는데, 집안에는 아무도 없는 것 같았다. 그러나 아무리 기다려도, 집주인은 나타나지 않았다. 따가운 뙤약볕에 많은 시간 노출된 그는 몹시 갈증이 났다. 더 이상 견디기 힘들어진 그는 안에서 현자를 기다리기로 마음먹었다.

안으로 들어가니, 마침 테이블 위에 찻주전자와 찻잔 두 개가 가지런히 놓여 있었다. 몹시 갈증이 났던 차에, 잘 됐다 싶어 그는 얼른 찻잔에 차를 따랐다. '현자는 관대한 사람' 이라는 소문을 어디선가 들은 것 같기도 하고, 또 여태까지 안 온걸 보면 좀더 시간이 지나야 올 것 같아서였다.

그러나 머피의 법칙이 그 시대에도 적용한 걸까? 바로 그때, 현자가 현관으로 막 들어서고 있었다. 게다가 그가 찻잔에 차를 따라 마시려는 광경을 보고 말았다. 그는 나이가 들어서인지 허리가 약간 굽어 있었고, 친절한 듯하면서도 날카로운 눈매를 지니고 있었다. 현자는 수도승과 찻잔을 번갈아 보더니, 아무 말 없이 갑자기 밖으로 나가버렸다.

수도승은 어리둥절해졌다. '왜 저러시지? 난 아무런 잘못도 안 했는데…. 혹시 주인도 없는 집에 함부로 들어와서 그런 걸까? 허락도 없이 차를 마시려 해서 그런 걸까?' 수도승은 이런저런 생각을 하며 현자가 다시 집으로 돌아오기를 기다렸다. 그러나 현자는 오지 않았다. 밤이 깊어지자, 주인도 없는 집에서 잠을 잘 수는 없다고 판단한 그는, 집에서 나와 숲 속에 잠자리를 마련하고 하룻밤을 보냈다.

다음 날 아침, 그는 다시 그 오두막집으로 갔다. 어제와 마찬가지로 찻주전자와 찻잔만이 테이블 위에 놓여 있을 뿐, 현자는 보이지 않았다. 어제와 같은 지루한 기다림이 계속 되었다. 또 갈증이 난 그는 차를 마시기 위해 찻잔에 차를 따랐다. 그러자 거짓말처럼 어제와 같은 상황이 벌어지고 말았다. 바로 그때 또, 현자가 집안으로 들어서고 있었던 것이다. 그는 어제처럼 수도승과 찻잔을 번갈아 보더니, 고개를 몇 번 가로젓고는 또 밖으로 나가버렸다.

며칠 간 이런 일이 반복되었다. 견디다 못한 수도승은 마침내 밖으로 나가려는 그를 붙잡고 애걸했다.

"제발, 나가지 마십시오. 저는 당신에게 삶의 진리를 배우기 위해 먼길을 마다하지 않고 달려왔습니다. 제발 제게 진리를 가르쳐 주십시오."

그러자 현자는 말없이 찻주전자를 들었다. 그리고 수도승이 이미 가득 채워놓은 찻잔에 차를 또 따르기 시작했다. 차는 곧 찻잔에서 넘쳐 흘러 탁자를 넘어 바닥으로 흘러내렸고, 이와 같은 그의 행동에 놀란 수도승이 뒤로 펄쩍 물러났다. 현자가 조심스럽게 입을 뗐다.

"당신의 마음은 이 찻잔처럼 이미 가득 차 있소. 새로운 걸 배우려면, 먼저 당신의 마음부터 비우고 다시 오시오."

새로 태어난 생각은 자라날 공간이 필요하다. 과거의 믿음들이 복작거리면서 새로운 생각을 밀어내면, 그 새로운 생각은 결국 말라죽는다. 다른 사람이 하는 말에 귀기울이자. 그러면 그들의 머릿속에 들어 있는 생각의 일부를 쏟아내게 하는 데 도움을 줄 수 있다. 그럼으로써 그들은 새로운 생각을 받아들일 만한 공간을 확보하게 된다. 바로 당신의 이야기를 받아들일 공간을 말이다.

'응, 듣고 있어'라고 말하는 사람들 대부분은 사실 제대로 귀기울이지 않고 있다. '듣는다'에 관해 정의 내린 것 중에서 내가 가장 적합하다고 생각하는 건, 어떤 고객이 말했던 다음과 같은 말이다.

"듣는다는 것은 내가 말할 차례를 기다리는 것이다."

더 많이 그리고 더 주의 깊게 '들을' 필요가 있다는 걸 우리는 잘 알고 있다. 하지만 관찰 가능하고 측정 가능한 결과들만을 소중히 여기는 지금의 세상에서, 제대로 듣는 방법을 설명하기란 매우 어렵다. 그래서 이런 기술을 효과적으로 이용하는 방법을 배우고자 하는 우리의 시도는 좌절되고 만다.

'능동적으로 듣기'는 상대의 말을 효과적으로 듣기 위한 행동 측면을 강조한다. 하지만 행동적인 기술로서의 접근법은 '화자와 눈 맞추기, 화자의 말에 대한 긍정의 표시로 고개 끄덕이기, 상대의 말을 반복하기'처럼 관찰 가능한 행동을 지나치게 강조하고 있다. 이 피상적인 접근법에서 우리가 배울 수 있는 건, '어떻게 해야 듣고 있는 척 할 수 있나'가 전부이다. 물론 듣는 체 하는 게 아무 반응을 보이지 않는 것보다는 낫지만, 진정으로 듣는 기술은 관찰 가능하고 측정 가능한 기술보다 더 심오한 것이다. 최근 부다페스트에서의 워크숍에서 나는 이 문제를 중점적으로 다루었는데, 그때 뒤쪽에 앉아 있던 한 여성이 손을 번쩍 들고 이렇게 말했다.

"듣기는 섹스와 똑같아요."

그녀의 말은 사람들의 주의를 집중시켰다. 그러자 그녀는 다음과 같은 말로 자신의 의견을 표현했다.

"욕구가 있다면, 기술은 따르기 마련이니까요."

상대방에게 영향을 미치고 싶으면, 우선 그 사람의 말을 진정으로 들어라. 진심을 다해 들으면, 듣는 체 하는 것보다 훨씬 더 강력한 힘을 발휘하게 된다.

'진정한 듣기'는 변화를 유도하는 힘을 가지고 있다. 누군가 당신의 말에 진정으로 귀기울였던 순간을 떠올려 보라. 아마도 그때의 당신은 상대의 그런 태도에 감명을 받았을 것이고, 따라서 그에 대한 경계심이 서서히 누그러지면서 마침내는 말끔히 사라져 버렸을 것이다. 그가 당신의 말에 진심으로 귀기울이고 있다는 안도감은 당신으로 하여금 솔직하게 말하도록 해주었을 것이다. '진정한 듣기'는 자신하지만 확신하지 못하는 것에 대해 큰소리로 말할 수 있도록 해준다. 불확실하기 때문에 사람들이 꽁꽁 감춰 놓은 곳에 당신이 접근할 수 있을 때, 당신은 좀더 쉽게 영향력을 행사할 수 있다. 얼어붙어 있는 확신은 고칠 수도 없고, 녹이기도 어렵다. 하지만 당신이 '듣기'를 통해서 드러내는 따스함의 정도에 따라, 상대방은 얼어붙거나 녹아 흐르게 된다.

듣는 것만으로 치료가 가능하다

영향력은 사람들을 치료해 주기도 한다. 나는 '영향력이 치료적 과정으로서 부적합하다'고 말하는 사람들을 믿지 않는다. 그들은 아마도 자신들의 직업적 비밀을 보호하려는 심리학자들이거나, 일터에서 감정을 추방하기 위해 안간힘을 쓰는 신경 과민성 관리자들일 것이다.

언젠가는 사람들이 당신 사무실 문에 머리를 살짝 들이밀면서 "시간 있으세요?"라고 말할 지도 모른다. 이것은 당신을 일종의 '의사'로 인식하고 있다는 것을 의미한다. 우리는 실제로 항상 서로를 치료하고 있다. 당신이 어떤 사람에게 영향을 미치려고 하든, 그것에는 치료 효과나 감정적인 작용을 일으키는 심리적인 구성요소가 존재한다.

이야기를 가르치는 내 경험에 비추어 볼 때, 지금까지 경험해 보지 못했던 아주 새로운 이야기를 하기 전에는 반드시 먼저 상대방의 과거 이야기를 듣는 것이 중요하다. 나는 워크숍을 진행하기에 앞서 참석자들에게 그들이 현재 가지고 있는 설득 전략들을 적어보라고 요청한다.

그들은 먼저 '동기 부여, 존중, 공동의 목표 설정' 등의 설득 전략을 나열한다. 그러다가 좀더 시간이 흐르면 '아첨, 조정, 회유, 위협' 등의 단어가 나오게 된다. 이렇게 그들이 생각했던 것들을 말하게 함으로써 분위기가 고조되자, 나는 그들의 마음 속으로 좀더 깊이 들어가기로 했다.

나는 그들에게 '이런 방법을 쓰면 상대방을 설득할 수 있을 것이다' 라고 믿고 있는 것들을 말해보라고 요청했다. 그들이 내심 진실이라고 믿는 것들에 관해서 말이다. 그러자 분위기는 활기로 가득 찼고, 산만했던 분위기가 완전히 집중되었다.

나는 그들의 이야기에 귀를 기울임으로써, 그들이 평소에는 숨겨왔던 '냉소주의, 원망, 절망' 등에 관해 말하도록 할 수 있었다. 그들은 비이성적이거나 비협조적으로 보이지 않기 위해 그런 말들을 평소에는 숨겨 왔던 것이다. 제대로 듣기만 하면, 당신은 상대방의 이성이라는 외관 밑을 파고들어 그의 진정한 모습에 접근할 수 있다.

6장의 시의회 이야기로 다시 돌아가 보자. 그리고 의사봉을 마구 휘두르면서 발언 시간을 제한하고, 논쟁을 금지하는 방식으로 인종 간의 갈등을 다루었던 그 의장을 떠올려 보자. 물론 결과적으로 볼 때 회의가 일사천리로 진행되었던 건 사실이었다. 의장은 '협력을 유도해 내는 일 따위에 시간을 낭비할 필요가 없다' 고 확신했고, 그만의 방식으로 일을 처리했다. 의사를 결정하는 방식에 관한 규정이나 기한설정 그리고 약간의 위협…. 겉으로 보기에 의장의 영향력은 효력을 발휘하고 있었다. 그러나 그는 오히려 침묵의 형식을 동반한 분노와 반감을 불러일으키는 데 성공했을 뿐이었다. 그는 도출해 낸 전략이 실행하기 어렵다는 생각을 하지 못했다. 뿐만 아니라, 자신의 '듣기' 방법이 아주 미숙해서 야기된 문제들을 절대 인식하지 못했다.

그는 새로운 것들을 사람들에게 쏟아 붓기 전에, 그들의 과거의 믿음과 감정을 비워주지 않았던 것이다. 일을 처리하는 데 있어 협력을 조성하는 일 따위는 그녀에게 아주 시시할뿐더러, 고려해 볼 가치조차 없는 것이었다.

사람들의 말을 먼저 듣지 않고 그들에게 영향을 미치려는 행동은, 울퉁불퉁한 표면을 고르게 하지 않은 상태에서 그 위에 새로 페인트를 덧칠하는 것과 같다. 몇 개월 동안은 페인트칠이 잘 된 것처럼 보일 수도 있지만, 결국에는 갈라지고 벗겨지기 시작할 것이다.

진정한 이야기는 듣는 이야기이다

때때로 가장 설득력 있는 이야기는 당신이 하는 이야기가 아니라, 당신의 이야기를 듣기 위해 당신 앞에 앉아 있는 이들의 이야기일 때가 있다. 당신이 귀기울여 듣기만 하면, 그들은 이야기 보따리를 슬슬 풀어놓는다. 그들이 하는 이야기는 정말로 중요한 것이 무엇인지 당신에게 가르쳐 줄 수도 있다.

'어? 이 사람이 하고 있는 이야기는 내가 알고 있는 이야기잖아?'라고 생각한 그 순간부터 당신은 상대의 이야기에 집중하지 않는다. 제대로 듣고 있지 않고 건성으로 고개를 끄덕이는 것이다. 상대방이 하는 이야기를 진짜 듣는 순간, 그 이야기는 발전할 수 있는 가능성을 지니게 된다. 이야기 중간에 화자는 마음을 바꿀 수도 있다. '이이야기의 결말은 이랬었는데, 난 요렇게 바꿔야지' 라고 말이다.

때로는 단지 듣는 행위만으로도 상대방의 태도를 완전히 바꿔놓을 수 있다. 언젠가 갈아탈 비행기편이 취소되는 바람에 항공사 직원과 고객들 사이에서 벌어진 언쟁을 목격한 적이 있었다. 갑작스런 운항 취소에 항의하는 고객들에게 시달릴 대로 시달린 그는, 더 이상 승객들의 이야기에 귀기울일 수가 없었다. 그 자신도 화가 머리끝까지 난 것이었다. 이제 누군가가 그의 말에 귀기울여 줄 차례였다.

이때 내가 그 일을 자청하고 나섰다. 그리고 그의 하소연에 귀기울이고 들어주자, 그의 태도는 180 °로 달라졌다. 짜증만 내던 그는 화를 서서히 누그러뜨리고 사과하기 시작한 것이다.

"화를 내어 정말 죄송합니다. 그런데 당신은 다른 사람들과 다르시군요. 당신의 입장을 무조건 들이밀기보다는 상대방의 입장도 고려할 줄 아시는…. 덕분에 제 기분이 좀 나아졌습니다. 그리고 저 자신도 돌아보게 되었습니다. 제 입장을 먼저 생각하는 게 아니라 고객의 입장을 고려해야 한다는 걸 말이죠. 자, 이제 제가 당신을 도울 차례죠? 당신이 이용할 수 있는 항공편이 있는지 알아보겠습니다."

사람들을 코너로 몰면 몰수록, 그들은 스스로의 믿음과 정의를 좀더 단단히 움켜쥔다. 나는 그가 이야기할 수 있는 공간을 충분히 만들어줌으로써 즉, 일방적으로 내 이야기를 그에게 퍼붓는 것이 아니라 그의 이야기를 들어줌으로써 그가 그 스스로에게 영향을 끼치도록 만들었다. 나는 단지 그의 이야기를 들어주기만 했던 것이다. 내 행동은 그 스스로 자신의 이야기를 들을 수 있도록 도와주었고, 결국 그는 스스로의 이야기를 바꾸기로 결심했다.

상대방의 이야기에 '귀기울인다'는 것은 그 사람의 두려움, 슬픔, 불의에 대한 분노 등과 같은 부정적인 감정을 긍정적인 것으로 바꿀 수 있도록 환경을 조성해 주는 것이다. 그리하여 말하는 사람으로 하여금 종전의 무기력한 감정에서 벗어나 원기를 회복하고 새롭게 시작하도록 격려하는 것이다. 이렇게 진정한 듣기는 괴로운 상황에 처한 사람들을 그곳에서 빠져 나오도록 해주는 치료 효과가 있다.

진정으로 듣는다는 건 아주 어렵고 힘든 일이다. 사람들 대다수가 이야기하는 방법을 모를 뿐더러, 이야기를 듣는다는 것이 아주 중요한 일임에도 불구하고 상대방이 하는 이야기에 귀기울이는 연습을 전혀 하지 않기 때문이다.

사람들은 대신, 미리 준비해 놓은 방어적인 이유들과, 가설적인 일반화, 그리고 제멋대로 내린 결론을 되풀이해서 말한다. 이렇게 준비해 놓은 말들을 사정 없이 늘어놓는 것이, 그들에게 영향을 미치고자 하는 사람들에게 대항할 수 있는 그들만의 최상의 전략이다. 이런 사람들에게 영향력을 끼치기 위해서는 아주 적절한 질문을 해야 한다. 그래서 그들 스스로가 제멋대로 얼토당토 않은 결론을 먼저 내리기 전에 스스로의 이야기를 하도록 분위기를 이끌어야 한다. 그렇게 함으로써 그들 스스로가 스스로의 이야기에 관해 다시 생각해 보고, 멋대로 내린 결론을 돌이켜 보며, 다시 결론을 내리도록 말이다.

'나는 누구인가' 와 '나는 왜 이곳에 있는가' 라는 이야기에 관해 듣고 말하는 것은 늘 좋은 경험이 된다. 지금부터 내가 말하고자 하는 이 사람들도 서로의 이야기를 말하고 듣기 전까지는 그저 이기적인 목적을 달성하기 위해 임시적으로 만들어진 낯선 집단일 뿐이었다.

그들 중 어떤 사람은 세미나 중이었음에도 불구하고 스포츠 신문을 읽고 있었으며, 심지어 팔짱을 낀 채 비꼬는 듯한 어투로 말하는 사람들도 있었다. 하지만 서로 이야기를 나눈 후에는 한 번도 본 적이 없는 사람에게 소중한 선물(?)을 나눠줄 정도로 친밀해졌다. 이것이 바로 이야기의 위력이다. 앞으로 당신이 누구를 돕게 될지, 또 어떤 도움을 필요로 하게 될지 누가 알겠는가?

일전에 나의 워크숍에 참석했던 참가자가 내게 이메일을 보내온 적이 있었다. 그런데 그 메일의 제목이 참 희한했다. '세미나의 충격.' 뭐? 세미나의 충격이라고?

내 워크숍에 참석했던 그가 용기를 내어 다른 참석자들에게 아주 어려운 부탁을 했는데, 놀랍게도 모두 흔쾌히 그 부탁을 들어줬다는 것이다. 생면부지의 사람들이었음에도 불구하고 말이다. (그는 이 사건을 '워크숍이 만들어낸 마법'이라고 불렀다)

부탁인 즉, 암에 걸린 바람에 치료를 받기 위해 병가를 낸 동료가 한 명 있는데, 그의 병가기간이 거의 끝나가지만 좀더 치료를 받아야 할 처지에 놓였다고 한다. 암에 걸린 동료의 딱한 사정을 소상하게 말한 그는 말끝에 "여러분들의 휴가 기간을 그에게 조금만 나누어주시지 않겠습니까? 그렇게 해주신다면, 제 동료는 병을 완전히 치료하고 새 삶을 살 수 있을 것 같습니다"라고 호소했다고 한다. 그의 감동 있는 이야기 결과, 세미나 참석자들은 마음의 문을 열었고, 그 동료는 수백 시간을 기증(?)받을 수 있었다.

가장 비개방적이며 거리감마저 느껴졌던 참가자들이 워크숍을 마치고 나자 변한 것 같았다. 매우 개방적이고 인정이 많은 사람들로….

상대방이 하는 이야기에 귀를 기울이자. 귀기울여 이야기를 듣는 동안 서서히 마법(?)이 시작된다. 마치 아주 오래 전부터 알고 지내왔던 사람들처럼, 과장해서 말한다면 같이 자라온 형제자매들처럼 이야기를 하는 사람과 듣는 사람 사이에는 진한 애정이 흐르게 된다. '무슨 뚱딴지 같은 소리냐' 고 의심할 지도 모르겠지만, 일단 시도해 보라. 이런 친밀감이 느껴지는 걸 당신도 체험하게 될 것이다.

사람들에게 이야기를 하거나 다른 이들의 이야기에 호기심을 갖는 것은, 영향력을 행사하는 기술이기도 하거니와 삶의 방식이기도 하다. '몽고메리 버스 보이콧' 에 관한 이야기를 쓰고 난 뒤 나는 운동을 하기 위해 헬스클럽에 갔었다.

때마침 바로 내 옆에서 운동을 하고 있는 아름다운 흑인 여성과 대화를 나누게 되었는데, 그녀는 내 직업이 무엇이냐고 물었다. 그 질문에 대답하는 과정에서 나는 그 날 쓴 '몽고메리 버스 보이콧' 이야기를 하게 되었다. 그러자 그녀가 놀랐다는 듯이 나를 쳐다보면서 "세상에나, 전 바로 그 현장에 있었어요!" 라고 소리쳤다. 내가 그 이야기를 자세히 해달라고 부탁하자, 그녀는 다음과 같은 이야기를 들려주었다.

"목요일 밤이면 으레 가족들과 함께 영화를 보러 자동차 극장으로 가는 날이었어요. 어머닌 가족들을 위해 늘 시원한 음료수를 준비하시곤 했죠. 저희 가족들이 자주 가는 그 자동차 극장 한 쪽에는 그네가 있었어요. 아마도 오랜 시간 동안 차안에 앉아 있지 못하는 아이들을 위해 마련해 놓은 것 같았어요. 어쨌든, 우린 항상 그 그네를 타면서 놀곤 했죠. 그때 제 나이가 한…, 열 두살 정도였을 거예요.

그 날 밤도 재미있게 영화도 보고 신나게 그네도 뛰고 집으로 돌아오는 길이었어요. 차 유리문을 열었다는 기억이 있는 걸 보니 날씨가 꽤 선선했던 것 같아요. 우리는 차 속에서도 가만히 있질 못했

254

어요. 서로 웃고, 떠들고, 노래부르고…, 전쟁터가 따로 없었다니까요. 그렇게 집으로 돌아가고 있었어요.

한 절반쯤 왔을 때, 그들이 보였어요. 하얀 망토와 두건을 뒤집어 쓴 채 길을 막고 있는 그들을 말이에요. 그들은 보도가 아니라, 도로를 막고 있었어요. 우리도 더 이상 나아가지 못하고 그들과 조금 떨어진 곳에서 멈춰있을 수밖에 없었어요. 곧 그들이 왔다갔다하면서 소리치는 말들이 메아리처럼 울려퍼지면서 제 귀에 들려왔어요.

"검둥이 피가 한 방울이라도 섞여 있으면, 전부 다 죽을 줄 알아!"라고 말이죠. 그 소리를 듣자마자 작은 오빠가 불만에 가득 찬 목소리로 "흥, 누구 마음대로!"라고 소릴 버럭 질렀어요. 그러자 아버지께서 황급히 오빠의 입을 손으로 막았어요. 우리들은 깜짝 놀랐어요. 오빠의 입을 막고 있는 아버지의 눈에 공포가 서려 있는 걸 봤거든요…. 겁먹은 아버지를 보자 우린 덜컥 겁이 났어요. 집에 도착할 때까지 자동차 좌석 아래에 바짝 웅크리고 앉아 있을 정도로 말이죠.

그 사건이 일어나고 난 후, 우리 가족은 한동안 바깥출입을 하지 못했어요. 어디서 어떻게 죽임을 당할지 짐작할 수 없었으니까요. 그렇게 며칠이 지났고, 조금 잠잠하다 싶어 주일 학교에 갔어요. 그런데 학교가 무척 어수선했어요. 혼란스럽기도 하고…. 그 KKK 단원들이 기어코 일을 저질렀던 거였어요. 16번가 교회에 폭탄을 던져 많은 인명이 목숨을 잃었다는…. 곧 KKK 단원들의 만행을 고발하려는 목적으로 가두 시위가 벌어졌어요. 하지만 아버진 위험하다며 제가 시위에 가담하는 걸 결사 반대하셨죠. 대신 그 폭발로 목숨을 잃은 소녀들의 장례식에는 참가할 수 있게 허락해 주시겠다고 하셨어요. 하지만 전 아버지 몰래 시위에 참가했답니다. 모두가 함께 행진하면서 느꼈던 두려움, 흥분, 그리고 자랑스러움이 뒤섞인 감정을 전 평생 동안 결코 잊지 못할 거예요."

나 역시, 그녀의 이야기를 절대 잊지 못할 것이다. 그녀의 이야기를 듣는 그 몇 분 동안에, 우리 사이는 곁에서 운동만 하던 낯선 사람에서 중요한 비밀을 함께 나눈 친구로 바뀌었다. 이야기를 나눈다는 것은 이야기하는 사람이 겪었던 경험을 듣는 사람도 겪게 해주는, 그래서 그 둘을 하나로 묶어주는 역할을 한다.

기회가 있을 때마다 사람들이 하는 이야기에 귀를 기울이자. 그런 이야기들을 통해 당신은 미처 몰랐던 많은 것들을 배우게 되고, 미처 느끼지 못했던 친밀감을 느끼게 될 것이다. 아주 소중한….

보이지 않는 이야기를 들어라

어떤 면에서 보면, '듣기'를 설명하는 이 장은 인간의 '관심'에 대해 간단한 것 같으면서도 복잡한 내용을 다루고 있다. 당신이 필요로 하는 만큼의 관심을 당신에게 보여주었던 사람이 당신 주위에 있(었)는가? 혹시 그렇다면 그때가 언제였는가? 사람들 대부분이 이런 질문에 대해 '잘 모르겠다'고 하거나, 혹은 '딱 들어맞는 경우가 생각나지 않는다'라고 대답한다고 한다.

우리가 당면하고 있는 사회적인 현실들은 우리를 '분리의 악순환'으로 몰아가고 있다. "난 사람들의 관심을 충분히 받지 못했어.

그런데 왜 내가 다른 사람들에게 관심을 보여야 하지?'라고 반응을 보이면서 말이다. 이와 같은 분위기에서는 냉소주의가 상호존중의 자리를 빼앗고, 분리가 통합의 자리를 새치기하며, 저항이 영향력을 밀어낸다.

이런 분위기를 바꿀 수 있다면 즉, 사람들을 나누어 쪼개는 '분리'에서 '연결'로 전환시킬 수 있다면, 당신은 영향력의 성공률을 높이게 될 것이다. 그리고 보너스로 당신 스스로의 분위기도 바뀌게 된다. 물론 말만큼 쉽지는 않다. 하지만 당신은 해낼 수 있다. 사람들에게 관심을 기울이는 것만으로도 충분히, 당신은 연결의 순환 고리를 만들어 낼 수 있을 것이다. 당신 자신에게, 상대방에게, 그리고 우리 모두의 이야기에 관심을 기울임으로써 말이다.

이를 위해 당신에게 권할 수 있는 유일한 비법은 '일단 시도해 보라'는 것이다. 서로에게 관심을 보여주고, 서로의 이야기를 들어줄 수 있는 시간을 만들자.

'언제, 어디서, 어떻게' 실행해야 하는지 머릿속에서 뱅뱅 맴도는 생각만 하는 건 시간낭비에 불과하다. 일단 시도를 해보자. 그러면 고민하느라 소비하는 시간만이라도 절약할 수 있다. 그것을 정당화하기 위해 측정 가능한 결과를 도출하려고 하지도 말자. 이것 역시 시간낭비이다.

그보다는 주변 사람들의 이야기를 듣는 데 시간을 할애하자. 그러면 진정 중요한 것이 무언인지를 다시 생각해 볼 수 있는 기회를 얻게 될 뿐더러, 당신이 믿을 만한 사람이라는 인식을 그들에게 심어줄 수도 있게 된다.

서로에 대한 불신과 분노와 원망의 이야기에 사로잡혀 있는 사람들이 하나씩 꽉 들어찬 칸막이들 사이로는 절대 영향력이 흐르지 않는다. 영향을 주고자 하는 사람들과 그들의 이야기, 그들에 관해 당신 스스로에게 하는 이야기, 당신에 관해 그들 스스로가 자문하는 이야기, 그리고 다음 장들에서 소개될 협동과 상호존중에 관한 이야기 등에 관심을 기울이는 바로 그때, 영향력은 자연스럽게 흐르게 된다.

밝고 긍정적인 미래를 약속하는 이야기. 이것은 사람들에게 협력을 촉진하는 원동력으로 작용한다. 당신이 영향력을 주고 싶은 사람들이 하는 이야기에 귀기울이자. 그것은 당신이 원하는 방향으로 그들을 이끌어갈, 바로 '미래의 이야기'를 창조하는 길이다. 비전을 주는 이야기는 10대에게 방종이 아니라 절제를 가르치고, 고용인에게는 고객 서비스에 좀더 관심을 쏟도록 영향을 준다.

그런데 이러한 미래 이야기를 하기 전에 선행되어야 할 일이 있다. 그들 자신의 현재 이야기를 깊이 이해해야만 하는 것이다. 그 이야기 속에 담긴 두려움, 희망, 그리고 꿈에 대해서 말이다.

만약 당신이 영향을 주고자 하는 사람이 당신과 다른 문화권 출신이라면(혹은 당신과 다른 세대라면), 그들은 지구가 아닌 다른 행성에서 온 외계인과 같다. 사용하는 언어도 다를 뿐더러 사고방식이 전혀 다르기 때문이다. 어쩌면 당신에게는 아주 효과만점인 '미래 이야기'가 그들에게는 전혀 먹혀들지 않을 수도 있는 것이다. 이럴 경우에는 그들의 이야기와 세계를 이해하는 데 필요한 이야기를 하자.

사람들의 행동이 내포하고 있는 의미를 바꾸고 싶다면, 그들이 현재 살고 있는 곳으로 직접 가서 그곳에서 그들을 만나야 한다. 즉, 아무 선입견 없이 그들을 둘러싸고 있는 환경을 먼저 살펴보고, 그 환경에 친화되도록 노력해야 한다. 몇 년 전부터 익숙했던 것처럼 말이다. 그래야만 그들을 이해할 수 있고, 그들의 행동을 이해할 수 있으며, 궁극적으로 그들에게 영향을 끼칠 수가 있다.

좀더 나은 고객 서비스를 위해 새로운 시스템을 도입하기로 했다. 그런데 여기서 한 가지 먼저 짚고 넘어가야 할 것이 있다. 이 시스템이 직원들에게 '현재보다 더 많은 양의 일'을 의미하는가, 혹은 '좀더 높은 긍지, 좀더 많은 급여, 좀더 적은 일'을 의미하는가? 이것이 의미하는 바에 관해 신경을 쓰는 행동은 결코 바람직한 '듣기 자세'가 아니다. 진정한 듣기는 당신이 요구하고 있는 그 행동이 의미하는 바를 밝혀 내는 행위를 말한다.

먼저 차분히 앉아 직원들의 이야기에 귀기울여야 한다. 그리하여 새로운 시스템에 대해 가지고 있는 그들의 두려움과 욕구를 처리해 줄 새로운 미래 이야기를 만들어야 한다. 그렇지 않다면, 합병 후 직원들의 저항심과 불쾌한 감정을 누그러뜨려 달라고 나에게 도움을 청한 이 CEO처럼 결국 돈과 시간 모두를 낭비하게 되는 것이다.

나는 그에게 충격을 줄 작정을 하고 말을 꺼냈다.

"당신 급여는 직원들 급여의 약 50배 정도입니다. 그러나 당신은 당신 급여의 50분의 1정도의 급여만을 받는 직원들의 직장을 빼앗았고, 주가를 15%나 떨어뜨렸으며, 불확실한 시장상황을 초래했습니다. 뿐만 아니라 고객 서비스를 해칠 것처럼 '비춰지는(?)'

비용의 절감을 단행했습니다. 바로 이런 점들을 하나하나 따져 생각해 봅시다. 음…, 직원들을 설득하는 데 당신의 어떤 점이 걸리는 걸까요?"

그런데 놀랍게도 그 CEO는 대뜸 이렇게 말했다.

"자, 자, 좋습니다. 그렇게 머리 복잡한 문제는 잠시 옆으로 밀쳐 놓고 나중에 생각하기로 합시다. 먼저 직원들을 설득하는 데 사용할 수 있는 전략들은 어떤 것이 있습니까?"

이런, 그 문제를 잠시 옆으로 밀쳐놓는다고?!! 그 문제가 가장 중요하고 시급한 문제임을 그는 깨닫지 못하고 있었다. 바로 여기에서 우리의 현실이 극명하게 드러나고 있다. 사람들의 마음 속에 숨어 있는 두려움과 욕구를 잠시 밀쳐둔다는 건 말 그대로 임시 방편에 불과하다. 그런 전략은 단기적으로 볼 때에는 효과가 있는 것처럼 보이지만, 장기적으로는 절대 영향을 주지 못한다. 만약 단기적인 결과를 원한다면, 굳이 힘들게 사람들의 마음 속으로 들어갈 필요가 없다. 그런 수고는 오히려 시간낭비일 뿐이다.

그러나 당신이 영향을 미치고자 하는 사람들과 장기적으로 관계를 지속시키고 싶거나 그들의 비범한 창조력에 불을 붙이고 싶다면, 그들의 이야기 전체와 그들만의 세계에 관해 열심히 듣고 배워야만 한다.

이야기가 지식이다

질문을 많이 하는 게 이야기를 잘 듣는 방법이라고 생각하는 사람들이 있다. 그런 사람들의 질문은 종종 이야기의 흐름을 끊기도 하며, 심하게는 그 이야기가 끌어내기 시작한 통찰력의 맥을 끊어 놓기도 한다.

"차가 찻잔을 넘어 흘러내릴 때까지 계속 따른 이유가 정확하게 무엇이죠? … 수도승은 왜 숲 속에서 잠을 잤나요? 그 오두막에서 잘 수도 있었잖아요. 참, 밤늦게까지 현자를 기다렸다고 하는데 그는 어디서 잠을 잤나요? … 잠깐만, 그 현자는 어떤 옷을 입고 있었죠? …." 이렇게 질문을 해대는 사람들 앞에서 이 장 첫머리에 소개한 '수도승 이야기'를 했다면, 이야기의 흐름은 분명 두 동강났을 것이다.

몇 년 전, 나는 아주 독재적으로 회사를 경영하는 CEO를 만난 적이 있었다. 나는 '직원들에게 영향을 주기 위해서는 이야기를 이용해야 한다'고 그에게 누누이 이야기했지만, 그는 내 말을 묵살해 버렸다. 그러면서 직원들이 자신의 말을 제대로 듣지 않고 이해하지도 못할 뿐만 아니라, 일도 제대로 수행해내지 못한다고 투덜거렸다. 나는 아주 세세한 사례까지 들어가며 그에게 영향을 끼치는 방법을 가르쳐 주었다. 하지만 쇠귀에 경읽기였다.

물론 나도 그가 했던 것처럼, 그가 하는 이야기에 똑같은 짓(?)을 할 수 있었다. 하지만 그가 내 이야기를 무시했듯이 나도 그의 이야기에 흠집을 냈다면, 우리 관계는 아주 서먹서먹하고 찜찜한 상태로 끝났을 것이다. 대신 나는 그가 이야기를 통해 성공적으로 영향을 미쳤던 경험을 말하도록 유도함으로써, 좀더 나은 결과를 이끌어 낼 수 있었다. 적대적인 논쟁을 벌이거나 서로의 체면을 상하지 않고도, 나는 그 CEO로 하여금 새로운 관점을 스스로 찾아내도록 만들었던 것이다.

사람들에게 이야기를 해보라고 제안하는 게 '어디, 이야기 한번 해보시지' 라는 식의 적대적인 게임이 돼서는 안 된다는 것을 기억하자. 이 게임은, 기억력이 좋지 않은 사람이 그의 견해를 뒷받침해 줄 만한 사례를 적재적소에 들지 못했을 때, 그를 헐뜯고 공격하여 마침내 패자로 모는데 일반적으로 이용되고 있다. 그러나 이것은 영향력이 아니다. 승자·패자가 갈리는 논쟁인 것이다. 이것은 흔히 패자(?)의 입을 다물도록 만들 수는 있지만, 승복시키지는 못한다.

'듣기' 가 이처럼 적대적인 전술로 이용되면, 사람들은 본능적으로 위험을 감지한다. 그리고 그들이 내린 결론의 밑바닥에 깔려 있는 불확실성의 취약함을 드러내려 하지 않을 것이다. 더불어 그들의 생각 주변에 도저히 넘을 수 없는 아주 높다란 담을 둘러칠 것이다. 만약 듣기를 통해 다른 이로 하여금 스스로의 생각을 돌이켜 보게 하려는 의도를 가지고 있다면, 당신은 실제로 존경심과 호기심을 불러 일으켜야 한다.

훌륭한 화가로 존경받는 예술가들은 평생 끊임없이 배우고 또 배운다. 물감의 질감과 성분에 대해, 캔버스의 표면에 대해, 그리고 독특한 상징과 비유에 대해 그들은 배우기를 멈추지 않는다. 만약 영향력 있는 삶을 살고자 한다면, 당신 역시 절대 배우기를 멈춰서는 안 된다. 그것도 평생 동안 말이다.

사람에 관해 배운다는 것은 그들의 이야기를 듣는다는 걸 의미한다. 그들의 이야기에 귀를 기울이면 그들의 눈으로 세상을 볼 수 있을 뿐만 아니라, 지금까지 보지 못했던 것들을 배울 수 있게 된다. 그리고 그들이 사용하는 목소리, 타이밍, 억양, 스타일 등을 통해 이야기 도구를 새롭게 배울 수도 있게 된다. 또한 당신의 이야기 스타일에 사람들이 어떻게 반응하는 지도 알 수 있게 된다.

실력 있는 건축가는 지형의 기반에 대한 이해를 완전히 하기 전까지 건물을 짓지 않는다. 유능한 설득자는 과거 이야기를 먼저 이해한 다음에 새로운 이야기를 해나간다. 사람들에게 영향을 끼치려고 조급하게 달려들지 말고, 그들의 이야기를 해달라고 먼저 조르자. 그들만의 이야기를 전부 모아 조합하면, 당신이 영향을 주고자 하는 정신적 성향에 관한 지도를 얻을 수 있다.

쪼개도 쪼개도 다시 모아지는, 그래서 하나의 온전한 방울로서 형태를 유지하는 액체 수은을 본 적이 있는가? 이야기도 그것과 마찬가지이다. 이야기는 다루기 쉬운 조각으로 쉽게 쪼개지지 않는다. 그리고 설사 쪼개졌다 해도 그것은 이미 이야기가 아니다.

만약 당신이 사람들의 이야기를 잘 듣지 않는다면, 당신 스스로의 이야기를 강화하기 위해서 사람들의 이야기를 듣는다면, 다른 이들의 이야기를 잘게 쪼개려고만 애쓴다면, 사람들의 이야기에서 당신이 배울 수 있는 건 아무 것도 없다.

　당신에게 이야기의 전체를 보여주려고 애쓰는 사람에게 "결론만 말하시오!"라고 핀잔을 준다면, 바로 그 순간, 이야기의 의미는 연기처럼 사라지게 된다. 이야기에 귀를 기울여라. 당신은 지금보다 더 총명한 사람이 될 수 있고, 더 유능한 설득자가 될 수 있다. 영향력 있는 사람이 되기 위해서는 먼저 배우는 사람이 되어야 한다.

NO! 두서 없이 튀는 말, 자아도취 이야기

"아무리 나이가 많이 들어도, 이야기할 거리가 없으면 당황하게 된다.

― 에이브러햄 링컨(Abraham Lincoln)

이카루스는 하늘을 날고 싶었다. 세상에서 가장 높은 곳에 도달하고 싶었고, 하늘을 날았을 때 듣게 될 사람들의 칭송을 갈망했다. 그는 하늘을 마주보고 누워 새들이 날아다니는 모습을 바라보면서, '언젠가는 내가 저 새들보다 더 높은 곳을 날게 될 날이 올 거야' 라고 다짐하면서 하루하루를 보냈다.

그러던 어느 날, 몽상가처럼 단지 꿈만 꿔서는 안 되겠다는 생각이 불현듯 떠오른 그는 자신을 하늘 높이 올려줄 날개를 만들기 시작했다. 매일매일 나뭇가지와 새의 깃털들을 모았고, 그것들을 밀랍으로 붙여 아름답고 커다란 날개를 완성했다.

'날개를 가지고 있는 새들조차 내 날개를 부러워할 거야.'

이카루스가 어떤 일을 벌이려는지 눈치 챈 아버지는 걱정스런 목소리로 그에게 주의를 주었다.

"아들아, 꼭 날고 싶다면…, 날아 보려무나. 하지만 절대 태양 가까이로 날아가서는 안 된다. 네가 어떻게 될까봐 이 애비는 걱정이 되는구나…. 내 말 명심해야 한다. 알았지?"

이카루스는 아버지의 말에 명심하겠다는 뜻으로 고개를 힘차게 끄덕였다. 그러나 당장 눈앞에 펼쳐질 모험에 들뜬 그의 귀에 아버지의 걱정이 들어올 리 없었다.

다음 날 아침 일찍, 그는 언덕 위로 올라가 가족과 친구들이 지켜보는 앞에서 날갯짓을 시작했다. 처음 시도하는 것이라 미숙해서인지 날개가 제대로 잘 펴지지 않았다. 이카루스는 앞으로 뛰어나가면서 날개를 힘차게 파닥거렸고, 땅을 박차고 공중을 향해 날았다. 그러나 곧 바닥을 향해 수직으로 추락하기 시작했다.

생사가 결정되는 위험천만의 순간, 기적적으로 날개가 쫙 펴지면서, 곧 활공을 할 수 있었다. 성공이었다! 시간이 좀더 지나자 날개를 제 팔처럼 다루게 된 그는 원하는 데로 자유롭게 날아다닐 수 있게 되었다.

곧 태양빛이 가장 강렬한 정오가 되었다. 이카루스는 아래에서 그를 안타깝게 올려다보고 있는 가족과 친구들에게 자랑스럽게 소리쳤다.

"자, 잘 봐!"

그는 나선을 그리며 좀더 높이 올라가더니, 공중에서 아름다운 공중 발레를 보여 주었다. 아버지는 다시 한번 더 경고의 말을 외쳤다. "얘야, 태양 가까이에 가지 말아라!"

하지만 이미 하늘 높이 올라가 있는 이카루스에게 그의 목소리는 들리지 않았다.

그는 점점 더 태양 가까이 날아갔다. 비행의 황홀감에 도취된 나머지, 날개 바깥 쪽의 밀랍이 녹아 내리고 있다는 사실도 알아차리지 못한 채…. 그리고 점점 밀랍과 깃털 덩어리가 하나 둘씩 떨어져

나가기 시작했다. 깃털들이 거의 다 떨어져나가 날개가 가벼워지자, 그제서야 이카루스도 무슨 일이 일어나고 있는지 알아차리게 되었다. 하지만 이미 돌이킬 수 없는 지경에 이르렀다. 가족과 친구들은 날개를 잃은 그가 바다 속으로 곤두박질치는 모습을 속수무책으로 지켜볼 수밖에 없었다.

세기의 걸작이라고 사람들에게 칭송 받는 예술이 있다. 반면에 그렇지 않은 것도 허다하다. 이야기도 마찬가지이다. 당신이 하는 이야기가 좋은 이야기라고 칭찬 받을 수도 있고, 형편없다고 비난을 받을 수도 있다. 그리고 때로는 이야기를 아주 잘한다는 사람이 자만에 빠진 나머지 이카루스처럼 날개를 잃어버릴 수도 있다.

강력한 힘을 지닌 이야기를 청중들에게 하는 순간, 당신은 그것의 위력을 느끼게 될 것이다. 당신의 시야에 한꺼번에 들어오는, 당신의 이야기에 도취된 수많은 얼굴과 눈동자들…. 그리고 그들의 머릿속에 확고하게 자리잡은 당신의 모습. 그러나….

판도라 상자의 비밀을 지켜라

제우스가 절대 열지 말라던 상자를 판도라가 열었을 때, 그 안에서 각종 재앙과 질병, 그리고 어두운 감정들이 튀어나와 사방으로 흩어져 숨어버렸다. 그리고 놀란 판도라가 재빨리 상자를 닫아버렸을 때에는 오직 '희망' 만이 남았다.

판도라의 상자는 그리스 신화에만 있는 것이 아니다. 이야기 안에도 존재한다. 일단 이야기의 '판도라 상자'를 열면, 그 상자가 가지고 있는 어두운 면을 도저히 무시할 수 없게 된다.

이야기 기술에는 반드시 무거운 책임이 뒤따른다.

전문 이야기꾼인 내 친구 한 명은, 이야기가 주는 황홀경에 빠진 수많은 얼굴들(벌어진 입과, 최면에 걸린 듯한 눈들을 포함해서)을 바라보면서 이렇게 말하곤 한다.

"오, 신이시여! 방금 저는 저 사람들을 제 손바닥 위에 올려놓았습니다. 이제 어떻게 해야 합니까?"

이렇게 대부분의 훌륭한 이야기꾼들은 스스로의 힘에 놀라곤 한다. 영향력은 두려운 대상일 수 있다. 아니, 두려워해야만 한다.

이야기를 잘하는 방법을 배우면 분명 당신의 영향력은 커질 것이다. 그러나 당신이 행여나 이야기를 이용해 사람을 속여 돈을 빼앗고, 누군가를 부당한 방법으로 해고하고, 그럴 자격이 없으면서도 대가를 거머쥐는 등 비윤리적인 방법으로 영향력을 행사하려한다면? 초기에는 나타나지 않지만, 결국 당신이 하는 이야기와 당신의 인생의 결말은 좋지 않게 끝날 것이다.

나는 진심으로 당신이 이야기 기술을 긍정적이고 좋은 방향으로 이용하길 바란다. 다른 사람의 삶의 질을 향상시키고, 건강하게 그리고 즐겁게 하는 데 당신의 이야기와 영향력이 쓰여지길 말이다. 그리고 이렇게 함으로써 더불어 당신 스스로의 인생도 긍정적으로 바뀔 수 있게 된다. 즉, 당신이 스스로의 삶뿐만 아니라, 주변 사람들의 삶까지 긍정적으로 개선시키고자 진정으로 원할 때, 당신의 (인생)이야기는 드디어 해피엔딩으로 끝나게 되는 것이다.

확고한 책임감에 기반을 두지 않는, 그리고 윤리에 의해 조절되지 않는 힘은 이카루스 이야기와 동일선상이 될 수 있다. 이미 나는 법을 알고 있다면, 태양에 너무 가까이 가는 게 위험하다는 것도 알아둬야 한다. 내가 당신에게 말해줄 수 있는 최상의 충고는, '당신의 날개가 밀랍으로 만들어져 있다는 걸 잊지 말라' 는 것이다.

현자의 굴레를 벗어 던져라

'상대방을 선입견 없이 동등하게 여길 줄 아는 태도' 를 지닌 이야기꾼이 사람들에게 내뿜는 영향력은 아주 강력하다. 그래서 이런 이들이 사람들에게 영향력을 행사하는 건 어쩌면 당연한 일인지도 모른다. 물론 일부 사람들은 이야기 기술을 갖추고 있지 않아도, 상대방을 존중하는 마음을 가지고 있지 않아도, 사람들에게 영향을 끼치기도 한다.

권력이라는 힘을 등에 짊어지고 있는 정치가, 세상의 모든 지식을 다 아는 것처럼 떠들어대는 현학적인 사람 등은 사람들의 마음을 사로잡을 수 있는 능력을 가지고 있다. 그것도 사람들이 눈치채지 못하게 아주 은밀하게 말이다. 하지만 나는 당신이 그런 류(?)의 사람이 아니길, 그리고 그렇게 되지 않길 진심으로 바란다.

'나는 너보다 우월하다' 고 티를 내는 건, 상대방을 존중하지 않고 있다고 공개적으로 드러내는 행동이다. 당신은 상대방이 지금까지 해온 선택들을 존중하면서 지금보다 나은 방향으로 그들을 천천히 이끌어야 한다.

사람들에게 영향을 끼친다는 게 꼭 좋은 것만은 아니다. 이것은 영향을 끼치려는 사람이나 영향을 받으려는 사람 모두를 위험에 빠뜨리게 할 수도 있기 때문이다. 비록 내가 하고 있는 이야기가 사람들이 종전까지 가지고 있던 이야기보다 더 훌륭하고, 더 효과적이며, 좀더 나은 성공을 보장하는 것이라 할지라도, 100% 확신할 수는 없기 때문이다. 게다가 듣는 사람들보다 우월한 입장을 가지고 있다고 믿는 사람들이 이야기를 할 때에는 결과적으로 원망이나 의존을 불러일으키게 된다. 그리고 이 둘은 모두 골칫거리가 된다.

처음에는 '의존'이라는 것이 마치 성공한 영향력의 실체 같아 보일 것이다. 실제로 많은 사람들이 스스로 생각하는 걸 그다지 좋아하지 않는다. 어떤 문제가 닥쳤을 때, 누군가가 나대신 해답을 만들어 줘어주길 바라는 것이다. 그래서 '나는 이 문제에 대한 해답을 가지고 있다'는 이야기를 아주 감동적으로 하는 사람에게 추종자들이 따르기 마련이다. 하지만, 곰곰이 생각해보자. 이것이 정말로 당신이 진정으로 바라는 영향력인가? 당신의 이야기만 맹목적으로 믿는 추종자들의 수를 늘리는 것이 당신이 원하는 것인가?

작가이자 강연가로도 성공한 내 친구는 나만 보면 늘 이렇게 불평을 해대곤 한다.

"사람들이 자꾸 나에게 현자라는 칭호를 붙이려고 해서 정말 짜증이 나. 그리고 무슨 문제든 먼저 해결해 보려고 생각도 않고 나에게 먼저 달려와. 난 내가 꼭 해결사 같아"라고 말이다.

당신도 알다시피 자고로 영향을 미치는 데에는 다 '때'가 있기 때문에, 나는 바로 그 자리에서 그에게 별다른 충고를 하지 않았다. 하지만 난 이렇게 말하고 싶었다. "이봐, 사람들이 너에게 너무 의존하고 있다는 생각이 드는 건, 네가 어떤 식으로든 그런 분위기를 조성했기 때문이야"라고 말이다.

약간의 카리스마와 좋은 이야기를 가지고 있는 사람은 흔들리기 쉬운(?) 사람들을 자극하기가 쉽다. 그들 스스로가 사고하는 걸 포기하도록 만들 수가 있는 것이다. 게다가 대부분의 사람들은 현자 타입을 좋아한다. 그의 분야가 사업이든, 종교이든, 정치이든, 예술이든 간에 말이다. 그리고 실제로도 그 분야에 속한 현자들(?)의 의기양양해 하는 모습이 자주 목격되곤 한다.

현자 타입의 어떤 사람이 '모든 문제의 해답을 가지고 있는 현명한 스승'이라는 우월감을 지닌 채 이야기를 해나가면, 추종자들의 얼굴에는 황홀한 표정이 떠오른다. 그러나 분명히 말하건대, 추종자들을 제외한 나머지 사람들의 얼굴에서는 절대 그런 표정을 발견하지 못할 것이다. 그들은 오히려 의혹이 드는 이야기를 들으면 말은 안 할 지라도 눈썹을 치켜올리고, 눈망울을 굴리는 등의 반응을 보일 것이다. 그리고 견디다 못해 결국에는 그 사람의 젠체하는 태도에 화를 낼 것이다. 결국 그는 영향력을 미칠 수 없게 된다.

박학다식한 체 하지 말자. 현자인 체 하는 걸 그만두면, 일부 추종자들을 실망시킬 수는 있겠지만, 그만큼 더 많은 청중들에게 다가갈 수 있는 기회를 얻게 된다. 현자에 대한 집착은 사실 매우 유혹적이다. 당신을 따르는 추종자들 때문에 잠시 포만감이 들지는 모르지만, 그들의 수가 늘어나면 늘어날수록, '스스로 생각하는' 대중은 사라진다.

카리스마도, 좋은 이야기도 없으면서 시건방진 태도로 이야기를 하는 사람들도 있다. 그들은 '현자 집착병'을 일으키지는 않지만, 자기 자신만이 옳다고 믿는 병(?)으로 고통받게 된다.

그들은 일일이 방향을 지시해줘야만 하는 어린이에게 말하듯, 청중들에게 똑같은 방식으로 말한다. 하지만 가장 인기 있는 어린이 대상 프로그램을 맡고 있는 이야기꾼조차 그런 식으로는 말하지 않는다. 고의로 꾸며낸 목소리로 이야기를 하는 것을 이야기 모임에서는 '이야기 목소리'라고 부른다. 과장된 몸짓과 함께 이용되는 이 목소리는 매우 단조로울뿐더러, 솔직히 그걸 듣는 순간 의자 아래로 기어 들어가 숨고 싶을 정도로 당혹감이 든다.

자신의 목소리에 대해 자신감이 없어서 일부로 목소리를 만들어 내는 경우도 있지만, 청중을 마치 혼자서는 아무 판단도 내릴 수 없는 어린이처럼 생각해서 그런 목소리를 내는 건 당장 그만 둬야 한다. 상대방에 대한 존중심은 말투나 몸짓과 같이 세세한 것들을 통해 전달되는 것이므로, 당신은 청중을 대할 때 하나의 인격체로서 존중심을 가지고 대해야 한다.

물론, 실제로 일부 사람들은 스스로가 우월하다고 믿고 있다. 이런 사람들은 특히 조심해야 한다. 확고한 우월감에서 나온 말들은 '저항'과 '의존'이라는 측면에서 보면, 아주 부정적인 의미를 지니고 있을 수 있기 때문이다.

저는 지금, '앞으로 닥쳐올 우리의 미래와, 우리가 행할 행동과, 우리가 해결해야 할 문제에 대해 축복을 내려주십사' 신께 기도 드리고 있습니다. 전능하신 분은 교만과 소심한 복종으로부터 우리를 보호해 주실 것이며, 우리가 바른 길을 갈 수 있도록 도와주실 것입니다. 신은 우리를 위해 그 길을 마련해 주셨고, 우리로 하여금 항상 올바른 일을 할 수 있도록 용기를 주실 것입니다. 그리고 어떤 위협이나 위험 앞에서도 결코 머뭇거리거나 약해지지 않을 용기를 주실 것입니다….

형제 자매를 진심으로 걱정하는 사람이 위의 말을 했다면, 아주 감동적이었을 것이다. 하지만, 이 글은 사실 히틀러가 유대인 집단 학살을 자행하기 위해 자국민들을 부추기려고 한 말이었다. 어떤가, 두려움이 느껴지지 않는가? 바로 이 대목에서 '우월감에 대한 환상은 경계해야 할 위험을 동반한다'고 말하면 그것으로 충분하다. 이야기를 듣는 사람이 스스로 결론을 내리도록 내버려두자. 그들의 지혜를 신뢰하고, 스스로 생각하여 판단하도록 놓아두자. 청중들 옆에 서서, 그들의 관점으로 그들과 함께 같은 곳을 바라보자. 당신이 할 일은 거기까지이다.

두서 없이 튀는 대화를 정리하는 세 가지 전략

이야기꾼인 당신이 저지를 지도 모를 커다란 죄악 중의 하나는 청중의 입에서 하품을 나오게 만드는 것이다. 길이가 너무 길거나, 내용이 너무 장황하거나, 목표가 분명하지 않은 이야기는 사람들을 지겹게 한다.

청중을 망각한 이야기는 십중팔구, '하품 감'이다. 당신 앞에 턱을 괴고 앉아서 당신 이야기에 잔뜩 기대를 걸고 있는 사람에게 실망을 안겨 주고 싶지는 않을 것이다. 하지만 그렇다고 해서 미리부터 겁먹고 "나, 이야기 안 해!"라고 소리치지는 말자. 왜냐구? 당신의 삶 속에는 당신이 아직 발견하지 못한 아주 재미있는 이야기가 서너 개쯤은 숨겨져 있을 테니까….

이야기를 듣는 사람들의 흥미라는 톱니와, 이야기를 하는 당신의 흥미라는 톱니가 서로 맞물려 돌아가는 순간, '당신의 이야기는 아주 재미있다'는 가정은 현실이 된다. 서로의 톱니가 맞물려 잘 돌아가기 위해서는? 물론, 기름을 바르면 된다. 여기에서는 '공통된 인간성'이라는 기름을 발라야 하지만 말이다. 그래도 혹시나 내 이야기가 사람들을 지겹게 만들지나 않을까 하는 의심이 든다면? 걱정하지 말아라. 당신을 위해 마련해 둔 아주 특별하고 효과만점인 전략들이 있으니까….

어떤 워크숍에서 젊은 기술자가 나에게 물었다.
"스스로가 두서 없이 말한다고 생각하는 어떤 사람이 지겹게 말하는 걸 그만두기 위해서는 어떻게 해야 합니까?" 그의 이 두서 없는 질문으로 보아, '두서 없이 말하는 어떤 사람'은 다름 아닌 그 자신인 것 같았다. 그리고 '사람들을 지루하게 만들면 어쩌나' 하는 그의 걱정이 그의 말을 더 두서 없게 만드는 것 같았다. 나는 그를 위해 세 가지 전략을 짜기로 했다. 당신이 만약 두서 없이 말하는 사람이라고 생각된다면, 동참해도 좋다!

전략 하나, 구체적으로 말하자!

일반적으로 사람들은 가상적인 말보다 구체적인 말에 좀더 흥미를 갖는다. 나는 그 기술자에게 "두서 없이 말하는 어떤 사람이라는 가상적인 말 대신, 구체적으로 누구인지 얘기해 보세요"라고 요구했다. 그러자 그는 처음에 경계하는 듯 머뭇거렸다. 결국, 그 '어떤 사람'은 바로 자신임을 실토했다.

"누군가 당신의 이야기가 지겹다고 말한 적이 있나요? 도대체 당신의 어떤 점이 사람들을 지겹게 한다고 스스로 생각하는 거죠?"

이 구체적이고 적나라한 질문은 워크숍에 참가한 모든 사람들의 이목을 집중시켰다. 기술자가 대답할 차례였다. 사람들은 전부 그를 보면서 대답을 기다렸고, 그는 순간 사람들의 시선이 부담스러웠는지 재빨리 "내 이야기를 지겨워 할까봐 초조해지는 바람에 말을 빨리 끝내버려야겠다는 생각을 하기 때문이에요"라고 대답했다.

그에게는 다른 사람이 아닌, 바로 그 자신을 위한 전략이 필요했다. 다른 사람들이 지겨워 할까봐 이야기를 빨리 끝내야겠다는 부담감이 기술자를 초조하게 만들었고, 그 초조함이 그의 말을 두서 없게 만들었던 것이다.

누군가를 정확히 지정하지 않은 그의 '가상적인' 질문은 사람들의 주의를 끌지 못했다. 하지만 내가 그의 가상적인 질문을 구체적인 것으로 전환시키자, 곧 워크숍에 참가했던 모든 사람들이 흥미를 갖게 되었다.

가상적인 내용을 담은 이야기를 하는 당신은 청중들에게 감각적이거나 감정적인 자료를 제공하지 못한다. 딱딱한 이론만 들어 있는 이야기도 마찬가지이다. 구체적인 이야기는 두뇌 전체에 작용을 하지만, 딱딱한 이론은 두뇌의 극히 일부분만을 자극하기 때문이다.

최근에 나는 어떤 라디오 건강 프로그램에 나온 다이어트 전문가가 '체중증가의 원인은 체내의 단백질과 탄수화물 비율의 변화'라는 딱딱하고 지루한 이야기를 아주 재미있는 이야기로 싹 바꿔놓는 마술을 들은 적이 있다.

그는 자신의 다이어트 비법이 '프랑스 사람들은 단백질 덩어리인 육류를 마음껏 먹고, 탄수화물 성분이 다량으로 함유된 포도주를 주량껏 마시며, 피고 싶은 만큼 담배를 피우는데도 건강을 위해 모든 것을 자제하는 미국인들보다 심장질환 발병률이 더 낮은 이유에서 힌트를 얻었다'고 했다. 만약 그가 다른 다이어트 전문가들처럼 주저리주저리 이론에 대해서 떠들어댔다면? 나는 당장 라디오를 꺼버렸을 것이다. 그의 이야기가 딱딱한 이론이라는 옷을 벗고 구체적이라는 옷을 입게 되자, 나의 흥미를 끌게 된 것이었다. 이처럼 구체적인 것은 사람들의 흥미를 유발시키는 작용을 한다.

전략 둘, 말을 멈춰라!

이 전략이 실행하기에 가장 쉬운 것처럼 느껴지겠지만, 두서 없이 말하는 사람에게는 솔직히 제일 어려운 일이다. 청중들이 당신의 이야기를 지루해 하고 있다! 꾸벅꾸벅 졸고 있는 사람도 여럿 눈에 띈다. 자, 상황이 이 지경인데 당신은 뭘 하고 있는가? 지루해 하는 그들을 보며 초조해 하기만 할 것인가? 이야기를 빨리 끝내기 위해 허둥대면서 안절부절못하고 있을 것인가? 말끝을 흐리고 이야기의 결말을 대충 얼버무리면서 '난 안 돼'라는 패배의식에 사로잡혀 당신 자리로 되돌아올 것인가? 이젠 더 이상 그러지 말자. 이럴 땐, 먼저 '전략 둘, 말을 멈춰라!'를 떠올리자.

그들은 왜 당신의 이야기를 지겨워할까? '당신은 항상 하품만 늘어지게 나오는 이야기만 골라서 해요'라고 사람들이 단정짓기 때문에? 당신의 진심은 몰라주고 당신의 몇 마디만 듣고서는 '에이, 뻔한 이야기잖아! 이 이야기의 결론은 요렇게 끝날 거야'라고 스스로 추측하여 결론을 내버리는 일부 몰지각한 사람들 때문에? 하지만 다시 생각해보자. 문제가 과연 청중들에게만 있었을까?

이야기를 하는 당사자인 당신의 모습을 한 번 둘러보자. 말투가 어눌해서? 청중들과 눈을 맞추지 못하고 바닥만 쳐다보면서 회피해서? 그런 것들은 사실 아주 미미한 이유들에 해당된다. 이런 행동들을 하면서도 청중을 감동시킨 사람들에 관한 실례를 나는 앞에서 많이 들어왔다. 좀더 깊이 생각해 보자. 혹시 사람들이 진짜 지겹다고 생각하는 어떤 것을 당신이 건드리지는 않았을까? 사람들이 신성불가침한 영역이라고 지정해 놓은 곳을 당신이 무례하게 침범하지는 않았을까?

언젠가 어떤 회의에서 이야기를 아주 지루하게 한 남자를 본 경험이 있다. 그가 어찌나 이야기를 지루하게 하던지, 그가 무엇에 관해 이야기를 했는지는 솔직히 기억에 없다. 하지만, 지금까지도 선명하게 기억하는 것은 그의 이야기에 반응하는 청중들의 적나라한 모습들이었다.

그에게 부여된 시간은 이미 훨씬 넘은 상태였고, 사람들은 지루해하다 못해 의자 위에서 몸을 비틀면서 몸부림치고 있었다. 그럼에도 불구하고, 그는 이야기를 계속 했다. 그의 비서가 시간이 넘었다는 신호를 그에게 연신 보내는 모습이 청중들의 눈에 띄었다. 그비서는 두 손으로 Time(시간)의 'T' 자를 만들어 흔들어댔지만, 그는 반응이 없었다. 손가락으로 자신의 목을 긋는 동작을 해 보이면서 '그만 이야기를 끝내라'는 신호를 보내기도 했다. 비서의 사인을 알아듣지 못했는지, 아니면 일부러 모른 척하는 건지 잘 모르겠지만, 어쨌든 그는 이야기를 계속했다.

나는 도대체 그가 무슨 말을 하기에 나를 포함한 청중들을 이렇게 지겹게 만드는가 하는 호기심이 생겼다. 그래서 자세히 그의 모습을 관찰하기로 했다. 그는 종이를 보면서 이야기를 하고 있었는데, 아무래도 이야기를 하기 위해 미리 종이에 글을 써 가지고 온것 같았다. 그의 모습은 중학교 조회시간에 교장 선생님이 단상 위에 올라가 지루한 이야기를 끝없이 말씀하시던 광경을 떠올리게했다.

그는 자신이 적어온 메모를 온전히 읽는 데에만 급급해, 처음에 무슨 목적으로 이야기를 하려 했는지 잊어버리고 있었다. 그는 이미 청중이 아니라 자기 자신을 위해 이야기를 하고 있었던 것이다. 만약 그가 비서의 사인대로 말을 잠시 멈추고 상황을 파악했더라면, 결과는 좀더 나아졌을 텐데….

전략 셋, 청중들에게 묻자!

"지금 제가 하고 있는 이야기, 지루해요?"

나는 늘 이야기를 하는 중간중간에 청중들에게 위와 같은 질문을 던지곤 한다. 이때 청중들이 거짓으로 긍정적인 대답을 하지 않도록, 절대 비난조로 물어서는 안 된다. 설사 당신의 이야기가 정말로 지루하다고 진심으로 말하는 사람이 있다 해도, 그를 탓하거나 비난해서도 안 된다.

때로 "아니오! 어서어서 이야기를 계속하세요!" 라는 아주 열정적인 대답을 들을 수도 있다. 그러면 나는 안심하고 이야기를 계속 한다. 나의 물음에 긍정적이지만 아주 점잖은 대답이 나올 때도 있다. "에…, 흥미가 느껴지는군요…." 이 대답이 의미하는 것은? 그렇다, 겉으로는 긍정적으로 보이지만, 아직은 이야기에 잘 집중되지 않고 있다는 뜻이다. 이럴 땐, 이야기를 바로 이어서는 안 된다. 청중의 관심을 유도하도록 이야기의 방향을 다시 잡거나, 집중이 흐트러진 청중들을 이야기에 직접 참여시켜 관심을 유발해야 한다.

영향력이 지속되기 위해서는 어떤 식으로든 협동적인 노력이 필요하다. 비상시를 대비해 또 하나의 이야기를 소매 속에 감추어 가지고 왔을지라도, 그것을 꺼내어 휘두르기 전에 잠시 참자. 그리고 청중들로부터 이야기를 끌어내자. 그러면 청중들은 당신이 하는 이야기에 확신을 가지게 된다.

초조하거나 이야기가 잘 풀리지 않을 때는 당신의 그 상태를 있는 그대로 인정하자. 부끄럽게 느껴지거나, 자존심이 상할지라도,

그것이 최상의 전략이다. "웬일인지 오늘은 말이 자꾸 헛나오네요"라고 말해도 좋고, 농담조로 "이런, 자꾸 땀이 삐질삐질 나는군요…, 여러분도 혹시 지금 덥습니까?"라는 식으로 말하면, 당장 뭔가 말해야만 할 것 같은데 거짓말이라도 해버릴까라는 부담감에서 벗어날 수 있다. 그리고 당신이 처해 있는 상황을 돌아보고 다시 추스를 수 있는 기회도 얻게 된다. 사람이라면 누구나 초조한 감정을 경험한다. 따라서 당신도 충분히 그럴 수 있다고 생각한다. 그러나 사람들이 절대 용납하지 않는 게 하나 있다. 거짓으로 꾸며대는 것, 그것은 절대 용납하려 들지 않을 것이다.

사람들의 흥미를 끄는 비법 중의 하나는 상호작용을 조절하는 것이다. 너무 추상적으로 들리는가? "자, 제 이야기에 주목하세요!"…, "조금만 주목해 주십시오!"…, "여러분, 제 이야기를 듣고 있습니까?"…. 누군가가 이야기를 하는 도중에 이런 말을 남발한다고 상상해 보자. 어떤가? 이야기를 하는 사람의 자질이 의심되지 않는가? 이야기의 맥이 끊어져 무슨 이야기를 하는지 감을 못 잡게 되지 않는가? 반복되는 말에 짜증이 나지 않는가?

너무 자주 주목하라고 말하면 청중들은 당신의 목소리에 마비되어 버리고 만다. 과다노출? 이건 연예인들만의 문제가 아니다. 당신의 목소리를 과다노출시키지 말자. 당신 주위에서 가장 재미있다고 생각되는 사람을 떠올려 보자. 그(녀)는 틈만 나면 무슨 말이든 재잘거리는 사람인가? 아닐 것이다.

당신이 지나치다 싶을 정도로 말이 많은 사람이라면? 다음 회의에서는 침묵을 시도해 보자. 그리고 당신이 마침내 입을 열었을 때

얼마나 많은 사람들이 주목하는지 지켜보자.

죄의식과 반성을 유도하지 말라

지난 세기 동안 가장 영향력을 발휘하기 힘들었던 사례를 뽑으라고 하면? 단연코, 미국 남부 사람들에게 노예제도를 포기하라고 설득하는 일이었을 것이다. 노예제도 폐지를 주장하는 사람들 중 일부는 노예를 부리는 농장주인들에게 수치심을 불러일으키고 죄의식을 자극하는 이야기를 했다. 회개하라며 설교를 하고 다그치기도 했다. 그러나 에이브러햄 링컨의 생각은 그들과 달랐다.

그 날도 링컨은 노예제도에 관해서는 죽마고우격인 디키와 오랜 논쟁을 벌인 끝에 집으로 돌아갔다. 노예제도에 관한 둘의 견해는 언제나 한치도 물러설 수 없는, 서로에게 난공불락이었다. 한밤중까지 고심한 링컨은 갑자기 디키의 잠을 깨웠다. 그리고 디키에게 이제부터 자신이 말하는 세 가지 이야기의 주인공이 되어 달라고 요청했다.

"자, 첫 번째 이야기일세. 피부색의 밝기에 따라 누구는 노예가 되고, 누구는 주인이 되어야 한다고 가정해 보세. 그럼 자네와 처음 마주친 사람이 자네보다 더 밝은 색의 피부를 지니고 있다면, 그 사람은 자넬 노예로 삼을 수 있는 권리를 갖게 되네.

두 번째, 지능의 높고 낮음에 따라 노예가 되어야 한다면? 자넨 자네보다 더 영리한 사람과 마주치는 순간부터 그의 노예가 되어야 하네.

마지막으로 중요도의 문제가 남았지? 자, 자네보다 더 중요한 누군가가 나타나기만 하면, 그 사람은 자넬 노예로 삼을 수 있는 권리를 얻게 되네. 자, 어떠한가?'

아주 기발한 통찰력을 펼쳐 보임으로써, 링컨은 디키의 단단하게 얼어붙은 마음의 문을 열 수 있었다. 그의 죄의식이나 수치심을 전혀 건드리지 않고도 말이다. 참, 이런 종류의 이야기는 말을 할 때 천천히 진행시켜야 한다. 청중들의 마음 속에 피부색이 밝은 사람, 영리한 사람 그리고 중요한 사람에 관한 각각의 이미지가 떠올려질 시간이 필요하기 때문이다. 링컨은 굴욕감이나 수치심을 주는 것보다 유머와 이야기가 사람들에게 더 큰 영향력을 발휘한다는 것을 잘 알고 있었다.

상대방에게 두려움이나 수치를 주는 이야기는 당장에 아주 효과적으로 보일 수도 있지만, 장기적으로 볼 때 아주 좋지 않은 방법이다. 아니, 오히려 부작용을 불러일으킬 수도 있다. 두려움과 죄의식이 들어 있는 이야기는 청중들을 무기력하게 만들기 때문이다. 그런 이야기는 사람을 인간미 넘치는 감정 쪽으로 나아가게 하는 게 아니라, 오히려 달아나게 만든다.

'인간은 환경오염으로 지구를 서서히 죽여가고 있다' 는 이야기는 사람들에게 수치심을 심어준다. '경쟁이 치열한 사회생활에서 믿을 사람은 하나도 없다. 결국 서로 신의를 저버린 채 뒤통수를 칠 것이다' 등으로 겁을 주면, 청중들은 입을 꼭 다물고 만다. 청중들의 핏속에 흐르고 있는 뜨겁고도 긍정적인 감정을 무시하지 말자.

공식과 비공식의 벽을 허물어뜨리는 이야기

'천당과 지옥.'

이 두 단어를 들으면 어떤 기분이 드는가? 아마도 활기찼던 분위기가 갑자기 가라앉으며 엄숙해질 것이다. 그리고 각자 조용히 사색에 잠길 것이다. 어쩌면 속으로 이런 걱정을 할 지도 모르겠다. '내가 천당에 들어갈 수 있을 만큼, 착한 마음씨를 가지고 선한 일을 해왔는가?' 사람이라면 누구나 죽음 이후에 대해 두려움을 넘어선 공포를 지니고 있다. 그래서인지 천당과 지옥에 관련된 이야기는 대체로 그 둘을 대조하면서 서로 극단적인 측면을 강조하는 것들이 많다. 이를테면, '지옥은 나쁜 사람이 가는 곳, 천당은 착한 사람이 사는 곳'과 같이….

그런데 내 동료들 중 한 명은 달랐다. 그는 천당과 지옥에 대한 그러한 고정관념을 넘어, 오히려 친밀감과 재미를 느낄 만한 이야기를 나에게 들려주었다. 그가 말하는 천당과 지옥은 장소부터가 기존의 것과 판이하게 달랐다. 천당은 하늘에 있고, 지옥은 아주 깊은 지하 땅 속에 있는 게 아니었다. 그곳은 분리되어 있는 게 아니라, 한 곳에서 공존하고 있었던 것이다.

'커다란 식탁이 한가운데 놓여 있는 방. 그 식탁 위에 잔뜩 차려져 있는 아주 맛있는 음식들. 바로 그곳에서 사람들은 식탁에 빙 둘러앉아 음식을 먹는다.'

칭찬 아니면 천벌, 둘 중에 하나를 받을 거라고 생각했던 곳에서 맛있는 음식을 먹다니? 우선 이 발상 자체부터가 듣는 사람으로 하여금 친밀감과 호기심을 불러일으켰다. 겉으로 보기에 내 동료가 말하는 천당과 지옥은 별다른 차이점이 없어 보였다. 다만 똑같이 주어진 상황에서 그 상황에 어떻게 대처하느냐에 따라, 천당이 되거나 지옥이 되는 것이었다.

그 방에 처음 들어서면 길이가 2m나 되는 포크를 하나씩 받게 된다. 그리고 그것을 들고 의자에 앉아 음식을 집어먹는 것이었다. 포크가 너무 긴 바람에 자신의 입에 음식을 넣지 못해 아무 것도 못 먹은 사람은 굶어 죽었다. 그에게 그 방은 바로 지옥이었다. 반면, 포크로 찍은 음식을 자신이 먹는 것이 아니라 맞은 편에 앉아 있는 사람과 서로 먹여주면서 배부르게 맛있는 음식을 먹으면, 그 사람에게 그곳은 바로 천당이었다.

협동에 관한 이 이야기는 자체로도 충분히 훌륭한 하나의 이야기이다. 하지만 그 친구는 좀더 매혹적으로 이야기를 치장했다. 지옥에 관한 이야기를 할 때, 그는 식탁 주변에 쥐가 돌아다니고(이 대목에서 그는 쥐 소리를 흉내냈다), 음식에서는 한 여름에 부패된 배추 냄새가 난다고 말했다.

천진하면서도 장난기가 가득 섞인 그의 말투는 이야기에 재미를 더해주었다. 뿐만 아니라, 감각적이면서 감정적인 자극을 덧붙여 사람들의 머릿속에 그의 이야기가 확실하게 기억되도록 해주었다. 이야기를 할 때 곁들이는 아주 세세한 세부사항들은 당신이 사람들에게 전달해 주고자 하는 메시지에 독특한 색깔을 입히게 되고, 그 색깔들은 사람들의 뇌리에 영원히 남게 해준다. 나는 죽을 때까지 절대로 이 이야기를 잊지 못할 것이다.

항상 요점만을 말하는 당신, 다시 생각해 보자. '이야기하려는데 왜 청중이 한 사람도 남아 있지 않지?' 라고 궁금해 할 순간이 다가올 수도 있다. 요점에다 색깔을 입히자. 그리고 이야기에다 이미지와 냄새와 소리를 덧붙여 보자. 당신은 청중들을 당신의 논점으로 충분히 끌어들일 수 있다.

청중들의 흥미를 끌만한 것을 끄집어내, 당신의 이야기가 아주 흥미진진할 거라는 가능성을 심어주자. 꿈, 소망, 은밀한 두려움 등에 관해서 말이다. 이야기를 하는 당신이 속한 세계, 당신의 꿈, 소망 등을 말해도 좋다. 단, 당신이 알고 있는 것을 아주 구체적으로 말해야 한다. 일반화는 당신의 이야기를 지루하게 할 뿐이다. 안전 위주의 말도 재미가 없다. 피상적인 말도 마찬가지이다. 진실과 열정, 그리고 현실 속에 살아 있는 비극과 희극이 사람들의 흥미를 유발시킬 수 있다. 하지만 무엇보다 당신의 이야기를 오랫동안 흥미롭게 만들어 줄 수 있는 최상의 전략은 호기심이다.

영향력을 끼치고자 하는 대상에 대한 호기심은 다른 사람들의 흥미를 끌어들이는 능력의 초석이 된다. 진정한 호기심만이 다른 사람들의 관심을 끌어들일 수 있는 이야기를 할 수 있게 해주는 것이다.

진정으로 사람들의 흥미를 끌고 싶다면, 먼저 당신 스스로의 호기심부터 찾아내라. 가장 흥미로운 이야기라고 사람들에게 인정받을 수 있는 이야기는, 바로 당신 스스로가 호기심을 드러내는 이야기이다.

나는 내 워크숍에 참가한 사람들에게 종종 '화장실 사보타주'에 관한 이야기를 한다.

장장 다섯 시간이 넘는 아주 긴 회의를 마치고, 회의에 참석했던 두 사람이 화장실에 갔다. 화장실 문 밑으로 발이 보이지 않는 것을 확인한 두 사람은 그때부터 아주 솔직하게 자신들의 생각을 말한다.

"도대체 사람들이 결론을 내자는 거야, 말자는 거야? 질질 끌고 서로 싸움질만 하고….."

"에잇, 못해먹겠어. 이런 회의는 시간낭비일 뿐만 아니라 정말 지겨워!"

'사람들은 일반적으로 공개적인 회의석상에서는 자신의 진실을 말하려 하지 않고, 나중에 사적이고 은밀한 장소에 가서야 솔직해진다'라고 위의 상황을 짤막하게 집약해서 말했다면, 과연 사람들의 흥미를 유발시킬 수 있었을까? 아닐 것이다. 위의 이야기가 사람들에게 훨씬 더 많은 흥미를 유발시킬 것이다. 왜냐하면 사람이라면 누구나 한 번쯤 그런 경험을 해봤을 것이고, 이 이야기가 자신의 그러한 경험을 떠올려줬기 때문이다.

나도 호기심 때문에 이 이야기를 얻을 수 있었다. '회의를 끝낸 사람들은 도대체 무슨 생각을 하고 어떤 감정을 가지고 있는 것일까? 그들은 회의에 대한 느낌을 어떤 식으로 표현할까?'라고 말이다. 호기심을 가지고 있으면, 사람들의 관심을 집중시킬 수 있는 이야기를 찾는 데 도움이 된다.

지속적인 호기심은 당신의 이야기 보따리에 다양하면서도 많은 이야기들을 가득 채워준다. 그리고 그 이야기들은 필요할 때마다 마술처럼 마구마구 튀어나올 것이다. 낯선 장소에 관련된 신기한 이야기나 미개척 분야의 신기한 것들은 사람들의 관심을 충분히 끌고도 남는다. 이렇게 이야기를 시작해 보자.

"힌두교인인 내 친구 한 명이 한번은 인도의 사찰에서 생활하는 데…", 혹은 "과거에 마약 운반책으로 활동했다가 여호와의 증인으로 전도된 한 남자를 길에서 우연히 만났는데…"처럼 말이다. 사람들은 당신의 이야기에 호기심을 느끼고 분명히 관심을 집중할 것이다.

인간적인, 너무나 인간적인 이야기

제인은 교회 제단 앞에서 왔다갔다하면서 뭔가를 골똘히 고심하고 있었다.

'교회 버스를 사야 하는데, 어떻게 해야 하지? 모아둔 돈은 얼마 전 교회 재건축 때 전부 써버려서 바닥이 났고, 새로 모금을 하자니 신도들에게 미안하기도 하고 반대에 부딪칠 것 같기도 하고…. 하지만 사람들의 도움이 없이는 절대 해결할 수가 없어. 어떻게 해야 사람들의 도움을 끌어낼 수가 있지? 거부감이 들지 않도록 아주 자연스럽게 말이야….'

예배 시간이 되었고, 신도들은 전부 교회 안으로 모여들었다. 아직 재건축 마무리 작업을 끝내지 못한 교회 안에는 의자를 들여놓을 수가 없어서, 사람들은 바닥에 엉덩이를 깔고 앉아 예배를 봐야 했다.

그 모습을 지켜본 제인은 순간 깜찍한 해결책 하나를 찾아냈다. 그녀는 당장 제단 앞으로 달려가 사람들에게 소리쳤다.

"여러분, 정말 죄송합니다. 자리가 많이 모자라는군요. 모두들 앉아 있는 상태에서 왼쪽으로 10cm만 옮겨서 앉아 주시겠어요?"

사람들을 어리둥절해서 사방을 쳐다보았지만, 어쨌든 그녀가 요구하는 대로 했다. 다른 신도들을 위해 조금만 자리를 만들어 달라는 데 화를 내는 사람들은 다행이 없었다.

"이런…, 여러분 제가 착각을 했나 봅니다. 왼쪽이 자리가 모자라는 것 같네요. 죄송합니다. 다시 오른쪽으로 옮겨서 앉아 주세요. 정말 죄송합니다."

그녀의 두 번째 요구에 '지금 장난치는 거냐' 고 드러내놓고 짜증을 내는 사람도 있었지만, 대부분 그녀의 요구를 말없이 들어주었다.

"우리는 방금 힘을 모아 바닥의 먼지를 80% 정도 쓸어냈습니다. 그것도 빗자루가 아닌 우리의 엉덩이로 말이죠…. (이 대목에서 많은 사람들이 웃음을 터뜨렸다) 여러분, 한번 생각해 보세요. 엉덩이만으로도 이런 일을 해낼 수 있는데, 우리가 제대로 힘을 합하면 얼마나 더 큰 일을 해낼 수 있을까요?"

그녀의 말을 들은 교회 사람들은 무릎을 탁 치며, '알았다!' 는 탄성을 터뜨렸다.

우리는 흔히 사람들이 많이 모인 공개석상에서는 아주 점잖은 이야기만 하려고 한다. 그것도 교과서에 실릴 만큼 정중한 이야기들을 골라서 말이다. 그런데 제인은 그렇지가 않았다. 공개적인 장소에서는 언급하기 꺼려하는 '엉덩이' 를 거침없이 들먹인 것이다. 그것도 천박하지 않도록, 아주 자연스럽게. 그녀는 인간이라면 누구나 가지고 있는 엉덩이, 즉 공통된 인간성을 들먹여 사람들을 서로 연결시켜 주었다. 뿐만 아니라, 좋은 일에 쓰겠다는 그녀의 모금 요청을 무시할 수 없도록, '동정심'이라는 인간의 공통된 심성에 호소했다. 결국 그녀는 교회 버스를 장만할 수 있었을까? 내가 굳이 말하지 않아도 여러분은 짐작할 수 있으리라.

당신이 정말 먹고 싶어하던 음식을 어렵사리 구했다. 그런데 손가락을 잘못 놀리는 바람에 실수로 그것을 땅바닥에 떨어뜨리게 되었다. 그때 반응하는 당신의 모습은? 코미디언 조지 칼린은 먹고 싶어하던 음식이 바닥에 떨어졌을 때, 사람들이 취하는 갖가지 반응을 흉내내기로 유명하다. 그런데 그의 모습을 자세히 관찰해 보면, 사람들이 보이는 반응이 아주 비슷한 패턴을 지니고 있음을 눈치채게 될 것이다.

CEO이든, 가정주부이든, 연예 스타이든 간에, 바닥에 음식이 떨어진 순간 그들이 짓는 표정은 비슷하다. 먼저 무척 난감해 하는 표정이 얼굴에 떠오른다. 그리고는 '이걸 다시 집어 들어 먼지를 털고 먹을까? 그냥 버리고 갈까? 내가 이걸 다시 집어드는 걸 혹시 누가 지켜보고 있으면 어떡하지?…' 이런 수많은 갈등이 마음 속에서 오가며 갈팡질팡하는 상태가 표정으로 떠오르게 되는 것이다.

이야기꾼인 당신이 가지고 있는 최고의 자산은 '당신이 사람'이라는 것이다. 당신도 알다시피 사람이라면 누구나 희로애락을 겪으며 살아가고 있다. 사랑하고, 미워하고, 두려워하고, 갈망하고, 애통해 하면서 말이다. 이렇게 모든 인간들이 공통적으로 공유하고 있는 경험의 핵심들을 청중과 당신 사이에 연결시켜 줄 수 있는 이야기, 그 이야기가 바로 최고의 이야기이다.

언젠가 마야 안젤루의 강연을 들은 적이 있었다. 당시 그녀가 한 말들을 전부 정확하게 기억해 낼 수는 없지만, 내 머릿속에 각인되어 잊혀지지 않는 이야기가 하나 있다. 나는 이 이야기를 사람들에게 종종 들려주곤 한다.

"우리는 모두 똑같습니다, 보스턴에서 방글라데시까지. 우리는 모두 마음을 다해 사랑할 누군가를 원합니다, 파리에서 푸키프시까지. 우리는 대담하게도 우리를 사랑해 줄 누군가를 원합니다, 케너스빌에서 카이로까지. 우리는 아이들이 건강하고 성공하기를 원합니다, 신시내티에서 시리아까지. 우리 모두는 스스로가 선한 일을 하고 있다고 느끼길 원합니다."
그리고 나서 그녀는 쓴웃음을 지으면서 이렇게 덧붙였다.
"그리고 우리는 모두 스스로가 생각하는 자신의 가치보다 그저 조금만 더 보상받을 수 있기를 원합니다."

사람들의 공통된 인간성에 대한 이야기는 사람들에게 공감을 불러일으킨다. 바로 그 '공감'이라는 연결 통로를 통해 당신은 당신의 메시지를 사람들에게 전할 수 있다. 공감대가 형성되지 않으면, 메시지는 당신과 청중 사이의 계곡으로 빠져버리고 만다.

희망을 불러일으키는 이야기

등산에는 전혀 취미가 없는 당신이 친구의 권유에 못 이겨, 산에 오르게 되었다. 가파른 언덕, 뾰족하게 솟아 있어 위험천만인 바위들, 가도가도 끝이 없을 것 같은 정상을 향한 머나먼 여정….

"정상에 오르려면 얼마나 더 가야하지?"

"글쎄…, 한 여섯 시간 정도?"

'오, 마이 갓!' 숨이 차 오르고, 얼굴이 새빨갛게 달아오르며, 호흡이 곤란해진다. 그리고 슬슬 짜증이 나기 시작한다. 종단에는 이런 생각이 들지도 모른다. '도대체 내가 왜 정상까지 올라가야 하지? 그것도 여섯 시간씩이나!'

"저기, 저 커다란 소나무 보이지? 그 나무만 지나가면 금방이야." 산을 좋아하지 않는 사람에게 여섯 시간은 고문이다. 얼마나 더 올라가야 하느냐는 질문에 친구가 혹 위와 같이 말했더라면 어땠을까?

청중들에게 영향력을 끼치기 위해서는 '도달할 가능성이 있고, 그래서 노력을 기울일 만한 여지가 있다'는 희망을 그들에게 심어 줘야 한다. 무력감을 느끼게 하는 이야기를 하거나, 영향을 미치고자 하는 대상에 대한 경멸감을 가지고 이야기를 하면, 상대방에게 영향력을 끼치는 일은 십중팔구 실패한다. 당신의 감정이 드러나지 않도록 아무리 위장을 해도 청중들은 본능적으로 당신의 감정을 알아차리기 때문이다. 이것은 당신이 하는 이야기의 감동을 반감시키며, 최악의 경우 감동 자체를 말살시켜 버리기도 한다. 따라서 희망은 전달하는 사람이 먼저 지니고 있어야만 전달될 수 있다.

때로는, 간절히 원하고 반드시 이루어 내겠다고 약속한 당신의 목표가 거의 실현 불가능하게 느껴질 때가 있다. 인권, 환경개선, 세계평화, 고소득 창출, 교육제도 개선 등등이 어느 날 갑자기 도저히 도달할 수 없는 목표들처럼 보이기 때문에 무의미하게 느껴질 수도 있는 것이다. 이때 문제가 되는 건 의지력, 전략적인 계획, 행동지침 등이 아니다. '믿음' 때문이다. 사람들에게 믿음과 희망을 불어넣어 주는 이야기를 하자. 일단 그것들이 이야기 안에 들어 있으면, 전략적인 계획, 행동지침 등이 없어도 성공적으로 영향을 미칠 수 있다.

많은 사람들이 희망을 잃어버린 채 세상을 살아가고 있다. 우리 이야기꾼들이 영향을 끼치기 전에 해야 할 일은 그들의 잃어버린 희망을 찾아내 주인에게 되돌려 주는 것이다. 희망 없이는, 절대 사람들에게 영향을 끼치지 못한다. 그러나 그러기 앞서 당신의 희망부터 되찾아 오자. 어쩌면 희망은 당신 자신의 한계와 당신이 정의 내린 환경의 한계에 대한 안이함에서 벗어나라고 거칠게 요구할 지도 모른다. 하지만 명심하자. 희망은 절대 자발적으로 다가오지 않으며, 나태 속에서는 절대 희망이 살 수 없다는 것을.
그러나 사람들이 당신의 노력에 반응을 잘 보이지 않는다고 너무 걱정하지 말자. 냉소와 무관심은 희망에 대한 방어반응일 뿐이니까. 사람들이 그런 행동을 보이는 건 또 다시 실망하게 될까봐 두려워서이지 그 이상도 그 이하도 아니다.

좀더 커다란 영향력을 행사하게 되면, 당신의 목에서 나오는 것이 '희망' 이라는 사실을 깨닫게 될지도 모른다. 오직 당신 자신에 대한 믿음과 희망에서, 사람들에게 전할 믿음과 희망이 나온다.

청중을 사로잡는
이야기꾼

> "인생이란, 많은 사람들 앞에서 바이올린을 연주해 가면서 홀로
> 그 악기를 다루는 법을 익히는 것과 같다.
>
> — 사무엘 버틀러(Samuel Butler)

옛날 옛적에 가난한 석공이 가족도 없이
혼자 살고 있었다. 그는 비록 하루에 한끼도 못 먹을 만큼 가난했지
만, 처지가 딱한 이웃을 보살펴 줄줄 아는 따뜻한 마음씨를 지닌 사
람이었다. 그에게는 잠자리에 들기 전 소원을 비는 습관이 있었는
데, 그를 갸륵히 여기던 신령은 그의 소원을 들어주기로 마음먹었
다. 그 날밤도 석공은 부자가 되게 해달라고 소원을 빌고는 잠자리
에 들었다.

다음 날 아침, 잠에서 깨어난 그는 너무나도 놀랐다. 한낱 가난한
석공이었던 자신이 그동안 꿈꿔왔던 것 이상으로 부자가 되어 있는
게 아닌가! 그는 의기양양해져, 세상에 대고 큰 소리로 외쳤다.

"나는 이 세상에서 가장 강한 사람이다!"

그러자 하늘 위에 높이 떠 있는 태양이 그를 한껏 비웃으며 말했다.

"하하하! 네가? 그렇다면, 식물을 자라게 해봐라. 식물을 자라게
하는 능력이 있으면 네 말을 믿어주지." 식물을 자라게 할 힘은 물
론 그에게 없었다. '식물도 자라게 할 수 없는데 부자면 뭐해…' 부
자가 된 기쁨은 곧 사라졌다. 그는 다시 소원을 중얼거렸다. '태양

의 힘을 나도 가져봤으면…'

　다음 날 아침, 그는 태양과 함께 잠자리에서 일어났다. 아니, 태양이 바로 그였다. 그의 기쁨은 말로 다할 수 없었다. 신이 난 그는 세상에 대고 다시 크게 소리쳤다.

　"나는 이 세상에서 가장 강하다!"

　때마침 지나가던 바람이 그가 외치는 소리를 들었다. 그러자 바람이 그를 비웃으며 말했다. "너의 그 햇살로 저 바다 위에 둥둥 떠있는 배들을 움직이게 할 수 있는가? 너를 가로막고 있는 비구름을 치워버릴 수 있느냐?" 그의 기쁨은 다시 잦아들기 시작했다. 그는 다시 소원을 빌었다. '저 바람처럼 강하게 만들어 주소서…'

　다음 날, 그는 바람이 되었다. 그는 돌풍을 만들고, 입김으로 구름과 배를 움직이면서 무척 즐거워했다. 바람이 된 그는 세상에 대고 다시 크게 소리쳤다.

　"나는 이 세상에서 가장 강하다! 하하하!"

　그러자 그의 자랑을 들은 산이 코방귀를 뀌었다. "나를 움직여봐. 그러면 너의 힘을 인정해 주지." 그는 입안 가득 바람을 넣어, 산을 향해 힘껏 불고 또 불었다. 하지만 산은 꿈쩍도 하지 않았다. 바람이 되었다는 기쁨은 이제 사라졌고, 그는 다시 소원을 빌었다. '산처럼, 산처럼 강하게…'

　그리고 다음 날 그는 산이 되었다. 그는 장엄한 산이 된 자신의 모습이 그렇게 마음에 들 수가 없었다. 마침 거센 바람이 불었지만, 그를 움직이게 할 수는 없었다. 태양이 햇살을 마구 쏟아 부었지만, 그가 드리운 거대한 그늘 뒤쪽까지는 도저히 미칠 수가 없었다. 이제 그는 세상에서 '진짜' 제일 강해져 있었다.

298

산으로서의 생활에 만족하며 살고 있던 어느 날, '탁, 탁, 탁' 하는 소리가 그의 귓가에 들려왔다.

그는 소리의 근원지를 찾아 두리번거리다가, 자신의 맨 아래쪽에서 석공 하나가 돌을 떼어 내는 모습을 발견했다. '세상에서 제일 강한 나를 귀찮게 하다니.' 화가 난 그는 성난 목소리로 석공에게 소리쳤다.

"네 이놈! 썩 꺼져라! 감히 나를 귀찮게 하다니. 이 세상에서 제일 강한 나를 성가시게 하면 어떻게 되는지 맛을 보여주랴?" 그러자 석공이 피식 웃으면서 대답했다. "당신 힘이 세든 말든, 난 상관없어요. 당신이 정말 그렇게 힘세다면, 내가 돌을 캐갈 수 없도록 해보시지 그래요. 난 지금 너무 바빠요. 가족들과 따뜻하게 지낼 집을 지어야 하거든요."

그는 한숨을 내쉬었다. '세상에서 가장 강한 존재가 되기 위해 소원을 빌었는데, 내 본모습이 가장 강한 존재였다니….'

그는 마지막으로 소원을 중얼거렸다. '다시 석공이 되게 해주소서.' 그러자 신령이 나타나 그에게 물었다. "진정으로 다시 석공이 되길 원하느냐?" 그는 진심 어린 목소리로 대답했다. "네, 그게 제가 바라는 전부입니다."

다음 날 아침, 석공은 잠자리에서 일어나자마자 냇가로 달려갔다. 원래 모습으로 돌아온 것을 확인한 그는, 이제야 비로소 세상에서 제일 강한 존재라는 사실에 흡족한 미소를 지었다.

— 중국 민담

이야기꾼으로 살아간다는 건 참 매력적이다. 아무도 움직이지 못하는 산을 마음대로, 그것도 힘 하나 들이지 않고 가뿐하게(?) 들어 움직일 수 있으니 말이다. '산은 움직일 수 있는 대상이다' 라는 진리를 이렇게 일단 깨닫고 나면, 더 이상 당신에게 두려울 건 없다. 골치 아픈 문제들이 산더미처럼 당신 앞에 쌓여 있어도, 전혀 불가능해 보이지 않는다.

내려가는 이야기, 움직이는 이야기

스튜어트 가문의 이야기

며칠 전, 리더십 강좌에 참석한 나는 그곳에서 매력적인 여성 한 명을 알게 되었다. ('매력적' 이란 이 단어도 사실은 얼마나 주관적이고 비논리적이란 말인가!) 사실, 그녀의 외모는 사람들의 이목을 끌 정도는 아니었지만, 그녀가 풍기는 무언가가 사람들의 시선을 끌어당기고 있었다. 강좌가 끝나자, 우리는 함께 커피를 마시면서 이런저런 이야기를 나누었다. 그 매력적인 여성이 입을 열자, 시선이 전부 그녀에게 집중되었다.

그녀는 어렸을 때부터 줄곧 들으면서 커왔다는 이야기들을 우리에게 해주었는데, 한 가지 흥미로운 것은 그 이야기들 전부가 공통적으로 '스튜어트 가문의 여성들' 이 얼마나 헌신적이고, 강인했으며, 용감했던가 등에 관해 묘사하고 있다는 점이었다. 게다가 그녀의 할머니는 습관적으로 그녀에게 "아가야, 네가 스튜어트 가문의 사람이라는 걸 절대 잊지 말거라" 라고 말하곤 했다고 한다. 되풀이해서 들었던 이야기들과 할머니의 가르침은 결국 그녀에게 정체성에 대한 답을 보여 주었고, 그녀가 올바른 길을 가도록 방향을 제시해 주는 가이드 역할을 했다.

자신의 이야기를 마친 그녀는 "저는 스튜어트 집안의 여자예요"라고 자랑스럽게 말하면서 우리를 둘러보았다. 나는 그녀를 알게되어 기뻤다. 그녀의 자신감이 우리에게 전이된 것 같기도 했다. 그녀는 자신의 이야기를 통해 스스로를 정의 내렸던 것이다.

어떤가? 그녀의 조상들이 그래왔던 것처럼, 스튜어트 가의 매력적인 여성인 그녀도 조상들에 관한 이야기를 후손들에게 끊임없이 전해줄 거라고 짐작되지 않는가?

당신은 당신이 몸담고 있는 가족(조직, 그리고 나아가 사회까지도)에 대한 기억을 저장하는 저장고이다. 그리고 당신에게 저장된 이 기억들은 전통을 형성시키고, 지속시키며, 발전시켜 나가는 생명줄이다. 따라서 당신의 이야기를 통해 사회의 규범이나 문화와 같은 것들이 전해 내려오게 되는 것이다. 그렇기 때문에, 이야기꾼으로서의 당신의 역할과 책임은 아주 막중하다.

희망과 성공에 관한 이야기를 하고 있는가? 아니면, 희생자의 이야기를 되풀이하고 있는가? 당신이 상대방에게 어떤 이야기를 하든, 당장 눈앞에 나타나는 결과는 차이가 없어 보일 것이다. 하지만 명심해라, 시간이 가진 힘을. 시간이 흐르면 흐를수록 결과는 현저하게 차이 난다. 이야기를 할 때마다 그 속에 생명을 불어넣어라. 당신이 하는 이야기가 바로 당신을 정의 내린다.

실리콘밸리의 이야기

'실리콘밸리' 하면 어떤 이미지가 떠오르는가? 벤처의 메카, 명석한 두뇌들의 집합체, 벼락부자가 될 수 있는 드림랜드….

그곳의 모든 회사들이 다 그렇듯, 지금부터 내가 말하고자 하는 이 회사에서도 신속한 사고, 뛰어난 현실 감각, 그리고 냉정한 결정 등에 관한 이야기들이 보편적으로 퍼져 있었다. 그들은 특히 밤새워 일하는 사람에 관한 이야기를 높이 찬양했다. 새벽 두 시까지도 승용차로 가득 찬 주차장, 밤을 꼬박 세우고 남을 정도로 진한 카페인 음료수가 잔뜩 들어 있는 냉장고, 출장 가는 도중 비행기 안에서의 새우잠, 하늘 높은 줄 모르고 치솟는 주가…. 이런 이야기들 말이다. 알다시피 직장 안에서 거듭 반복되어 얘기되어지는 이야기는 회사 규정이나 지침서보다 더 효과적으로 구성원들의 행동을 제어한다. 실리콘밸리의 문화 안에서는 바로 위와 같은 이야기들이 '존중될 수 있는 행동'을 정의 내리고 있었다. 아무래도 이런 문화 속에서는 겸손하고, 가족 중심적이며, 신중한 사람은 절대 성공하지 못할 것처럼 보였다.

'이런 조직에 몸담고 있는 프로그래머들은 특히 완고하다. 냉소적이고 성마른 사람들처럼 보인다. 그들은 서로를 깔보았고, 배타적으로 편을 갈랐으며, 운동 선수들이 경기에서 서로 골을 넣기 위해 경쟁하듯 아이디어를 마구 쏟아낸다.'

그러나, 과연 그럴까? 나는 그들이 처음부터 그렇게 냉소적인 사람들은 아니었다는 걸 직감적으로 눈치채고 있었다. 그들은 단지 배터리(?)를 재충전할 시간을 갖지 못했기 때문에 너무 기진맥진해 있었던 것이다. 위스키와 사탕만으로 해결하기에는, 일이 주는 긴장감과 중압감이 그들에겐 너무 컸다. 그들은 스트레스를 풀기 위해 매번 희생양을 찾았고, 찾아내기만 하면 공격(?)을 시작했다. 이번에도 예외는 아니었다.

그들은 일에 대해 회의에 빠져 있는 한 동료에게 빈정대는 말을 던짐으로써 공격을 시작했다. 공격받은 사람은 그러나 예상과는 달리 빈정대는 말로 똑같이 반격을 하는 대신, 전혀 다른 형태로 반격하기 시작했다. 용기 있게, 바로 자신의 이야기를 함으로써 말이다.

일에 치여 삶에 대한 회의에 빠져 있던 그는 어느 날, 우연히 어린 딸이 축구하는 광경을 보게 되었다. '저 애가 축구를 할 만큼 컸던가….' 딸이 대견스러웠던 그는 유니폼을 사주려고 딸과 함께 백화점에 갔다. 그는 자식에 대한 애정이 담뿍 담긴 어조로 딸애의 옷을 고르면서 아버지로서 어떤 기쁨을 느꼈는지 동료들에게 이야기해주었다. 그리고 "왜 이전에는 내가 출전하는 경기를 한 번도 보러 오지 않았어요?"라고 딸이 물었을 때, '대답이 궁해 당혹감을 느꼈다'는 대목에서는 계면쩍어하는 표정이 그의 얼굴에 그대로 나타났다. 끝으로 딸이 출전했던 축구 경기를 구경하러 갔을 때의 광경을 그가 실감나게 묘사하자, 사람들은 전부 아버지로서의 기쁨에 사로잡혔다.
사람들은 조심스럽게 활력을 되찾기 시작했고, 간간이 웃음도 퍼져 나갔다. 그의 이야기가 끝나자, 다른 사람이 배턴을 이어받아서 처음으로 가족행사에 참가했던 이야기를 했다. 그리고 그동안 은밀하게 숨겨왔던 이야기들을 돌아가며 말하기 시작했다. '이야기는 또 다른 이야기를 낳는다'는 이야기의 역학이 그 무시무시한 실리콘밸리에도 작용하지 말란 법이 있을까?

이 이야기는 양극단에 있던 사람들, 즉 '일 중독자와 일 기피자'들에게 훌륭한 대안을 제시해 주었다. 그리고 이 회사에는 서서히 새로운 문화가 형성되기 시작했다. 그들은 더 이상 기진맥진해 있는 동료를 헐뜯지 않았고, 함께 일을 잘 해나갈 수 있는 방법을 이야기하게 되었다.

좀더 나은 업무수행을 위해 충분히 휴식을 취했고, 행복감을 느꼈으며, 가정생활에도 만족을 느낄 수 있게 되었다. 이렇게 그들은 이 이야기를 통해 과거의 문화를 조금씩 허물고, 새로운 문화를 구축하기 시작했다. 새롭게 형성된 이 회사의 문화에 대한 소문이 밖으로 퍼져나가자, 그 분야에서 가장 선도적인 위치에 있는 대기업이 그들에게 협력관계를 제의해 왔다. 그렇게 그들의 업적은 향상되었고, 그 분야의 다른 회사들에게도 영향을 끼치게 되었다.

이야기는 또 다른 이야기를 낳는다

우리가 듣는 이야기는 우리의 행동에 좋은 영향을 미칠 수도 있고, 그 반대일 수도 있다. 이때 '좋은 이야기냐, 아니냐'라는 문제는 중요하지 않다. 좋든, 나쁘든 사람들의 기억에 남는 이야기가 가장 강력한 영향을 주기 때문이다. 그렇다면, 어떤 이야기가 사람들의 기억에 남게 되는 걸까? 본능적으로 가장 먼저 번쩍 귀에 들리는 이야기는, 불행하게도 두려움을 주는 이야기이다. 사람의 뇌는 안전을 확보하여 생명을 유지하도록 고안되었기 때문에, 우리는 경고성 이야기나 비극적인 이야기, 혹은 무서운 이야기에 쉽게 빠져드는 경향이 있는 것이다.

그렇다면 모든 긍정적인 것은 포기하고 부정적인 이야기만 듣고 기억해야 할까? 아니다. 당신 자신과 다른 이들에게 도움을 주는 이야기가 번성하도록 적어도 노력을 기울일 수는 있다. 실패담만을 이야기하는 사람은 실패하기 쉽고, 주로 성공담을 이야기하는 사람은 성공하기 쉽다는 말도 있지 않은가? 자, 그렇다면 어떤 이야기를 어떻게 해야 할까?

일부 교회에서는 희망이 들어 있는 이야기('용서와 자비가 너를 신에게 인도하리니')보다는 두려움을 주는 이야기('회개하라, 아니면 지옥에 가게 되리니')로 사람들을 선교한다. 두려움은 희망보다 쉽게 확산되기 때문이다. 하지만 관용, 자비, 그리고 장기적인 성장을 가져다 줄 수 있는 관계를 방해하여 결국 '이탈자'를 양산하게 된다.

두려움으로 업적 달성을 독려하는 조직도 결국에는 부정적인 결과를 초래한다. 하지만 의식적으로 그러한 행동을 취하는 조직은 없다. 의식적으로 실패담을 이야기하는 사람도 없으며, 의식적으로 위협적인 이야기를 키워나가는 조직도 없다. '희망과 열정'이라는 주제가 벽에 써 있기도 하고, 기업의 성명서에 그것들이 포함되기도 하지만, 그들이 실제로 하고 있는 이야기는 '규칙, 표준, 수치 그리고 경고들'로 가득 차 있는 것이다. 게다가 업적 평가와 통제 시스템의 지나친 계량화는 무의식중에 비난성이 짙은 이야기를 키워낸다. 사람은 결점이 많은 동물이기 때문에, 지속적인 감시를 달가워하지 않는다. 설사 좋은 의도라 할지라도, 근심과 비난을 유발시킨다.

이야기는 이야기를 낳는다. 따라서 비난 이야기는 비난 이야기를 낳는다. 비난 이야기 속에 담겨 있는 도피 감정 즉, 문제를 해결하려 하기보다는 도피하려는 감정은 협력이 요구되는 집단들을 뿔뿔이 흩어지게 만들고, 해결할 수 있는 문제들까지도 해결하지 못하게 사람들을 분리시켜 버린다.

사람들에게 희망을 주는 이야기는 처음에 불을 붙이기 어렵지만, 일단 불이 붙으면 도피 에너지를 태워 없애버릴 만큼 강력한 힘을 지니게 된다. 희망을 설교하는 교회는 지역사회에 자비를 퍼뜨리고 결국에는 누구에게나 환영받는 장소가 된다. 명심하자, 당신이 선택한 이야기가 당신의 주위에 극적인 영향을 끼친다는 사실을.

히틀러의 이야기

'두려운 이야기' 의 위력이 가장 극명하게 드러난 예는 히틀러가 독일 국민들에게 저지른 조작에 관련된 이야기이다. 히틀러는 알아주는 최면적(?) 이야기꾼이었다. 그의 책《나의 투쟁 *Mein Kampf*》에는 그가 독일 노동당을 만났던 당시의 정경이 묘사되어 있는데, 이 부분은 읽는 사람으로 하여금 상상력을 동원하게끔 만드는 아주 교묘한 기술을 보여주고 있다.

나는 희미한 조명이 깜박거리는 거실을 가로질러 갔습니다. 그곳에는 단 한 사람도 보이지 않았습니다. 뒷방으로 통하는 문을 열자, 작은 가스 등불 아래 네 사람이 테이블에 앉아 있었습니다.

어떠한가? 광경이 눈앞에 선하게 떠오르지 않는가? 세부 사항에 대한 히틀러의 뛰어난 묘사는 청중들의 논리와 의식, 그리고 인간성까지 마비시킬 정도의 힘을 지니고 있었다. 그는 살인을 정당한 행동으로 미화시키는 이야기를 지어냈다. 과거 화가가 되고 싶어했던 그의 활발한 상상력이 그의 정신적인 그림 즉, 아리안 족의 우수성과 그 우수성을 지켜내야 한다는 신성한 의무에 관한 그림을 그려내고 있었던 것이다.

그가 비록 기독교를 멸시하기는 했지만, 개인적으로는 성경의 위력에 커다란 자극을 받았었다. 많은 역사가들은, 히틀러가 자신의 신성한(?) 운명에 대해 확고한 믿음을 갖게 된 때가 오베라메르고에서 온종일 계속된 그리스도 수난극을 보고 난 후일 거라고 추측하고 있다. 오베라메르고는 독일 남부 도시로, 이곳에서는 10년에 한 번씩 그리스도 수난극이 공연된다. 이 연극에서는 복수심에 불타는 예수가 채찍을 휘둘러 사람들을 내쫓으며 유대인 유다에게 다음과 같이 말한다.
"너는 태어나지 말았어야 했다."
역사가들은 바로 이 대목에서 히틀러가 유대인학살의 정당성을 찾았다고 생각하는 것이다. 그 연극을 본 히틀러는 분명히 아주 커다란 감정적인 자극을 받았을 것이다.
1922년, 그가 한달 동안 감옥에 갇히게 되었을 때에도, 그는 '골고다 언덕으로 가는 예수처럼' 자신도 감옥으로 간다고 말했었다. 그때 그의 감정이 '골고다 이야기'의 열정과 복수심에 아주 강하게 일치되었기 때문에, 별다른 의식적인 노력 없이도 골고다 이야기가 그의 뇌리에 각인되었던 것이다.

비록 그가 엉뚱하게 왜곡하기는 했지만, 그의 메시지에 고스란히 담겨 있던 그의 감정은 청중들을 최면에 걸리게 하고도 남았다. 이야기의 어두운 측면이 바로 이것이다. 모든 두려운 이야기는 파괴와 분리의 씨앗을 품고 있다. 그리고 우리가 믿는 이야기는 전부 우리의 현실이 된다.

객관과 진실의 허위

인류 역사상(그리고 무엇보다 영향의 심리학에서) 완전히 객관적인 진리란 존재하지 않는다. 지난 세기 동안 가치가 높게 평가되었던 이야기꾼들 중 한 사람인 스터드 테켈이 "나는 객관적인 척 하지 않는다. 객관적인 동물도 이 세상에 존재하지 않는다. 비록 우리가 그런 동물인 양 흉내내며 놀고 있지만 말이다"라고 말한 것처럼. 1929년에 시작되어 10여 년 간 지속되었던 대공황은 실제로 일어난 사실이다. 그리고 당시에 무슨 일들이 일어났었는지를 보여주는 많은 통계 수치들이 있다. 하지만, 실제로 어떤 일이 일어났는지 '진실'을 알고 싶다면, 대공황을 직접 겪었던 사람들의 이야기를 들어야 한다.

여러 개 중에 하나의 사실을 선택하고, 그것을 전에 선택했던 것들과 서로 연결시키고, 시작할 곳과 끝낼 곳을 엄선하는 과정을 거치다보면, 늘 본래의 것과는 또 다른 의미로 이야기는 바뀐다. 당신의 이야기가 청중들에게 선사해 주는 '의미', 이 의미라는 건 사실얼마나 주관적인가! 역사도 마찬가지이다. 원인과 결과에 대한 가정을 세우는 데 도움이 되도록, 우리가 우리 자신에게 끊임없이 들려주는 연속적인 이야기일 뿐이다. 우리는 우리가 믿기로 결심한이야기를 통해 세상을 이해한다.

이야기는 듣는 사람이 역경에 맞서 싸울 수 있도록 도움을 줄 수도 있고, 여러 사람에게 해로움을 주도록 부추길 수도 있다. 이처럼이야기는 양날을 가진 칼이기에, 이야기를 하는 당사자는 이야기를주기적으로 점검해 봐야 한다. 내가 혹시 이야기로 이 사람에게 악영향을 끼치고 있는 건 아닌지, 하고 말이다.

다른 사람들의 이야기 또한 검토해 볼 필요가 있다. 사람들에게이야기를 하는 것에, 그들이 당신의 이야기를 믿도록 만드는 것에익숙해졌을 때, 당신은 당신의 이야기가 빚어낸 영향력에 대한 책임을 져야 한다. 영향력이 있다는 것은 이처럼 막중한 책임을 진다는 의미이기 때문이다.

성경에 등장하는 막달라 마리아에 관해 연구를 하던 내 친구 팸맥그레이스는 성경 속에서 그려진 그녀의 모습과 실제 모습과는 차이가 있다고 하면서, 최근 그 몇 가지 차이점을 찾아냈다.

6세기에 교황을 지냈던 그레고리우스 1세가 성서 속의 서로 다른 두 사람과 막달라 마리아를 한 사람인 양 짜 맞춘 사실을 알고 있는가? 그 결과 그녀가 죽은 지 600여 년이 지나자, 그녀 자신도 모르게 매춘부가 되어 있었다. 정확히 어떤 이유에서였는지는 모르지만, 교황 그레고리우스 1세는 막달라 마리아와 베다니의 마리아, 그리고 예수의 발에 향유를 부었던 여자 죄인을 동일 인물로 묶어 놓았던 것이다.

이야기는 본래 영향을 끼치기 위한 도구이다. 따라서 이야기에 변형을 가한 사람은 그렇게 해야만 하는 이유가 충분히 있었을 것이다. 일반적으로 어떤 목표를 달성하고자 할 때, 우리는 목표 달성에 도움이 되는 이미지를 구축하기 위해 이야기를 바꾼다. 물건을 파는 사람은 소비자를 끌어들여 자신의 물건을 사도록 하기 위해 이야기를 바꾼다.

따라서 "도대체 왜 그렇게 하셨습니까?"라고 그레고리우스 교황을 비난할 수는 없다. 그의 입장에서는 기독교로의 개종을 장려해야 하는 의무가 있었던 것이다. 그래서 이야기를 바꾸어서라도 회개와 속죄라는 기독교의 측면을 강조할 목적으로 그랬던 것 같다.

모든 이야기가 약간씩 바뀌기는 하지만, 그러나 그 변화가 거짓말로 둔갑해버리는 한계선이 있다. '이야기에 주는 변화가 진실에 가까운가 혹은 동떨어져 있는가?'가 바로 그것이다. 따라서 이야기를 바꿀 때에는 이 한계선을 넘지 않도록 아주 조심해야 한다.

실제로 일어난 일이 아닌 이야기도 물론 위대한 진실을 보여줄 수 있다. 위의 석공 이야기는 실제로 일어난 이야기는 아니지만, 진실을 말해주고 있다. 이야기꾼이 '스스로가 믿고 있는 것이 진실인가'를 숙고해 보는 것은 바람직한 일이다. 당신 스스로도 믿지 않는 이야기를 진실이라고 사람들에게 공언하게 되면, 당신 자신이 묻혀질 구덩이를 스스로 파는 셈이다. "저는 아주 믿음직한 사람입니다"라고 말해놓고, 회의 시간을 까먹는다든지, 합의 사항을 어긴다든지 하면 결국에는 아무도 당신을 믿지 못하게 될 뿐만 아니라, 거짓말쟁이로 비춰지게 된다.

이야기꾼이 되는 시작과 연습

설득이나 리더십에 관한 책들은 넘쳐난다. 분석적인 모델이나 사색적인 모델을 제시하고 있는 책들뿐 아니라, 보다 철학적이거나 리더십 행동 양식을 제안하는 책들도 있다. 자, 그렇다면 그 책들을 모조리 다 읽으면 설득이나 리더십 면에 있어 대가가 될 수 있을까? 물론 이론상으로는 그래야 한다. 하지만 막상 사람들을 설득해야 하거나, 리더십을 길러야 한다고 침을 튀기며 말해야만 할 때, 과연 그 지식들이 재빨리 머릿속에 떠오르게 될까? 그렇지 않을 것이다. 의식적인 지식은 너무나 피상적이다.

당신이 곤란에 처해 있을 때, 당신을 구해내기에는 의식적 모델의 행동속도가 너무 느리다. 아니, 오히려 거추장스럽기까지 하다. 성공적인 영향력은 감정적인 두뇌에 깊이 각인되어 있다가 '번쩍'하는 순간에 떠오를 만큼, 동작이 민첩해야 한다. 그렇다면 어떻게 해야 할까?

이야기를 떠올리자. 이야기 안에는 철학과 모델과 도구가 있으며, 그 자체가 일상적인 모습까지 포함된 설득기법이다. 새로운 이야기를 발견하고, 매일 그 이야기를 하다보면 그래서 그것이 습관이 되면, 책이나 스승 또는 그 밖의 간접적인 배움으로부터 얻을 수 없는 지혜를 쌓게 된다.

그리고 연습을 하자. 전술 전문가들이 책에서 전술을 익힌다고 생각하는가? 아니다. 그들도 매일 훈련을 한다. 이런 반응은 일상에서 꾸준히 연습을 해야만 가능하기 때문이다. 어떤 기술에 숙달이 되고자 하는 사람은 누구나 연습을 해야 한다. 사람들에게 영향을 끼치는 것도 기술이다. 이야기는 영향력의 원리를 매일 실천할 수 있는 가장 쉬운 방법이다.

매일매일 남의 이야기를 빌리러 다니자. 감동을 자아내거나 감정 때문에 발생하는 모든 사건들은 이야기가 될 충분한 가능성이 있다. 당신이 바라는 성격을 지니고 있거나, 당신이 갈망하는 목표를 성취한 사람을 만나거든, 이야기를 해달라고 조르자. 이것은 당신의 건강에도 도움이 된다. 한 연구 결과에 따르면, 이야기를 나누는 동안 혈압이 안정적으로 낮아지고, 행복감도 증진된다고 한다.

당신은 언제, 어디에서나 이야기를 찾아낼 수 있다. 책을 읽다가, 영화를 보다가, 무심코 옆에 있는 사람의 이야기를 듣다가…. 이 모든 것들이 방법이 될 수 있다. 이때 몇 분간 시간을 할애해서 그 이야기에 관한 당신의 생각을 적어두자. 장거리 기차 여행을 하면서, 버스를 타려고 줄을 서서, 자려고 누운 침대에서, 목욕탕에서 샤워를 하면서…. 당신은 언제, 어디서든지 이야기를 할 수 있다. 운이

좋으면, 이야기가 어느 날 갑자기 당신 입 밖으로 불쑥 튀어나올지
도 모른다. 이야기꾼 초보자들을 위해 이야기를 찾아낼 수 있는 7가
지 기술을 여기에 소개한다.

1. 패턴을 찾아라

당신이 누구인가를 반복적으로 보여줄 수 있는 주제를 찾아라.
당신이 올바른 길을 가고 있다는 걸 입증하는 만족감, 당신 인생에
있어 가장 빛나던 영광의 순간들을 찾아라. 그리고 그런 것들이 서
로 어떻게 연결되며, 당신에게는 어떤 의미가 있는지 살펴라.

2. 결과를 찾아라

과거, 당신이 열심히 기울였던 노력의 결과물들 중에서 특별히
아주 좋았거나 좋지 않았던 것을 기억해 보라. 그리고 현재 당신이
일을 하는 방식에 그것들이 어떻게 연관되어 있는지 살펴 보라. 인
간 관계를 발전시켜 나가는 당신의 방식에 영향을 주었던 결과들을
숙고하라. 당신의 삶과 비슷한 형태를 연상시키는 이솝우화와 같은
이야기를 읽어라.

3. 교훈을 찾아라

삶이 당신에게 주었던 고통의 순간들을 기억해 내고, 그것을 통
해 당신이 배울 수 있었던 교훈들을 하나씩 연결시켜 보라. 당신이

저질렀던 가장 큰 실수를 회상해 보라. 부모님의 말씀을 잘 들어 기뻤던 순간 등을 기억해 보라. 다른 방식으로 처리했을지도 모를 일들을 되돌아 보라.

4. 유용성을 찾아라

당신을 조금이라도 변화시켰던 이야기를 기억해 내라. 그 변화가 긍정적이든 부정적이든 상관없다. 그리고 그 과거의 이야기를 바탕으로 새로운 이야기를 만들어 가라. 가족들에게서 효과를 봤던 것 중에서 직장에서 써먹을 수 있는 이야기는 없을까? 이런 것들에 관해 고민해 보라.

5. 당신의 약점을 찾아라

당신의 약한 면을 말하라. 너무 슬퍼 숨조차 못 쉴 만큼 울었던 때, 도저히 믿어지지 않을 만큼 기뻐서 옆에 있는 낯선 사람을 껴안고 마구 춤췄던 때, 너무나 부끄러워서 탁자 밑으로 기어 들어가 숨고 싶었던 순간 등등을 말하라. 가족과 관련된 것도 좋다, 아주 감동 깊었던 이야기를 하라.

6. 미래의 경험을 찾아라

현실 속의 인물들을 대상으로 그들이 장차 어떻게 될 것인가에 관해 이야기로 완벽하게 꾸며 보라. 현재 당신이 고민하고 있는 근심거리로 인해 잠재적인 부정적 결과들이 벌어진 상황을 이야기로 펼쳐 보라. 그리고 그것들이 어떻게 전개될 것이며, 누가 영향을 받게 될 것인가에 관해서 생각해 보라.

7. 이야기에 대한 기억을 찾아라

당신의 기억에 남아 있는 이야기를 찾아서 그 의미를 발굴하라. 그것이 영화이든 책이든 그 외의 것이든 상관없다. 당신이 어떤 영화나 어떤 책을 좋아하는 건 분명히 이유가 있기 때문이다. 당신의 관점에서 그 이야기를 다시 말하라. 당신을 통해 한 번 걸러진 이야기는 당신이 이해한 의미를 다른 사람들에게도 이해시킬 수 있게 한다.

'하나의 이야기는 또 다른 이야기를 낳는다'는 것을 절대 잊지 말자. 당신 자신이나 가족에 관한 이야기를 동료와 대화를 하는 중에 살짝 집어넣어 보자. 아마도 상대방에게서 전혀 예상치 못했던 이야기를 들을 수 있게 될 것이다.

좋은 이야기를 들으면 칭찬해 주자. 이야기를 한 사람에게 '그 장면은 정말 잘 묘사했다'고, '효과적으로 이야기를 멈추었다'고, '개인적인 일화를 적절하게 이용했다'고 말하는 것은 이야기하는 기술을 훈련하는 아주 좋은 방법이다.

남들이 당신의 이야기를 들을 수 없는 안전한(?) 곳에서 먼저 연습을 하자. 처음에는 길이가 짧은 이야기를 하되, 서서히 당신만의 방식을 혼용하라. 당신의 이야기를 가까운 친구에게 하자. 그리고 그에게 당신 이야기를 들은 소감을 묻자. 그러나 만약 전문적인 이야기꾼이 될 생각이 아니라면, 굳이 비평을 요청할 필요는 없다. 비평은 때로 당신을 좌절시키고 이야기꾼으로서의 성장을 방해할 뿐이다. 소감을 듣고 싶다면, 당신의 이야기에서 좋은 점과 감명 깊었던 점을 말해 달라고 요구하라.

폭설 때문에 공항에서 한동안 발이 묶인 나는 시간도 때울 겸 구내 서점에서 잡지를 읽고 있었다. 서점에 들어섰을 때에는 책 한 권을 살 작정이었지만, 그러기 전에 잡지를 뒤적거리며 흥밋거리로 읽고 있었다. 실제로 그것은 잠깐의 흥미를 유발하는, 아주 사소한 이야깃거리를 다룬 잡지였다.

서점 주인은 '그 잡지 사실 거죠?' 라고 묻는 듯한 눈으로 나를 쳐다보고 있었다. 주인의 눈을 의식한 나는 얼른 책 선반 뒤로 숨어 원하는 만큼 잡지를 읽었다. 그리고 그 잡지를 내려놓고 내가 사고 싶은 책을 집어 들었다.

계산을 하러 갔을 때, 나는 곧 나를 매우 못마땅해 하는 서점 주인과 마주치게 되었다. 마치 영화에서나 볼 수 있는 고양이 안경을 낀 그녀는 아주 까다로운 여자처럼 보였다. 순간, 나는 그녀의 가슴에 붙어 있는 이름표를 보았다.

'에디 조'

"아버지 이름을 따서 이름을 지었나 보죠?" 나는 그녀에게 물어보았다. 그러자 그녀는 약간 머뭇거리다가 웃으면서 대답했다. "네,

그래요. 부모님이 남자아이를 원하셨거든요." 나도 웃으면서 "저와 마찬가지네요. 전 여섯 살 때 벌써 낚시하는 법을 배웠죠"라고 말했다. 그녀는 내 이름도 아버지의 이름을 따랐는지 나에게 물었다. 아니라고 대답했지만, 그녀는 내 대답에 실망하지 않고, 계속해서 내 이야기에 호응했다. "저도 물건 만드는 법을 배웠어요. 아버지는 목수였거든요. 저는 못질, 톱질, 대패질, 심지어 측량까지도 할 수 있게 되었답니다." 우리는 순간 동시에 웃음을 터뜨렸다. 우리는 이야기를 나누었고, 그 자체가 우리의 기분을 좋게 만들었다. 더불어 또 다른 교훈도 배웠다. '언짢은 기색을 보이는 얼굴을 대할 때에는 분위기를 바꿔줄 이야기를 찾아라.'

당신은 얼마나 탁월한 이야기꾼인가?

자타가 인정하는 이야기꾼들 대부분은 막상 '이야기꾼'이라고 불리게 되면 아주 당혹스럽다고 한다. 스스로가 그렇게 불릴 만한 능력을 지니고 있는가를 생각해 보면, 아주 당돌하게 들린다는 것이다. 나도 이 생각에 동의한다. 나도 내 자신을 스스로 이야기꾼이라고 부르기까지 여러 해가 걸렸으니 말이다.

테네시 주 요네스버러에서 제4회 전국 이야기 페스티벌이 열렸을 때, 친구 셰릴과 나는 우연히 전문 이야기꾼인 에드 스티밴더와 대화를 나눌 수 있는 행운을 얻게 되었다. 그가 나에게 이야기꾼이냐고 물어보았다. 순간, 쑥스러운 생각이 든 나는 아니라고 대답했다. 그러자 옆에 서 있던 셰릴이 내 팔을 툭 치면서 "네, 이야기꾼이죠, 그것도 아주 탁월한…" 이라고 내 대신 대답했다.

나는 아직도 내 스스로를 선뜻 이야기꾼이라고 칭하지 못한다. 당신도 스스로가 이야기꾼이 아니라고 생각하는가? 그래도 좋다. 단지 이야기 거리를 찾고, 이야기를 하고, 이야기꾼처럼 행동하라. 명심해야 할 건 이야기꾼으로서 살아가기를 절대 멈추지 말라는 것뿐….

내가 탄 비행기가 연착하는 바람에 갈아타야 할 비행기를 놓쳐 하릴없이 공항에서 시간을 보내야 할 때가 종종 있다. 이렇게 화가 나고 피곤하고 짜증나는 일이 일어났을 때…, 나는 '내가 누구이고, 왜 이곳에 있는가'를 기억해 낸다. 그러다 보면 비행기의 연착이 그리 나쁜 것만은 아니라는 생각이 든다. 비행기는 그동안 내가 편안하게 여행하도록 도움을 주었을 뿐만 아니라, 이를테면 '좋아, 내가 세운 목표에 다가가기 위해 지금 내가 할 수 있는 일은 무엇이지? 와 같은 많은 생각들을 하도록 해주었기 때문이다. 때론 서점 안에 들어가 어슬렁거리며 잡지를 읽기도 하고, 대기석에 앉아서 긴장을 풀고 오직 휴식만을 취하기도 하지만, 나는 대부분 옆에 앉아 있는 사람과 대화를 시도한다. 사실 이 책에 나와 있는 많은 이야기들이 그런 기회에서 얻은 아주 소중한 것들이다.

당신은 분명 이야기꾼이다. 그리고 무엇보다 당신의 삶 자체가 앞으로 두고두고 이야기하게 될, 가장 소중한 이야기들이다. 그것은 다른 이들과 공유할 수 없는, 다른 이들이 훔쳐가서 써버릴 수 없는, 당신만의 귀중한 이야기이다. 따라서 당신의 이야기와 동일한 것은 이 세상에 존재하지 않는다.

바로 당신 자신의 이야기, 즉 '당신이 누구이며, 왜 이곳에 있는가'를 항상 머릿속에 담고 있으면 타인에게 해줄 이야기는 무궁무진하다. 더불어 당신의 세계는 좀더 넓어지고, 좀더 많은 의미를 지니게 된다. 이것이 바로 타인에게 영향을 미치는 능력의 핵심요소이다.

깊이 생각하지 않고 되는 대로 살면, 무의식중에 '내 인생은 엉망이야'라고 떠들어대면서 추억을 되새김질하며 사는 사람들처럼 인생을 종치게 될지도 모른다. 누구나 그럴 가능성이 아주 충분하다. 나는 그동안 내가 사람들에게 한 이야기를 항상 머릿속에 넣어두고 유념하려고 애를 썼다. 내 비전 이야기는 다른 사람들에게는 진부하게 들리기 때문에 자주 털어놓지 못하지만, 나를 지탱해 주는 지지대 역할을 한다. 그것은 내 희망을 지속시켜 주고, 해야만 할 일을 상기시켜 주며, 안식을 주기 때문이다. 설사 내가 추구하고 있는 것이 살아 생전에 실현될 수 없는 것이라 할지라도, 그것을 위해 노력하는 것만으로도 족하다.

당신이 스스로에게 들려주는 이야기, 또는 기준을 삼아 살아가고 있는 이야기를 떠올려 곰곰이 생각해 보자. 당신이 간직하고 있는 이야기가 '시간이 없다', '참을성이 없다', '존경받지 못하고 있다' 등등이라면, 영향력을 구축하기 위해 당신이 제일 먼저 해야 할 일은 그것들을 버리는 것이다. 그리고 새로운 이야기를 찾아내는 것이다.

스스로 불행한 사람은 타인에게 긍정적인 영향을 주지 못한다. 좌절, 절망 그리고 걱정은 당신 자신이나 당신의 이야기에 전혀 도움이 되지 못하는 것이다. 당신의 이야기를 듣는 사람들은 당신의 삶을 보면서 당신의 충고를 받아들일지 여부를 결정한다. 당신 자신과 당신의 이야기에 영향을 줌으로써 성공의 길로 나아가라. 그리하여 세상에 새로운 이야기와 새로운 방식을 내놓아라.

이야기는 당신도 몰래 당신을 구속하고 있던 한계로부터 당신을 자유롭게 할 수 있다. 내 워크숍에 참가했던 어떤 사람은 이야기에 관해 이렇게 말했다.

"제 마음은 감옥에 갇혀 있는 것 같았습니다. 그런데 어느 날, 이야기가 다가오더니 제 마음의 빗장을 열어주었습니다. 그것이 자유로운 생각을 하도록 해주었음은 언급할 필요조차 없고요."

당신이 찾아내는 각각의 이야기는 '감옥을 빠져 나갈 수 있는 열쇠'를 손에 쥐는 것과 같다. 당신은 이야기를 이용하여 자유를 얻게 되는 것이다.

옮긴이의 글

어린 시절, 할머니의 무릎을 베고 누워 "옛날 옛적에…"로 시작되는 할머니의 이야기를 들어본 경험이 누구나 있을 것이다. 정직하게 살면 많은 복을 받게 된다는 '금도끼 은도끼 이야기'나, 부모에게 효도하면 자신에게도 복이 돌아온다는 '효녀 심청 이야기'…. 그 중 적어도 하나 정도는 아마 기억하고 있으리라.

이렇게 어렸을 때 들었던 이야기를 수십 년이 지나 성인이 된 지금까지도 기억하는 걸 보면, 그 중에서 어떤 이야기들은 우리의 인생관과 가치관을 형성하는 데 중대한 영향을 끼쳤음이 틀림없는 것 같다. 때로는 우리 삶의 중요한 문제를 결정하거나 판단할 때, 잣대가 되기도 하면서….

어떤 분야에서든 성공적으로 삶을 이끌어나가기 위해서는 자신의 의사를 상대방에게 분명하고 효과적으로 전달하는 능력이 필수적이다. 그래서 오랜 세월 동안 수많은 베스트셀러들이 의사전달 기법을 중요한 테마로 다루어 왔다. 나도 사람들에게 내 의사를 분명하고 효과적으로 전달하기 위해 그와 관련된 책들을 많이 읽어보았었다. 그런데 대부분의 책들이 단순한 화술의 기법에 대해서만 언급하고 있어 아쉬움을 느끼곤 했다. '눈을 맞추고, 고개를 끄덕이고, 제스처를 활용하고…' 하지만 사람과 사람이 만나고 마음을 교류하는데 있어 이런 테크닉들이 과연 얼마나 중요한가 회의적인 의문을 지울 수가 없었다.

그러던 중 바로 이 책《대화와 협상의 마이더스, 스토리텔링》을 번역하면서 나는 마침내 나의 의사전달 방법이 석연치 않았던 그 이유를 깨달을 수 있었다.

사람들은 진실을 중요하게 여기고 '사실' 만을 말한다. 상대방을 설득시킬 때에는 이렇게 말하고, 표정은 요렇게 하며, 억양은 저렇고, 눈은 어디를 쳐다보고, 몸짓은 이렇게 하라는 것이 최상의 방법이라고 규정해 놓기도 한다. 그러나 이런 것들은 사람들을 고정된 틀에 끼워 맞춰 경직시키고 획일화시킨다. 중요한 것은 일단 이렇게 고정되면, 영향력은 연기처럼 사라지게 된다는 것이다.

하지만 아네트 시몬스는 달랐다. 온갖 기법을 다 동원해서 사실을 피력해보았자 듣는 사람의 뇌리에 각인되지 않으면, 그 사실은 영향력이 없다고 그녀는 말한다. 그 대안으로 그녀가 제시한 것이 바로 '이야기' 이다. 이야기는 벌거벗은 진실에 따스한 옷을 입히는 것과도 같다. 이야기는 '누가, 어떤 배경에서, 무슨 일을 경험했는지' 살아 있는 스토리를 가지고 있다. 이런 이야기를 통해 의사를 전달하면 상대방이 다른 사실들을 잊어버리더라도 이야기만큼은 기억하게 되고, 결과적으로 상대방에게 영향을 미치게 되며 자신이 원하는 결과를 얻을 수 있다는 것이다.

아네트 시몬스는 이 책에서 이야기를 통해 자신의 의사를 정확하게 전달하는 방법을 일러주고 있다. 그것도 사람들이 전혀 거부감이 들지 않도록, 이야기라는 간접적인 방법으로 말이다. 이 책에는 또한 소설을 읽듯 편하고 재미있게 읽을 수 있도록 풍부한 일화들이 곁들어 있다. 느긋한 마음으로 재미있게 읽다보면 무릎을 '탁' 치면서 이렇게 외칠 지도 모른다. "아! 이 책은 바로 나를 위한 것이구나!" 하면서 말이다. 상대방에게 거절의 회답을 보내야만 할 때 직설적으로 "절대로 안 됩니다"라고 말하기보다는, 이야기를 통해 뜻을 전달할 때의 나처럼.

인도에 계신 침묵의 성자를 제외한 모든 이들에게 이 책을 권하고 싶다. 특히 사람들에게 영향력을 끼쳐야 하는 분들에게는 이 책이 지침서가 될 것이다. 교사, 강연가, 컨설턴트, 정치가, 세일즈맨, 직장인…, 그리고 자녀를 훈육하는 어머니들에게도 이 책을 권한다. 이 책을 통해 사람들에게 진정한 영향력을 끼칠 수 있기를 바라며….

옮긴이 김수현

감사의 글

니에게 이야기하는 방법을 가르쳐준 더그 리프먼, 그에게 진심으로 감사 드린다. 그는 여러 해 동안 나에게 이야기에 대한 지식을 전해주고 격려해줬으며, 채찍질을 가해준, 코치이자 스승이다. 그가 없었다면, 이 책은 나오지 못했을 것이다. 더불어 이야기꾼으로서의 나도 존재하지 못했을 것이다.

나에게 많은 가르침을 베풀어준 그 밖의 다른 모든 분들께도 감사 드린다 : 제니 암스트롱, 셰릴 데 시앙티스, 신디 프랭클린, 슈테판 질리안, 레이 힉스, 켄턴 하이야트, 팜 맥그레이스, 제이 오캘러한, 에드 스티벤더…, 모두들 정말 고마워요.

나에게 기꺼이 자신의 이야기를 들려준 분들에게도 감사를 보낸다 : 로버트 쿠퍼, 존 크리스토프, 데이비드 핀치, 딕 휠러, 마티 스마이어, 스티브 워스 그리고 서부 경영개발 센터의 세미나에 참석 중인 모든 훌륭한 참가자들에게도.

이야기하는 방법을 리더십 기법으로 과감히 채택한 팜 빌헬름스

에게 감사 드리며,《대화와 협상의 마이더스, 스토리텔링》을 집필
하라고 끈질기게 나를 설득했던 앨런 다운스에게도 감사를 보낸다.

죽마고우인 쉐리 데커의 신중한 편집에도 감사를 보낸다. 고마
워, 쉐리.

이 책의 많은 이야기들은 아주 특별한 몇 권의 책들에서 인용했
다 : 히더 포레스트(Heather Forest)의《세계의 지혜로운 이야기
Wisdom Tales from Around the World》와 마가렛 리드 맥도날드
(Margaret Read Macdonald)의《행복한 이야기들 *Peace Tales*》. 뛰
어난 이야기꾼이 되고 싶다면, 이 두 책이 당신에게 커다란 도움을
줄 것이다.《스토리텔링 매거진 *Storytelling Magazine*》역시 이 책
을 집필하는 데 많은 도움을 주었다.

지은이 소개

아네트 시몬스 Annette Simmons

그룹 프로세스 컨설팅 Group Process Consulting의 창립자이자 회장이며, 마이크로소프트, NASA, 타임 Time Inc., 프라이스 워터하우스 쿠퍼스 Price Waterhouse Coopers 등 유수의 기업에서 이익창출을 위한 협동적인 조직구축 방법에 관해 연구하고 있다. 인기 절정의 이야기꾼인 그녀는 방송출연과 인터뷰, 강연으로 바쁘게 지내고 있다.

NBC 방송와의 인터뷰에서 그녀는 이렇게 말했다.

"사람들이 원하는 건 '정보'가 아니라, 당신의 계획, 당신의 아이디어 속에 숨어 있는 '신념'이다. 사람들은 누구나 스토리를 좋아하며, 당신이 전달하고자 하는 'What'보다는 당신의 스토리가 보여주는 'Why'를 더 중요하게 생각한다. 강력한 스토리텔링은 절대로 실패하는 법이 없으며, 아무리 황당무계한 이야기라도 빠져들게 만든다."

저서로는《Territorial Games》,《A Safe Place for Dangerous Truths》등이 있다.

옮긴이 소개

김수현

1959년 전남 목포에서 출생한 그는 연세대학교 사회과학대학 행정학과를 졸업한 뒤, 다년간 (주)대우에서 근무했으며, (주)나산 패션 연구소 소장을 거쳐 현재는 의식 및 정신 세계에 대한 저술 및 번역가로 활동중이다.

번역서로는《아무것도 사라지지 않는다》,《나는 누구였던가》,《우리 속의 외계인》,《삶의 열 가지 해답》등 다수가 있다.

한언의 사명선언문

Our Mission

−. 우리는 새로운 지식을 창출, 전파하여 전 인류가 이를 공유케 함으로써 인류문화의 발전과 행복에 이바지한다.

−. 우리는 끊임없이 학습하는 조직으로서 자신과 조직의 발전을 위해 쉼 없이 노력하며, 궁극적으로는 세계적 컨텐츠 그룹을 지향한다.

−. 우리는 정신적, 물질적으로 최고 수준의 복지를 실현하기 위해 노력하며, 명실공히 초일류 사원들의 집합체로서 부끄럼없이 행동한다.

Our Vision 한언은 컨텐츠 기업의 선도적 성공모델이 된다.

저희 한언인들은 위와 같은 사명을 항상 가슴 속에 간직하고
좋은 책을 만들기 위해 최선을 다하고 있습니다.
독자 여러분의 아낌없는 충고와 격려를 부탁드립니다.

- 한언가족 -

HanEon′s Mission statement

Our Mission

−. We create and broadcast new knowledge for the advancement and happiness of the whole human race.

−. We do our best to improve ourselves and the organization, with the ultimate goal of striving to be the best content group in the world.

−. We try to realize the highest quality of welfare system in both mental and physical ways and we behave in a manner that reflects our mission as proud members of HanEon Community.

Our Vision HanEon will be the leading Success Model of the content group.